COMO EU ATRAVESSEI ÁFRICA

DO

ATLANTICO AO MAR INDICO, VIAGEM DE BENGUELLA Á CONTRA-COSTA,
A-TRAVÈS REGIÕES DESCONHECIDAS;
DETERMINAÇÕES GEOGRAPHICAS E ESTUDOS ETHNOGRAPHICOS.

Por SERPA PINTO.

DOIS VOLUMES.

CONTENDO 15 MAPPAS E FACSIMILES, E 133 GRAVURAS FEITAS
DOS DESENHOS DO AUTOR

VOLUME SEGUNDO.

Segunda Parte—A FAMILIA COILLARD.

LONDRES:
SAMPSON LOW, MARSTON, SEARLE, e RIVINGTON,
EDITORES,
CROWN BUILDINGS, 188 FLEET STREET.
1881.

LONDRES:
NA TYPOGRAPHIA DE GUILHERME CLOWES E FILHOS (COMPANHIA LIMITADA),
STAMFORD STREET E CHARING CROSS.

CONTEÜDO.

CAPÌTULO IX.

NO BARÔZE.

CAPÌTULO X.

A CARABINA D'EL-REI.

Segunda Parte.—A FAMILIA COILLARD.

CAPÌTULO I.

EM LEXUMA.

CAPÌTULO II.

MOZIOATUNIA.

CAPÌTULO III.

TRINTA DIAS NO DESERTO.

CAPÌTULO IV.

NO MANGUATO.

CAPÌTULO V.

DE SHOSHONG A PRETORIA.

CAPÌTULO VI.

NO TRANSVAAL.

CAPÌTULO VII.

NO TRANSVAAL (*continuação*).

CAPÌTULO VIII.

O FIM DA VIAGEM.

LISTA DAS ILLUSTRAÇÕES.

COMO EU ATRAVESSEI 'AFRICA.

PRIMEIRA PARTE.—A CARABINA D'EL-REI.

CAPÌTULO IX.

NO BARÔZE.

No alto Zambeze—O rei Lobossi—O reino do Barôze, Lui ou Ungenge—Os conselheiros do rei—Grande audiencia—Audiencias particulares—Parece que tudo me correbem—Eu explicando geographia a Gambela—Volta-se a face aos negocios—Intrigas—Os Bihenos querem voltar—Uma embaixada a Benguella—Quimbundos e Quimbares—A prêta Mariana—Tentativa de assassinato—6 de Setembro—Incendio e combate—Retiro para as montanhas.

A 25 de Agôsto levantei-me muito incommodado e ardendo em febre. Estava no alto Zambeze, junto do 15to parallelo austral, na cidade de Lialui, nova capital estabelecida pelo rei Lobossi, do reino do Barôze, Lui ou Ungenge, que tôdos estes nomes pode ter o vasto imperio da 'Africa tropical do sul. Como se sabe pêlas descripções de David Livingstone, um homem vindo do Sul á frente de um exèrcito poderôso, o guerreiro Chibitano, Basuto de origem, atravessou o Zambeze junto da sua confluencia com o Cuando, e invadio os territorios do alto Zambeze, sujeitando ao seu dominio tôdas as tribus que habitavam o vasto paiz conquistado.

Chibitano, o mais notavel capitão que tem existido na 'Africa Austral, partira das margens do Gariep com um pequeno exèrcito formado de Basutos e Betjuanas, ao qual foi aggregando os mancêbos dos povos que vencia, e ao passo que caminhava ao norte, ia organizando essas phalanges, que depois se tornáram tão terriveis, ja na conquista do alto Zambeze, ja na defensa do paiz conquistado.

A êsse exèrcito, formado de elementos differentes, de povos de muitas raças e origens, deu o seu chefe o nome de Cololos, e d'ahi lhe veio o nome de Macololos que tão conhecido se tornou em Àfrica.

No alto Zambeze encontrou Chibitano muitos povos distinctos, governados por chefes independentes, que não podéram, separados como estavam, oppor séria resistencia ao terrivel guerreiro Basuto.

Tão sabio legislador, como prudente administrador, e audaz guerreiro, Chibitano soube dar união aos povos conquistados, e fazer com que elles se considerassem irmãos no interesse commum.

Estes podiam agrupar-se em três divisões, marcando três raças distinctas.

Ao sul, abaixo da região das cataractas, os Macalacas; no centro, os Cangenjes ou Barôzes; e ao norte, os Luinas, raça mais vigorosa e intelligente, que devia substituir um dia os Macololos na governação do paiz.

É propriamente no paiz do Barôze ou Ungenge, que se tem conservado as sedes do govêrno desde o tempo de Chicreto, o filho e successor de Chibitano; e tôdos os povos de Oeste chamam ao vasto imperio Lui ou Ungenge, ao passo que os povos do sul lhe dam o nome de Barôze. Mais tarde, n'este capìtulo, terei occasião de falar na historia d'este pôvo desde a ùltima visita de Livingstone até á minha passagem ali; proseguindo agora a narrativa das minhas aventuras sôb o reinado de Lobossi, e do seu conselheiro ìntimo Gambela.

A organização polìtica do reino do Lui é muito differente da dos outros povos que eu tinha visitado em Africa. Ali ha dois ministerios perfeitamente definidos, o da guerra, e dos negocios estrangeiros; sendo este ùltimo dividido em duas secções, cada uma com o seu ministro. Uma d'ellas trata dos negocios de Oeste, outra dos do Sul. Isto é, uma trata com Portuguezes de Benguella, outra com os Inglezes do Cabo.

Na occasião da minha chegada, os conselheiros do rei eram quatro, dois dos quaes não tinham pasta; sendo ministro dos negocios estrangeiros de Oeste um tal Matagja, e accumulando duas pastas, a da guerra e a dos negocios estrangeiros do sul, Gambela, o presidente do consêlho do rei. Aprendi bem estes detalhes, para regular a minha conducta nas graves questões que tinha a tratar.

Logo de manhã, fui avisado, de que o rei Lobossi me esperava.

Larguei os meus andrajos, e vesti o ùnico vestuario que ja possuia, dirigindo-me em seguida á grande praça onde devia ter logar a audiencia.

Elle estava sentado em uma cadeira de espaldar, no meio da grande praça, e por de tras d'elle um nêgro fazia-lhe sombra com um guarda-sol.

Era um rapaz de 20 annos, de estatura elevada, e proporcionalmente grôsso.

Vestia um casaco de cazimira prêta sobre uma camisa de côr, e em logar de gravata, trazia ao pescôço um sem-nùmero de amulêtos.

As calças eram de cazimira de côr, e deixavam ver as meias de fio de escocia, muito alvas, e o sapato baixo bem lustrado.

Um grande cobertôr de listas multicolôres em guisa de capote, e na cabêça um chapéo cinzento, ornado de duas grandes e bellas pennas de avestrús, completavam o traje do grande potentado.

Na mão um pedaço de madeira lavrada, ao qual estavam prêsas muitas clinas de cavallo, servia-lhe para enxotar as môscas, acção que elle fazia com tôda a gravidade.

A' sua direita, em cadeira mais baixa, estava sentado o Gambela, e na frente os três conselheiros. Umas mil pessôas, sentadas no chão em semi-cìrculo, deixavam perceber a sua jerarchia pelas distancias a que estavam do soberano.

Fig. 94.—O Rei Lobossi.

A' minha chegada o rei Lobossi levantou-se, e logo em seguida os conselheiros e tôdo o pôvo. Troquei um apertar-de-mão com elle e com Gambela, abaixei a cabêça a Matagja e aos outros dous conselheiros, e sentei-me junto a Lobossi e a Gambela.

Depois de uma troca de comprimentos e de finezas, que mais pareciam de uma côrte Europea do que de um pôvo bàrbaro, eu disse ao rei, que não era negociante, que vinha visital-o por ordem do Rei de Portugal, e que tinha a falar-lhe em assumptos que não podiam ser tratados ali diante de tão numerosa assemblea.

Fig. 95.—Gambela.

Elle respondeu-me, que sabia e comprehendia isso, e que a recepção que me mandara fazer na vèspera e a que elle mesmo me fazia ali, me mostravam que eu não era confundido com um negociante qualquér; que eu era seu hòspede, e teriamos tempo de falar em negocios, porque elle esperava ter a felicidade de me possuir algum tempo na sua côrte. Depois de me dizer esta amabilidade, despedio-se de mim, que voltei a casa abrasado em febre.

No meu pàteo encontrei trinta bôis, que o rei me mandava de presente.

Disse-me o escravo favorito de Lobossi, que seria

delicado da minha parte, mandar matar os bôis, e offerecer a melhor perna de bôi ao rei, e dar carne á gente da côrte.

Dei ordem a Augusto para fazer isso, e houve logo uma carnificina enorme, sendo tôdos os bôis mortos, e a sua carne distribuida entre os meus carregadores e a gente da côrte; tendo o cuidado de mandar ao rei e aos quatro conselheiros a melhor parte, cabendo ainda assim o melhor quinhão a Gambela, a quem fiz notar a distincção que fazia.

Fig. 96.—Matagja.

As pelles, que ali sam muito estimadas, offereci eu a Matagja e Gambela.

Pêla 1 hora, fui recebido pêlo rei em audiencia particular, em uma casa tambem semi-cilindrica, mas de grandes dimensões, que não contava menos de 20 metros de comprido por 8 de largo.

Lobossi estava sentado em uma esteira, e em frente d'elle os quatro conselheiros occupavam outra, de companhia com alguns fidalgos, entre os quaes estava um velho vigoroso, cuja physionomia sympàthica e expressiva me impressionou. Era Machauana, o antigo companheiro de Livingstone, na viagem que o cèlebre explorador fez do Zambeze a Loanda, e de quem elle fala, no seu roteiro com tanto elogio.

Uma enorme panella de quimbombo foi collocada no meio da casa, e depois de o rei ter bebido, bebêram tôdos com profusão, e nem me offerecêram, sabendo que eu só àgua bebia.

Conversámos sôbre cousas indifferentes, e eu entendi não dever falar-lhe ainda dos meus negocios. Entre outras cousas, falámos a respeito de lìnguas differentes, e Lobossi pedio-me que falasse um bocado em Portuguez, para elle ouvir. Recitei-lhe as Flôres d'Alma do poema "D. Jayme," e os prêtos ficáram encantados ao escutar a harmonia da nossa lìngua, que o mimôso e grande poeta, Thomas Ribeiro, soube imprimir e fazer resaltar n'aquellas estrophes singelas.

Quando eu ia retirar-me, o rei disse-me baixo, de modo que ninguem percebeu, que lhe fôsse falar depois de ser noute fechada.

Pouco depois de eu chegar a casa, apparecêu-me ali Machauana, com quem conversei sôbre Livingstone, e que me fez os maiores protestos de amizade.

A' noute, pelas 9 horas, fui á morada do rei. Elle estava n'um dos pàteos interiores, sentado em uma esteira, junto a um grande fôgo, que ardia n'uma bacia de barro de dois metros de diàmetro. Na sua frente, em semi-cìrculo, uns 20 homens, armados de azagaias e escudos, conservavam a maior immobilidade e silencio.

Pouco depois de eu chegar, chegou o Gambela, e começou a nossa conferencia.

Eu principiei por lhe dizer, que tinha sido obrigado a deixar no caminho os ricos presentes que lhe trazia, mas que, ainda assim, tinha podido salvar algumas pequenas cousas que lhe daria, e entre ellas uma farda e um chapéo, que lhe apresentei logo.

Era uma d'essas fardas ricamente agaloadas, que tôda Lisboa vio aos lacaios postados nas antecàmaras do Marquez de Penafiel, e que fôram vendidas quando o opulento fidalgo trocou a sua residencia luxuosa de Lisboa, pelo viver mais buliçôso da capital da França.

Lobossi ficou encantado com a farda e com o chapéo armado, e fêz-me mil agradecimentos. Depois de uma pequena conversa sem importancia, entrámos em assumpto.

No Barôze falam-se três lìnguas. O Ganguela, a lìngua Luina, e o Sezuto, idioma deixado ali pêlos Macololos, que modificáram os costumes d'aquelles povos a ponto tal, que até lhes implantáram a sua lìngua, que é a lìngua official e elegante da côrte.

Era n'este idioma que falavam Lobossi e Gambela, servindo-me de intèrpretes Verissimo e Caiumbuca. Eu disse ao règulo, que vinha da parte do rei de Portugal (o Moeneputo), nome pêlo qual sua Magestade Fidelissima é conhecido entre tôdos os povos da 'Africa Austral, e que é formado por duas palavras—*Muene*, que quer dizer Rei, e *Puto*, nome dado em 'Africa a Portugal. Disse-lhe, que o meu fim principal era abrir caminhos ao commercio, e que estando o Lui no centro de 'Africa, e ja em communicação com Benguella, desejava abrir o caminho do Zumbo, e assim um mercado muito mais perto, onde elles poderiam ir abastecer-se dos gèneros Europêos de que precisassem.

Elle queixou-se muito da falta que nos ùltimos tempos lhe havia feito o não virem ali negociantes de Benguella, não me occultando que, entre outras cousas, estava sem pòlvora. Eu respondi-lhe, que elles viriam, se com elles fizessem bons negocios, e que eu lhe podia affirmar, que o Mueneputo estava dispôsto a proteger o commercio com elle, se elle se comprometesse a não consentir nos seus estados a compra e a venda de escravos.

Não lhe occultei a falta de meios com que eu lutava, e mostrando-lhe o desejo e empenho que tinha em abrir o caminho do Zumbo, prometti-lhe, se elle me coadjuvasse na emprêsa, fazer-lhe chegar de Tete, no menor tempo possivel, a pòlvora e mais artigos de que elle carecia.

O Gambela, homem intelligente e fino diplomata (tambem os ha prêtos), quiz por vêzes enredar-me, mas eu não sahia da verdade e da lògica, e elle foi vencido.

No fim de muito discutir, ficou decidido, que o rei Lobossi mandaria uma comitiva a Benguella, para guiar a qual eu lhe daria um homem de confiança, com cartas para o governador e para Silva Porto, e que elle me daria a gente de que eu precisasse para ir comigo ao Zumbo.

Era uma hora da noute quando eu me retirei, e ainda que sempre desconfiado de prêtos, não posso deixar de confessar que me retirei satisfeito.

O dia foi tôdo muito occupado, e depois de á uma hora me recolher, sobreveio-me um enorme accesso de febre.

Levantei-me muito doente no dia seguinte, e mandei logo Quimbundos e Quimbares construirem um acampamento meio kilòmetro ao sul de Lialui, para o quê obtive autorização do rei.

Pêlas 10 horas, fui visitar Lobossi, que encontrei n'uma grande casa circular, cercado de gente, e tendo diante de si seis enormes panellas de capata. O meu Augusto, Verissimo, Caiumbuca e a gente do règulo, dentro em pouco estavam bêbados a cahir, e ninguem se entendia ali. Eu voltei a casa, e tive de deitar-me, de tal modo me recresceu a febre.

Foi immensa gente visitar-me, e como eu não tinha remedio senão ouvir uns e outros, porque aquelles nêgros não têm a menor consideração por um doente, peiorei muito.

Lobossi mandou-me seis bôis, cuja carne foi tôda furtada pêla gente d'elle, porque a minha estava longe construindo o acampamento, e Augusto, Verissimo e Camutombo completamente bêbados, não quizéram saber d'isso.

No dia immediato, Lobossi veio visitar-me logo de manhã; eu estava um pouco melhor, mas a febre era constante e não queria ceder aos medicamentos.

A's 10 horas, Lobossi mandou-me pedir para comparecer diante do seu grande consêlho, que fizera convocar expressamente para eu expor os meus projectos.

Outra vez Gambela, que presidia á assemblea, me quiz embaraçar, e outra vez se saío mal. Tive de explicar Geographia a Gambela e aos conselheiros da corôa.

Tracei-lhes no chão o curso do Zambeze, e a leste parallelo a elle o curso do Loengue, que, com o nome de Cafúcué, vai entrar no Zambeze a jusante dos ràpidos de Cariba.

Mostrei-lhes que em 15 dias alcançaria a povoação de Cainco, situada em uma ilha do Loengue, e que descerìamos o rio embarcados até ao Zambeze, e por este ao Zumbo.

Afirmei-lhes, que o Loengue não tinha cataractas, e que o Zambeze de Cariba ao Zumbo era perfeitamente navegavel.

Insisti pois n'este ponto, demonstrando-lhes, que apenas com uma travessia por terra de 15 dias, que se podia reduzir mesmo a 10 (citando-lhes para isso um facto de uma expedição Luina que, partindo de Narieze, tinha alcançado Cainco em 8 dias), com uma pequena travessia por terra, elles estariam em ràpida communicação com os estabelecimentos Portuguezes de Leste, por vias fluviaes completamente navegaveis.

O pùblico estava admirado da minha erudição, e

Gambela, que sabia mais geographia Africana do que muitos ministros d'estado Europêos, e que conhecia ser verdade o que eu expunha, cedeu ás razões.

Depois de longa e acalorada discussão, foi resolvido, que se enviasse a comitiva a Benguella, e que me fôsse dada a gente sufficiente para atravessar o Chuculumbe até Cainco, deixando três ou quatro fortes postos no caminho, para segurar a passagem áquelles que, indo comigo até ao Zumbo, tivessem de regressar. No fim da sessão, houve grande enthusiasmo, e fôram logo nomeados os chefes que deviam ir a Benguella, e os que me deviam acompanhar.

Voltei a casa com um tal accesso de febre que perdi a razão, melhorando ás 6 horas da tarde.

A' noute, annunciáram-me a visita de Munutumueno, filho do rei Chipopa, o primeiro rei da dinastia Luina.

Mandei-o entrar, e vi um rapaz de 16 a 17 annos, muito elegante e sympàthico.

Trazia uma calça prêta e uma farda de alferes de cavallaria ligeira, em muito bom estado. Fez-me profunda impressão ver aquella farda! ¿A quem teria pertencido? ¿Como teria ido parar ao centro d'Africa?

Talvez alguma viuva necessitada encontrasse na venda d'aquelle objecto, que pertencêra a um espôso estremecido, algumas migalhas de pão para matar a fome.

Perguntei a Munutumueno ¿como tinha obtido aquella farda? e elle respondeu-me, que tinha sido presente de um sertanejo Biheno, havia ja muito tempo.

Indaguei, se não lhe havia encontrado nada nos bolsos, e elle respondeu-me, que não tinha bolsos. Uma farda de official sem bolsos, era impossivel.

Pedi-lhe para m'-a deixar examinar, e tendo elle desabotoado o peito, effectivamente vi que não tinha bôlso ali.

Roguei-lhe, que se voltasse, e comecei a explorar-lhe

os bolsos das abas. Elle estava admirado, porque não sabia que tinha bolsos ali. Em um d'elles os meus dêdos encontráram um pequenino bilhête.

¿ Iria saber a quem tinha pertencido aquella farda ?

¿ O que conteria aquelle papelinho dobrado que eu tinha diante dos olhos e não me atrevia a abrir ?

Cheio de commoção, desdobrei o papél, e vi n'elle algumas linhas escritas a lapis, que li àvidamente.

Não pude conter uma gargalhada.

O papél dizia assim :—

" Se lhe não sou indifferente, rogo-lhe o obsequio de me indicar o modo de nos correspondermos."

Por baixo um nome e uma morada.

Sabia de quem fôra a farda.

O nome era o de um dos meus amigos e antigo condiscìpulo, que hôje occupa uma distintissima posição n'uma das armas scientìficas do exêrcito Portuguez.

Um dia em pùblico commetti a indiscrição de pronunciar o nome do signatario do bilhête, que eu possuo, e ainda que indiscreto fui, não creio ter de modo algum offendido aquelle nobre official e distincto cavalheiro.

Uma farda que o talento e a applicação ao estudo fizéram trocar por outra, mais distincta ; que, abandonada ou dada a algum criado, pêla instabilidade das cousas, foi parar ao centro de Àfrica, creio é cousa que não desdoura ninguem. Em quanto ao bilhête de amôres, creio bem que ainda menos o deve vexar.

Infelizes d'aquelles que, aos desoito annos, não escrevêram bilhêtes assim, e mais infelizes os que depois dos trinta ja os não podem escrever.

" Aquillo, meu amigo, foi cousa que um *papá*, ou uma *máma*, sempre impertinentes em taes casos, te não deixou entregar, ao sahir do theatro ou de um baile, á tua Dulcinea d'aquella noute, ou que a tua timidez dos desoito annos fêz recolher ao bôlso. Imagino, meu amigo, que te deves ter rido, sabendo que aquelle bilhête esquècido, depois de atravessar os mares, atravessou aquelles inhòspitos paizes, e andou em companhia de um prêto no alto Zambeze. É verdade, que, para te consolares, sabes que esse prêto era filho de rei."

N'esta aventura, eu fui o ùnico tôlo, em ter tido pensamentos tristes, á vista do bilhête encontrado no bôlso da farda de um alferes de cavallaria, porque logo devia suppor, que tal bilhête só podia ser um bilhête d'amôres.

Um alferes de cavallaria, em Portugal, como em tôdos os paizes, é sempre um fogacho onde as maripôsas vẽm queimar as azas douradas.

Pensando na proposição que acabo de formular, deitei-me cheio de tristeza, lembrando-me que ja era major.

No dia immediato, recresceu a febre a ponto de eu não poder andar. Lobossi foi visitar-me, e levou com-sigo o seu mèdico de confiança.

Era um velho, pequeno e magro, de barba e cabello branco.

Principiou elle por tirar do pescôço um cordão onde tinha enfiado oito metades de caroços de uma fruta qualquér que eu não conhecia. Começou, com grande recolhimento, a pronunciar umas palavras màgicas, e atirou com os caroços ao chão. D'estes, uns ficáram com a parte interna voltada para a terra, outros com a externa. Elle leu n'aquella disposição, concluindo da leitura, que os meus parentes mortos se tinham apossado de mim, e que era preciso dar-lhes alguma cousa para elles me deixarem. Eu aturei tudo com a maior paciencia, fingindo acreditar o que elle me dizia, e dei-lhe um pequeno presente de pòlvora.

N'aquelle dia o Gambela deu-me um presente de dez cargas de milho e massambala.

Estando concluido o meu acampamento, mudei para elle.

No dia 29 de Agosto, a febre cedeu um pouco ás fortes

doses de quinino que tomei, e senti bastantes melhoras. O meu estado moral é que peiorava de instante a instante.

Tinha alguns momentos de desalento inexplicaveis. A minha energia cedia ante a fraqueza moral que se apossava de mim.

Estava sôb o pêso esmagador de um terrivel ataque de nostalgia.

O rei mostrava muitos cuidados pêlo meu estado, mas cada portador que vinha encarregado de saber da minha saude, era emissario de um pedido cada vez mais impertinente.

N'aquelle dia mandou elle os seus mùsicos tocarem e cantarem para me enterter, mas mandou em seguida pedir-me dois cartuxos de pòlvora por cada mùsico.

N'essa tarde ouvi grandes toques de tambores na cidade, e o rei mandou-me pedir, que mandasse dar alguns tiros na grande praça, desejo que eu satisfiz mandando doze homens dar fôgo.

Sube depois que aquillo era uma convocação á guerra, e antes de falar nos motivos d'ella, direi em poucas palavras a historia do Lui, desde o ponto em que ficou narrada pêlo D^or. Livingstone, isto é, desde a morte de Chicrêto.

O imperio, poderosamente sustentado pêla mão de ferro, sabia prudencia e fina polìtica de Chibitano, marcou-se com uma profunda pègada de decadencia no reinado de seu filho Chicrêto. David Livingstone, muito grato aos favôres de Chicrêto, que lhe deu os meios de ir a Loanda e a Moçambique, é talves bastante suspeito nos elogios que dispensa a este rei; e mesmo na narrativa da viagem que ali fez depois com seu irmão Carlos e o Doutor Kirk, não pôde deixar de narrar a desordem e profunda decadencia em que encontrou o imperio Macololo.

Das gentes vindas do sul com Chibitano, isto é Macololos, poucos existiam ja, tendo sido decimados pêlas febres do paiz, que nem os naturaes poupam. A embriaguez e o uso do bangue, de mistura com os desregramentos dos chefes, tinham feito perder tôda a autoridade aos invasores. Môrto Chicrêto, succedeulhe seu sobrinho Omborolo, que devia reinar durante a minoridade de Pepe, irmão muito mais nôvo de Chicrêto, e filho ainda do Grande Chibitano.

Os Luinas conspiravam, e um dia Pepe foi assassinado. Omborolo não tardou a ter a mesma sorte, e tendo sido ordenada uma *Saint Barthélemi* por os Luinas, os restos d'esse forte exèrcito invasor foi assassinado, escapando apenas poucos, sôb o commando de Siroque, irmão da mãe de Chicrêto, que fugio para Oeste, passando o Zambeze em Nariere.

Os Luinas, depois d'essa carnificina traiçoeira, acclamáram seu chefe Chipópa, homem de tino, que não deixou desmembrar o paiz, e procurou conservar o imperio, poderoso como em tempo de Chibitano.

Chipópa reinou muitos annos, mas as ambições apparecêram e, em 1876, um tal Gambela fel-o assassinar, e acclamar seu sobrinho Manuanino, criança de 17 annos.

O primeiro acto do poder de Manuanino foi mandar cortar a cabêça a Gambela, que o tinha feito rei, e desprezando tôdos os parentes e amigos do pai que o eleváram ao poder, chamou para junto de si só os parentes maternos. Aquelles conspiráram, fizéram uma revolução, e tentáram assassinal-o, em Março de 1878; mas Manuanino, tendo alguns fiéis, pôde escapar-se, e fugio para o Cuando, onde assaltou e devastou a povoação de Mutambanja.

Lobossi, acclamado rei, enviou contra elle um exèrcito, e Manuanino têve de retirar d'ali, e repassando o Zambeze em Quisséque, internou-se no paiz do Choculumbe, atravessou este paiz, e foi juntar-se a uns brancos, caçadores de elephantes, que estavam na margem do

Cafuqúe. Lobossi entendeu, que a sua segurança dependia da morte de Manuanino, e mandou contra elle um nôvo exèrcito. Foi do resultado d'aquella expedição que n'esse dia chegáram noticias.

Chegados perto do logar onde estava o ex-soberano com os brancos, que elles chamam *Mozungos*, intimáram estes a que lhes entregassem Manuanino para o matarem, e como houvesse recusa, elles os atacáram, mas, com tanta infelicidade, que fôram completamente batidos pêlos brancos; escapando muito poucos, que n'essa tarde chegáram a Lialui a narrar o seu desastre.

Eis aqui o motivo porque os tambores tocavam convocando á guerra; e porque o rei Lobossi me pedio que mandasse dar tiros na grande praça da cidade.

Ja que falei na historia do Lui, não dêvo proseguir sem narrar um dos seus episodios mais interessantes, porque se refere a um typo verdadeiramente sympàthico.

É Siroque, aquelle Macololo, que, na occasião da Saint Barthélemi dos Macololos, conseguio escapar com um grupo de gente, passando o Zambeze.

Siroque, intrèpido e audaz, caminhou a oeste até encontrar o Cubango, onde se estabeleceu, vivendo da caça dos elephantes.

Depois subio o rio até ao Bihé, e fixou-se ali por muito tempo, chegando por vêzes a ir a Benguella em comitivas sertanejas. Um dia porem, tendo umas questões em que bateu os que o atacáram, retirou por prudencia para o interior; indo acampar no rio Cuando abaixo do Cuchibi, onde continuou a vida de caçador.

Siroque era intelligente e bravo, e de uma familia que tinha reinado, não podia deixar de ser ambiciôso.

Sonhou com o restabelecimento da monarchia Macolola no Lui, e foi-se approximando d'ali pêlo Cuando.

Um pombeiro do Bihé, seu amigo e que lhe tinha fornecido pòlvora, denunciou-o, e Manuanino, então acclamado de pouco, fel-o assassinar junto da povoação de Mutambanja, pêla mais cobarde traição.

Tôdos os seus fôram vìctimas, e a azagaia do assassino de Siroque abrio o tùmulo ao ùltimo dos Macololos.

Aquelle dia amanhecido tão bonançoso para o adolescente monarcha, que só via sorrir-lhe a vida, tornara-se de repente sombrio e carregado, envolvido em nuvens de tempestade.

As noticias más succedem-se, e corria o boato, de que Lo Bengula, o poderoso rei do Matebeli, projectava um ataque contra o Lui.

Andavam tôdos desorientados, tôdos emittiam alvitres, todos pensavam loucuras; só dois homens se conservavam serenos no meio d'aquelle pôvo semi-louco. Eram Machauana e Gambela—Gambela o ministro da Guerra, Machauana o General em chefe.*

Ordens acertadas e ràpidas eram dadas por elles a emissarios fiéis, que partiam para povoações distantes.

¿ O que seria de mim no meio dos novos acontecimentos que agitavam o paiz ?

Diziam e repetiam, que fôram os *Muzungos* que matáram os sicarios de Lobossi, enviados contra Manuanino, e se ali se soubesse que eu era *Muzungo*, estava irremediavelmente perdido. Estes povos felizmente ignoram isso, e pensam que os Portuguezes de leste sam de outra raça differente dos Portuguezes de oeste.

No Lui, os Portuguezes das colonias de oeste sam

* Noticias do Lui que ja recebi na Europa, umas mandadas por o D^or^. Bradshaw, outras vindas do Bihé, dizem-me, que os Luinas, depois da minha estada entre elles, sofréram um cruel ataque de umas tribus do N.E., que o D^or.^ Bradshaw chama Ma Kupi-Kupi. Depois d'isso, Lobossi mandara matar o Gambela, Machauana, e o joven Munutumueno, filho do rei Chipopa. Corria ha pouco no Bihé, que o rei Lobossi tinha sido assassinado, e ja ali havia outro soberano, que as ùltimas noticias do sertão, de fonte pouco segura, diziam ser o proprio Manuanino.

chamados *Chiudéres*, nome que lhes dam os Bihenos; os das colonias de leste, *Muzungos*; e os Inglezes do sul, *Macúas*. A tôdo e qualquér prêto que vem das colonias Portuguezas chamam *Mambares*, de certo corrupção da palavra *Quimbares*, com que sam designados os prêtos semi-civilizados de Benguella. D'ahi proveio o erro do Doutor Livingstone, arranjando a oeste das serras de Tala Mugongo uma raça de *Mambares*.

Os *Quimbares* sam prêtos de qualquér procedencia, geralmente escravos ou libertos, que ja sam meio-civilizados. Sam, finalmente, a gente das senzalas de Benguella e as escravaturas dos brancos da costa.

Em Benguella chamam *Quimbundos* ao gentio selvagem do interior, designando com esse nome mais particularmente os Bihenos.

No dia 30, logo de manhã, Lobossi mandou dar-me parte de que se ia fazer a guerra, e dos motivos que a isso o obrigavam.

O emissario foi o proprio Gambela, que me disse logo, que, sendo o Chuculumbe o theatro da guerra, era impossivel a minha viagem por ali; e por isso, que tudo o que havìamos combinado estava prejudicado.

Aquelles acontecimentos tornavam muito crìtica a minha posição.

N'essa tarde, estando eu com um nôvo e violento accesso de febre, viéram prevenir-me, de que os pombeiros Bihenos me queriam falar.

Levantei-me a custo e fui ouvil-os.

Depois de variados preàmbulos, disséram-me, que me iam deixar, porque viam o mao caminho que as cousas tomavam no Lui, e só desejavam voltar ao Bihé.

Cobardes! Abandonavam-me no momento em que eu mais precisava d'elles!

Miguel, o caçador de elephantes, o pombeiro Chaquiçongo, e dois carregadores, Catiba e um carregador, e o Doutor Chacaiombe, viéram protestar-me a sua amizade, e declarar-me que ficavam comigo. Tôdos os *Quimbares* me viéram fazer igual declaração.

Aquella resolução inesperada dos Bihenos fêz-me recobrar o sangue frio que ja não tinha ha dias. Augmentavam as difficuldades, era preciso lutar, e eu sacudi o entorpecimento moral que se ia apossando de mim.

Immediatamente despedi os Bihenos, que puz fora do acampamento, entregando-os ao prêto Antonio, o velho Antonio que eu tinha designado a Lobossi para ser chefe e guia da comitiva que elle ia mandar a Benguella.

Fiz em seguida a conta á minha gente, e achei-me com 58 homens.

No dia immediato, Lobossi veio a minha casa, e fêz-me repetidas exigencias de cousas que eu não possuia, e elle queria por fôrça que eu tivesse e lhe desse. Estava cada vez mais importuno. Era uma criança, mas criança impertinentissima. Precisava de uma paciencia sem limites para o aturar.

Lobossi mandou-me chamar n'essa noute. Fui la, e elle disse-me, que a minha viagem pêlo Chuculumbe era impossivel, mas que me daria guias e alguma gente para eu tornear pêlo sul e ir ao Zumbo.

Disse-me, que o boato a respeito dos Matebeles não tinha fundamento, que d'aquelle lado havia paz e elle terminaria facilmente com Manuanino. Queixou-se muito amargamente de eu lhe dar poucas cousas, dizendo, que se eu nada mais tinha, lhe desse tôdas as armas e a pòlvora que possuia, porque, seguindo para o Zumbo com gente d'elle, seria defendido por ella, e não precisava levar tanta gente armada.

Offereci-lhe as armas dos Bihenos que me tinham deixado n'esse dia, e que tive o cuidado de lhes tirar, e sete barris de pòlvora, mas neguei-me formalmente a dar-lhe uma só que fôsse das outras, dos homens que me ficáram, ou das minhas particulares.

Retirei-me pouco satisfeito d'aquella entrevista.

No primeiro de Setembro, levantei-me muito doente, e depois de ter feito as observações da manhã, tornei a deitar-me; quando o Verissimo entrou espavorido na barraca, e me diz, que Lobossi mandara chamar tôda a minha gente, e lhe exposera, que eu tinha vindo ali de propòsito para me ir juntar aos *Muzungos* que estavam no Cafuque com o Manuanino, e fazer-lhe guerra a elle. Isso estava demonstrado pêla minha insistencia em querer ir ao Chuculumbe. N'essa noute fôra elle prevenido dos projectos que eu meditava, e por tanto, me ia obrigar a sahir dos seus estados, e só me deixaria livre o caminho do Bihé.

Encarregara elle o Verissimo de me vir fazer a intimação; cousa que em nada me desconcertou o espìrito, porque, desde a vèspera á noute, eu esperava novidade grande.

Mandei chamar o Gambela, mas elle têve o cuidado de fazer com que o não encontrassem em tôdo o dia.

Um recado que fiz chegar a Lobossi, mostrando-lhe a inconveniencia do passo que dava, porque eu lhe podia fazer muito mal impedindo os sertanejos do Bihé de virem ali, têve por ùnica resposta nôvo mandado de despejo, e só livre o caminho do Bihé.

A' tarde, nova prevenção, de que, as forças que estavam reunidas para a guerra, não sahiriam sem eu ter deixado o paiz do Lui em caminho de Benguella.

Respondi ao enviado, que dissesse ao rei Lobossi, que dormisse sôbre o caso, porque a noute era bôa conselheira, e que esperava ainda a sua ùltima decisão no dia immediato.

A 2 de Setembro, logo de manhã, recebi a visita de Gambela, que vinha da parte do rei, ordenar-me que sahisse do seu reino immediatamente, e que o ùnico caminho livre era o do Bihé. Não pode passar nem por ali, nem por ali, nem por ali, me disse elle, apontando para o N., E. e S.

Contra tôdos os usos do paiz, o Gambela, em quanto estêve em minha casa, conservou as armas na mão, e eu entretive-me brincando com um magnìfico revólver Adams-Colt.

Fingi que meditei a minha resposta, e disse-lhe, "Amigo Gambela, vá dizer a Lobossi, ou tome o recado para si, que eu não arredo um passo d'aqui para seguir o caminho de Benguella. Tem ahi um numeroso exèrcito, que me venha atacar; eu saberei defender-me, e se morrer, o Mueneputo lhe tomará contas d'isso. Vocês estam indispostos com os Matebeles, ameaçados pêla guerra civil levantada por Manuanino, indisponham-se tambem com o Mueneputo, e estam perdidos. Outra vez lhe repito, que não sahirei d'aqui senão para seguir o meu caminho."

Gambela sahio da minha barraca furioso.

N'essa noute Machauana veio furtivamente visitar-me. Previnio-me elle de que Gambela aconselhara ao rei para me mandar matar, e que Lobossi se negara a isso terminantemente. O caso foi passado em conselho, a que assistia Machauana, que me fez mil prevenções para estar de sôbre-aviso.

A larga conversação que tive com o antigo companheiro de Livingstone, mostrou-me que entre elle e Gambela havia reixa velha. O antigo guerreiro de Chibitano, depois muito afeiçoado ao rei Chipopa, só pensava em ver occupar o trôno do Lui ao filho d'este, seu pupillo e seu protegido, o joven Munutumueno, o meu alferes de cavallaria ligeira.

Tendo podido ler no coração do velho aquelle odio e aquella affeição, considerei-me salvo. O seu poder era grande, porque elle tinha influencia n'uma enorme parte das tribus do Lui; e por isso as azagaias, que tanto ferem ali nas revoluções, o tinham poupado. Fiz-lhe muitos protestos de gratidão, e pedi-lhe, que me prevenisse logo que o rei Lobossi determinasse matar-me. Elle prometeu, e retirou-se.

Eu fui deitar-me, levando a referver na mente, um plano singelo, que me abstive de communicar a Machauana, para lhe evitar idéas cubiçosas, que elle não tinha n'aquelle momento.

Resolvi, se acaso Lobossi decretasse a minha morte, chamar cinco dos meus homens mais decididos, uma especie de cães que eu tinha comigo, como eram Augusto, Camutombo e outros, e ir com elles logo á audiencia do rei, onde tôdos estam desarmados, fazel-os, a um signal meu, saltarem sôbre Lobossi, Gambela, Matagja e os outros dois conselheiros ìntimos, e eu de um pulo acercar-me de Machauana o general em chefe, o homem que tinha ali acampados dez mil guerreiros, e gritar-lhe bem alto "¡ Viva Munutumueno, rei do Lui, viva o filho de Chipopa!"

Uma revolução feita n'estes termos não podia deixar de dar bom resultado n'um paiz que ama as revoluções, e onde se faria a primeira em que não houvesse uma gôta de sangue derramado.

Acalentando este pensamento salvador, adormeci profundamente, para acordar, no dia 3, ao chamamento do meu muleque Catraio, que me vinha prevenir, de que Lobossi estava ali, e me queria falar.

Levantei-me e fui receber o rei. Elle vinha participar-me, que tinha mudado de parecer, e que tôdos os caminhos estavam livres para mim.

Que me daria guias até ao Quisséque, mas que, em vista das cousas que se estavam passando nos seus estados, não podia dar-me fôrça para me seguir, nem se responsabilizava por qualquér desastre que me podesse acontecer, indo eu com 58 homens apenas.

Agradeci-lhe aquella decisão, e declarei-lhe, que tinha por costume, só eu mesmo me responsabilizar pêla minha vida, e não tornar ninguem responsavel d'ella.

Antes de se retirar, fêz-me muitos pedidos, que ficáram sem satisfação, por não ter nada do que elle queria. Um dos pedidos que me fazia tôdos os dias, era o de seis cavallos. Tendo-me visto chegar a pe, e sabendo que eu não tinha cavallos, era impertinencia tal desejo.

Sube depois, que a nova decisão tomada por Lobossi fôra filha de reïteradas instancias do Machauana, que lhe mostrou a inconveniencia do passo que dava, fazendo-me sahir dos seus estados a pesar meu.

No dia 4, de manhã, estando um pouco melhor da febre, fui assistir a uma audiencia do rei, que se mostrou em extremo amavel para comigo. Logo ao nascer do sol, Lobossi sahi dos seus aposentos, e ao som de marimbas e tambores, dirige-se á grande praça, onde vai sentar-se junto a uma alta sebe semi-circular, cujo centro é occupado pêla cadeira real.

Por de traz d'elle senta-se a gente que compõe a côrte, e á sua direita Gambela e os outros conselheiros, se estam presentes.

Na frente do règulo, a 20 passos, a mùsica em linha, e aos lados, em muitas fileiras, o pôvo.

Ali tratam-se um certo nùmero de negocios, que não precisam ser tratados em conselho privado. Aquella audiencia é tambem judicial. N'aquelle dia tratava-se de um crime de furto. O queixoso chamou o accusado, que veio sentar-se em frente d'elle, e fez a accusação. O acusado negou o crime, e logo de entre o pôvo sahio um homem que veio advogar em favor do réo. Ali qualquér amigo ou parente pode defender o amigo ou parente.

Gambela tomou a palavra, e o accusado veio ajoelhar em frente d'elle; fêz-lhe varias perguntas, e mandou-o embora.

Continuou o debate, comparecendo testemunhas de accusação e defesa. O crime foi provado, e o accusador pedio, que lhe entregassem a mulhér do ladrão; ficando indemnizado da perda de uns fios de missanga, objecto do roubo, pêla posse da mulhér.

Terminado este debate, apparaceu outro homem accusando a mulhér de lhe não obedecer. Esta accusação foi seguida de muitas outras semelhantes, e mais de vinte sùbditos de Lobossi fizéram amargas queixas contra as espôsas; demonstrando-me, que as mulheres em Lialui estavam em completa revolta domèstica. Depois de alguma discussão, foi resolvido, que tôda a mulhér que não obedecesse cega e absolutamente ao marido, fôsse amarrada e mettida na lagôa, onde passaria uma noute só com a cabêça de fora.

Aprovada esta nova lei, Gambela ordenou a alguns chefes, que a promulgassem nas povoações.

Uma cousa muito curiosa n'aquellas audiencias é o modo porque Gambela conferenceia com o rei em segrêdo, diante de tôdos. A um signal de Gambela, começa a mùsica a tocar, e os oito batuques fazem uma bulha de tal modo infernal, que é impossivel perceber uma palavra das que trocam o rei e o ministro.

Em seguida á audiencia, o rei vai para um aposento proprio para se embebedarem.

Vẽm panellas e panellas de capata, e elle e os seus prestam um verdadeiro culto ao deos Baccho. D'ali vai para a cama, e á tarde, depois de novas libações, dá nova audiencia. Logo que, ao anoutecer, termina a audiencia, vai comer, e segue para o serralho, d'onde raramente sahi antes da uma hora, e recolhendo a casa para dormir, vahi deitar-se ao som ruidoso dos tambores.

O cessar dos batuques annuncía que o règulo está recolhido, e então a guarda, composta de uns quarenta homens, começa a tocar uma mùsica, que, apesar de monòtona, é agradavel; e tôda a noute cantam um côro suave e harmonioso a meia voz. Esta mùsica que no Barôze acalenta o sono do soberano, serve para mostrar que a guarda vela em tôrno do seu aposento. N'estes poucos traços dou uma idéa resumida do viver monòtono do autòcrata Africano, viver repartido entre a lascivia tôrpe e a embriaguez brutal.

N'aquelle dia, 4 de Setembro, sube, que devia a vida a Machauana, que, em conselho privado, se opôz formalmente a que me mandassem assassinar; dizendo, que elle tinha estado em Loanda com Livingstone, e ali tinha sido muito bem tratado pêlos brancos, assim como os Luinas que o acompanhavam; e por isso não podia consentir que fizessem mal a um branco da mesma raça.

Chegou mesmo a ameaçar os poderes constituidos, o que era caso grave para elles; porque no Lui os ministros morrem sempre na queda dos ministerios; precaução tomada pêlos novos conselheiros, que com alguns golpes de azagaia cortam pela raiz as opposições.

Cá na Europa, algumas vêzes, procura-se denegrir a reputação dos antecessores, buscando desdoural-os aos olhos do pôvo, para lhes diminuir a fôrça moral como opposição. Eu acho mais nobre, mais digno e mais seguro o systema polìtico dos Luinas, o que não quer dizer que o recommende.

O conselho, em vista da attitude e das razões de Machauana, decidio, que eu não morrêsse; mas, parece que algum dos conselheiros por conta propria decidio o contrario; porque, n'essa noute, estando afastado do acampamento, preparando-me para tomar alturas da lua, uma azagaia de arremesso passou tão perto de mim que a aste vergastou-me o braço esquêrdo. Olhei para o lado d'onde partira a arma, e vi um prêto a vinte passos, empunhando outra. Tirar o revólver e fazer fôgo sôbre elle, foi acto mais instinctivo do que pensado. Ao estampido do tiro, o assassino virou costas e correu em direcção a Lialui. Corri sôbre elle. Sentindo-me no encalço, o prêto deitou-se por terra. Receei uma cilada, e foi a passos medidos que me approximei d'elle, prompto a fazer fôgo.

Vi que o membrudo indìgena estava de bruços com as azagaias cahidas ao lado.

Peguei-lhe n'um braço, e ao tempo que senti as carnes estremecerem ao contacto da minha mão, senti um lìquido quente correr-me por entre os dêdos. O homem estava ferido. Fil-o erguer, e elle disse-me, tranzido de mêdo, umas palavras que eu não entendi. Apontando-lhe o revólver, obriguei-o a acompanhar-me ao acampamento.

Ali não fizera sensação o tiro de revólver, porque tôdas as noutes se ouvem mais ou menos tiros. Chamei dous muleques de confiança, e entreguei-lhe o meu prisioneiro, cuja ferida examinei. A bala entrara junto á cabêça superior do hùmero direito, perto da clavìcula, e não tendo sahido, suppuz estar fixa na omoplata. Não lhe apparecendo sangue nas vias respiratorias, calculei que o pulmão não tinha sido offendido, assim como o fio de sangue que corria da ferida, pêla sua tenuidade me mostrava que nenhum dos vasos importantes da circulação tinha sido cortado. N'estas condições a ferida não apresentava gravidade, pêlo menos de momento.

Depois de lhe fazer um ligeiro curativo, mandei chamar o Caiumbuca, e ordenei-lhe que me acompanhasse a casa do rei, fazendo com que os muleques conduzissem para ali o ferido.

Lobossi tinha voltado de casa das amantes, e conversava com Gambela antes de se deitar. Apresentei-lhe o ferido e perguntei-lhe o que era aquillo. O rei mostrou um grande terror, vendo-me coberto de sangue do assassino, que eu nem tinha lavado; e um olhar trocado entre Gambela e o ferido, mostrou-me quem tinha sido a cabêça que enviara aquelle braço. Lobossi mandou logo retirar d'ali o prêto, e disse-me, que aquillo era um grande agouro, e que ja não durmiria aquella noute socegado.

Narrei o acontecido, e Gambela apoiou muito o que eu tinha feito, lastimando que eu não tivesse morto o prêto, e dizendo-me, que ia matar meio mundo.

O prêto era desconhecido em Lialui, e os da guarda de Lobosi disséram nunca o terem visto. Lobossi pedio-me, que guardasse sôbre o facto o maior segrêdo, assegurando-me, que não me acontecia outra em quanto estivesse nos seus estados.

Eu voltei ao campo mais desconfiado que nunca das amabilidades de Gambela.

Por noute fora, senti que alguem tentava penetrar na minha barraca, e puz-me a pe sem ruido, prompto a sorprender aquelle que julgava fazer-me sorpresa.

A pessôa era de certo conhecida, porque a minha cadella Traviata não ladrava, e fazia festas com a cauda para o ponto por onde alguem se introduzia de rastos.

Esperei um momento, e ao clarão da fogueira conheci a prêta Marianna, que, com meio côrpo dentro da barraca, me fazia signal para que entivesse calado.

Entrou, achegou-se a mim e disse-me: "Toma cautela. O Caiumbuca atraiçôa-te. Depois que voltou com-tigo de casa do rei, tornou a Lialui a falar com Gambela; e logo que chegou aqui, reunio com muito socêgo a gente de Silva Porto, e estêve a falar com elles na barraca d'elle. Eu fui escutar, e ouvi falar em te matarem. O Verissimo tambem la estava. Elles disséram, que como tu não entendias a lìngua do Lui, quando tu lhes dissesses uma cousa para dizer ao rei, elles diriam outra, e te dariam tambem a resposta trocada, que assim haviam de fazer com que o rei te matasse.

"Toma cautela, olha que elles sam muito maos."

Agradeci muito á pequena o aviso e dei-lhe o ùnico

collar de missanga que me restava, e que eu reservava para uma das favoritas de Machauana.

A declaração da Marianna, veio ferir-me profundamente. Os homens em que eu confiava eram os primeiros a atraiçoar-me.

Mil pensamentos tristes, que não conseguíram alquebrar-me o espìrito, produzíram uma noite de insomnia. É verdade, que a prevenção de Marianna veio dar-me uma vantagem enorme sobre elles, que ignoravam que eu lhes conhecia a traição nos seus detalhes; e de manhã ao levantar-me, eu repetia a mim mesmo o rifão Portuguez, de que "um homem avisado vale por quatro."

Gambela foi visitar-me, e repetio-me mil protestos de amizade; mas eu presentia que o perigo pairava em tôrno de mim, e que a espada de Damocles estava suspensa sôbre a minha cabêça.

N'esse dia entreguei a Gambela as cartas para o governador de Benguella, e a comitiva do rei do Lui, commandada por três chefes Luinas e guiada pêlo velho Antonio de Pungo Andongo, seguio caminho da costa.

Com ella fôram os Bihenos que me haviam abandonado. Estava satisfeito com aquelle primeiro resultado obtido; e se os meus trabalhos se perdêssem e mais nada fizesse, o ter posto um pôvo tão poderôso em relações com a civilização Europea da costa, era ja um resultado importante da minha viagem.*

A revelação feita n'essa noute por Marianna trazia-me preoccupado, e eu só pensava no meio de parar o golpe

* Esta expedição Luina mandada por mim, chegou a Benguella, onde foi muito bem recebida pêlo Governador Pereira de Mello, e pêlo côrpo commercial da cidade, sôbre tudo por Silva Porto, que empregáram tôdos os esfôrços para os animarem a voltar ali em viagens de tràfico. Esta tentativa minha, a que em Benguella déram alguma importancia, passou quasi desapercebida na Metròpoli. É contudo, se é importante que o Europeo vá levar o commercio aos paizes do interior, é mais importante ainda, para o tràfico e para a civilização, fazer com que o indìgena venha negociar ás feitorias da costa.

que me feria, com a traição d'aquelles em que eu mais confiava.

Formei um plano que decidi pôr em pràtica n'esse mesmo dia.

A narrativa dos repetidos e graves acontecimentos que se déram comigo depois da minha chegada ao Lui, não me tem deixado falar dos povos Luinas e seus costumes.

Em logar de encontrar ali essa raça forte e vigorosa, creada por Chibitano, e que existio com o imperio Macololo, fui deparar com uma raça abastardada, misto de Calabares, Luinas, Ganguelas e Macalacas, que têm unido o seu sangue marcando cada cruzamento uma pègada de decadencia. O uso immoderado do bangue ou cangonha (*Cannabis Indica*), a embriaguez e a syphilis, têm lançado aquelle pôvo no mais abjecto embrutecimento moral, e enfraquecimento physico.

Fig. 97.—Cachimbos de fumar o Bangue.

O primeiro d'aquelles três grandes inimigos da raça prêta chegou-lhe do sul e leste pêlo Zambeze; os dois outros fôram ali importados pêlos Bihenos, que lhe trouxéram ainda outro inimigo não menos terrivel, o tràfico da escravatura.

Poucos paizes Africanos levàram tão longe como os

Luinas a pràtica da polygamia. ¡ Gambela, á èpocha d minha estada no Barôze, tinha mais de setenta mulheres

O Lui, ou Barôze propriamente dito, isto é, o pai que fica ao norte da primeira região das cataractas compõe-se, da enorme planicie onde corre o Zambeze que tem de 180 a 200 milhas do N. a S., e por vêzes de 30 a 35 O. a E., planicie elevada 1,012 metros ao mar; do paiz mais elevado a leste, onde assentam innùmeras povoações, que vêm estabelecer as suas culturas na grande planicie; e ainda na enorme planura do Nhengo, onde corre o Ninda. A planura do Nhengo é separada do leito do Zambeze por uma nervura de terreno elevado de 20 metros, que corre parallela ao rio, e onde estam muitas povoações, livres das maiores cheias.

Durante o tempo das grandes chuvas, a planicie do Zambeze é inundada, e eu medi em algumas àrvores onde tinham ficado signaes do maior nivel das àguas três metros.

No parallelo 15° tem ella uma largura de trinta milhas, e por isso, na èpocha das cheias, calculando uma corrente mìnima de 20 metros por minuto, devem passar ali 240 milhões de metros cùbicos d'àgua por hora. Isto dá uma medida do que sam as chuvas na 'Africa tropical, acrescentando-se, que regularmente a inundação atinge o seu màximo em oito dias.

O pôvo Luina, que em grande parte vive na planicie, retira para o paiz montanhoso durante as inundações.

Ao retirar das àguas, volvem a occupar as povoações abandonadas na invernía, e cobrem o campo com os seus rebanhos enormes, que, diga-se a verdade, não encontra ali um pasto viçoso em èpocha alguma do anno ; porque os prados sam formados, pêla maior parte, de caniçal, onde abunda uma especie do *Calamagrostis arenaria.*

As culturas sam feitas mais na margem direita do que na esquerda do Zambeze, e sempre junto das encostas.

A inundação deixa na planicie um sem-nùmero de pequenas lagôas, que se atulham de vegetação aquàtica, e que sam outros tantos focos miasmàticos de infecção palustre. Ha èpochas no anno em que os proprios indìgenas sam fortemente atacados pelas febres endèmicas.

Nas lagôas abunda peixe e ha muitos batràchios.

É d'estas lagôas que se fornecem de àgua potavel os indìgenas, mas é preciso confessar, que elles só a bebem depois de transformada em Capata.

Os Luinas sam pouco agricultôres, e muito pastôres. Os seus rebanhos constituem a sua principal riqueza, e no leite das vacas encontram o seu principal alimento.

O haver do Luina consiste em algumas vaccas e algumas mulheres.

O leite frêsco e o leite azêdo (coalhado) sam, com a batata dôce, a base da sua alimentação. A farinha de milho é empregada para fazer a Capata, de mistura com a de massambala, principal cultura do paiz.

Os Luinas fabricam o ferro, e tôdas as suas armas e tôdos os seus utensilios, sam feitos no paiz. Não usam facas, e não podemos deixar de nos admirar das esculpturas que fazem em madeira, sabendo que não empregam facas, e mais ainda, logo que conheçamos o instrumento com que trabalham. No Lui, onde o machado termina a obra grossa de desbaste, começa a obra da azagaia. O ferro d'esta é instrumento para tudo. Os bancos onde se assentam, as escudellas em que comem as vasilhas do leite, e tôdos os seus utensilios de madeira, sam cortados com ella.

Fig. 98.—Vasilha para leite feita de Madeira.

Entre elles ha um primorosamente trabalhado, em

geral, e é a colhér. Vivendo de leite, o Luina não pode prescindir da colhér, e dispensa a faca. O seu systema

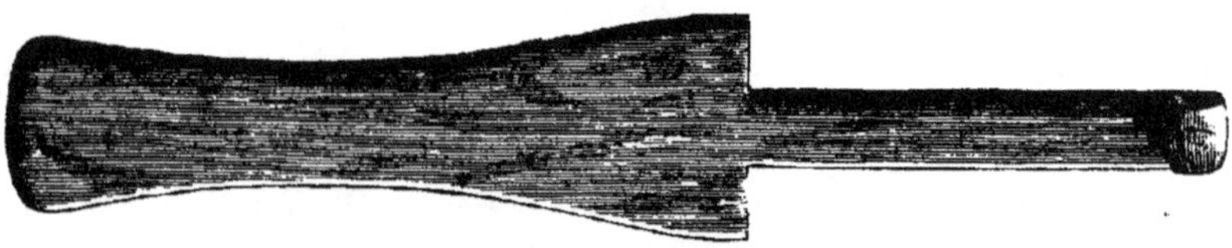

Fig. 99.—Objecto de ferro forjado que serve de lenço de assoar aos Luinas. Especie de espàtula.

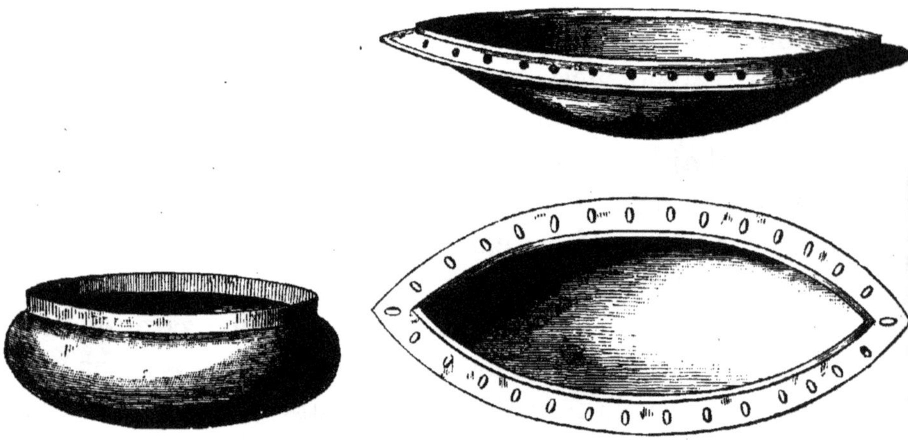

Fig. 100.—Pratos e escudellas para a comida.

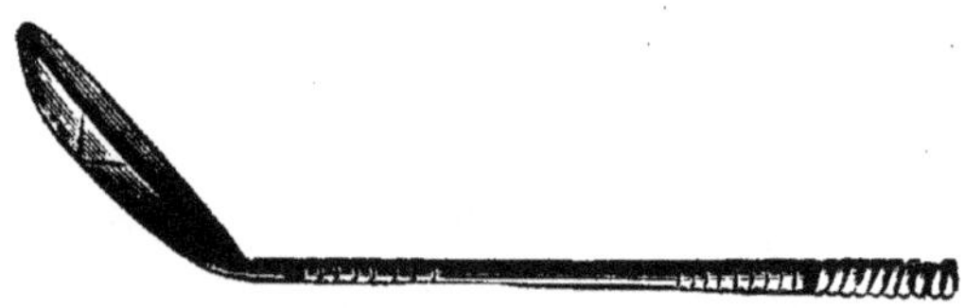

Fig. 101.—Colhér.

Fig. 102.—Machado de cortar madeira.

de alimentação explica a falta d'esta e o muito uso d'aquella.

A industria ceràmica limita-se no Barôze á fabricação de panellas para cozinha, para a capata, e grandes talhas de barro para guardar cereaes. Álém d'isto, fornalhas para os cachimbos de fumar o *bangue.*

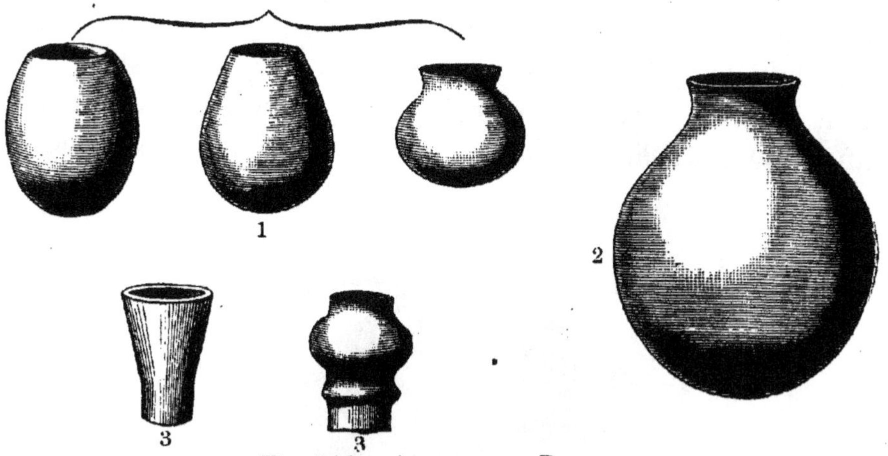

Fig. 103.—Artigos de Barro.

1. Panellas de cozinha. 2. Tálha de guardar cereaes. 3, 3. Fornalhas dos cachimbos.

O Luina só fuma o *bangue*; o muito tabaco que cultivam é empregado exclusivamente para cheirar, e d'elle fazem grande uso homens e mulheres. É este o pôvo mais coberto que encontrei em África. É raro ver-se ali um homem ou mulhér despidos da cintura para cima. Os homens, como ja disse no capìtulo anterior, usam umas pelles passadas em um cinto, que pendem adiante e atraz, chegando até aos joêlhos. Um manto de pelle, que posto, assemelha as capas do tempo de Henrique 3°, cobre-lhes o tronco e cahi-lhes até meia perna.

Um largo cinto de couro, independente do que lhes segura as pelles da cinta, muitas manilhas e muitos amulêtos, completam o seu trajar. As mulheres trajam um saio de pelles, que adiante chêga ao joêlho, e atraz desce até ao grôsso da perna. Sôbre o saio um largo cinto enfeitado de buzio (*caurim*). Um pequeno manto de pelles, muitas missangas ao pescôço e muitas manilhas nos braços e pernas, sam o vestuario do paiz. Vemos hôje muitas indìgenas substituindo as pelles por estôfos Europêus, os capotes por cobertores de algodão, e mesmo tôdo o trajar gentìlico, por o fato do homem civilizado; mas eu aqui não curo das excepções, falo no traje primitivo do paiz, e não nas innovações que o commercio ali tem levado. É preciso contudo revelar, que este pôvo tem uma tendencia manifesta para se vestir. De certo, antes da invasão dos Macololos, os Luinas deviam andar

Fig. 104.—Homem Luina.

muito pouco cobertos. Os povos Chuculumbes, seus vizinhos de leste, andam completamente nús, homens e mulheres. A oeste os Ambuelas fôram tambem encontrados nús, pêlos primeiros sertanejos Portuguezes que ali se aventuráram,* e ainda hôje não se cobrem muito.

O trajar dos Luinas que eu descrevi, é o mesmo usado

* Silva Porto, em 1849.

outtróra pêlos Macololos, e por isso é de crer que fôsse introduzido por elles.

Essa tendencia, que eu faço notar, d'este pôvo para se vestir, deve merecer a attenção do commercio, e é uma tendencia a explorar em beneficio d'elle, dos indìgenas e da civilização.

Fig. 105.—Mulhér Luina.

As mulheres nobres, e em geral as ricas, untam o côrpo com manteiga de vacca misturada de talco em pó, que lhes dá á pelle um lustro avermelhado, e ao mesmo tempo um cheiro desagradabilissimo.

Entre os Luinas encontram-se muitas espingardas de fulminante, de fàbrica Ingleza, levadas ali pêlos sertanejos do sul, e outras de silex Belgas, vindas do commercio Portuguez de Benguella; mas os indìgenas, ao contrario do que acontece, com tôdos os povos da costa de Oeste até ao Zambeze, preferem as armas de fulminante, e alguns ha, que só querem ja carabinas raiadas. Não usam cartuxo como os Bihenos e povos circumvizinhos d'estes, e trazem a pòlvora sôlta em cornos, ou em cabaças. As armas do paiz sam azagaias, porrinhos, e machadinhas. Não usam frechas.

Fig. 106.—AZAGAIAS LUINAS.

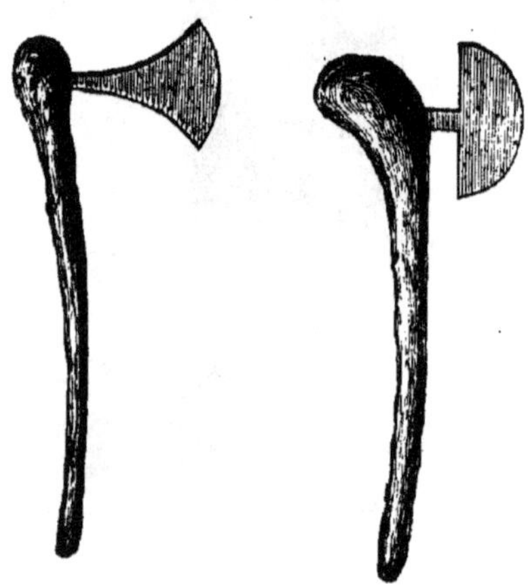

Fig. 107.—MACHADINHAS DE GUERRA.

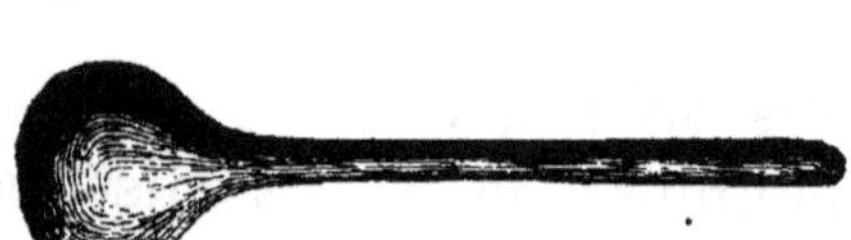

Fig. 108.—PORRINHO.

Têm por arma defensiva grandes escudos ogivaes, de couro de bôi armados em madeira. Cada homem traz, em geral, de cinco a seis azagaias de arremêço.

Os ferros d'estas azagaias, sem serem envenenados,

não sam por isso menos terriveis; devido ás barbas desencontradas que lhes fazem, de modo que, na maior parte dos ferimentos, é preciso matar o ferido para lh'-as arrancar do côrpo.

O que eu vi usarem os Luinas, e mostrou a preferencia que tẽm, fôram as missangas chamadas no commercio de Benguella, missanga leite, azul celeste e Maria 2ª.

Os cassungos finos, branco, azul e encarnado, sam tambem estimados.

Fazendas tôdas sam bôas para o Lui, preferindo elles as melhores. O arame de latão, de três a quatro milìmetros de diàmetro, tem valor, e a roupa feita, cobertôres, armas de percussão, fulminantes, pòlvora, chumbo em barra, e artigos de caça, sam ali cotados em subido prêço.

Em tôdo o paiz o commercio é feito exclusivamente com o règulo, que faz d'elle monopolio; pertencendo-lhe tôdo o marfim que se caça nos seus estados, e tôdos os gados dos seus sùbditos, a quem elle os pede quando precisa. Das fazendas, armas e outros artigos que permuta, faz presentes aos seus caçadores, chefes de povoação, côrte, etc.

As mulheres gozam de bastante consideração, e entre a nobreza não fazem nada, passando a vida sentadas em esteiras, a beber capata e a cheirar tabaco. Possúem muitos escravos, pêla maior parte Macalacas, que as servem.

Os grandes rebanhos dos Luinas, sam de bôis de uma raça magnìfica, e mesmo as suas gallinhas e cães sam de melhores raças do que os que encontrei até ali.

O valle do Barôze está cercado por éste a sul da terrivel mosca zê-zê, o que os obriga a concentrarem os gados na planicie, e torna difficil a sahida d'elles, a não ser para oeste no caminho de Benguella, tôdo limpo do prejudicial diptéro.

Eis em curto resumo o que eu vi d'esse paiz, que primeiro, antes da invasão de Chibitano, foi visitado por um Portuguez (Silva Porto), que foi visto depois por David Livingstone, debaixo do imperio dos Macololos, e que eu encontrei em condições bem differentes, sôb a dinastia Luina, em 1878.

Retomando a narrativa das minhas tristes aventuras, no dia 5 de Setembro, dia seguinte ao da revelação de Marianna, resolvi fazer com que os traidôres fôssem trahidos por um dos seus, e lancei as minhas vistas sôbre Verissimo Gonçalvez.

Chamei-o á minha barraca, e mostrei-lhe antes de lhe falar, a copia de uma carta apòcrypha, escrita para Benguella, em que eu dizia ao governador, que, tendo desconfianças de Verissimo, lhe pedia que mandasse prender a mulhér, o filho, e a mãe d'elle, e se acaso acontecesse eu ser vìctima de alguma traição, as mandasse para Portugal, onde eu disse ao Verissimo que os meus parentes as fariam queimar vivas.

Depois d'este exordio, assegurei-lhe, que aquella carta fôra escrita como simples prevenção, porque eu confiava plenamente na sua dedicação por mim ; mas que essa dedicação tinha de estar vigilante, porque eu desconfiava levemente do Caiumbuca, e se me acontecêsse alguma desgraça, eu não poderia evitar os horrores que estavam reservados aos entes que lhe eram caros. Disse-lhe sobre tudo, desconfiava que Caiumbuca não transmittia ao rei o que eu lhe dizia, assim como me dava transtornadas as respostas de Lobossi. Que elle deveria estar sempre presente nas minhas entrevistas com Lobossi, e dizer-me em Portuguez (Caiumbuca não falava Portuguez) o que elle dizia ao rei.

Verissimo, embaraçado, disse-me, que eu não me enganava, e contou-me tudo. Eu preveni-o, que não deixasse perceber nada a Caiumbuca, e que me tivesse ao corrente do que elle tramava.

N'essa tarde, Lobossi mandou-me dizer, que estava prompta a gente que me devia acompanhar, para eu seguir para a costa de Moçambique, e por isso podia partir quando eu quizesse.

Eu estava um pouco melhor, e desde a minha chegada ao Zambeze, ainda não tinha passado tão bem como n'esse dia.

O meu acampamento era muito grande, porque os Quimbares se haviam dividido pêlas barracas dos Quimbundos depois da sahida d'estes. O centro era um largo circular, de não menos de cem metros de diàmetro. A um lado, dentro da fila das barracas, ficava a minha barraca, cercada por uma sebe de canas, que fechava um recinto, onde só entravam os meus muleques de serviço.

Era a 6 de Setembro. O thermòmetro durante o dia tinha marcado com persistencia 33 graos centìgrados, e o calor reflectido pêla areia tinha sido incòmmodo.

A noute apresentou-se serena e frêsca, e eu, sentado á porta da minha tenda, pensava no meu Portugal, nos meus e nos amigos, no futuro da minha emprêsa, tão ameaçada ali, e ora alegre ora triste, não perdia a fé e esperava. O acontecimento da ante-vèspera vinha pairar como nuvem nêgra sôbre o ceo lìmpido da esperança.

Os meus Quimbares, recolhidos nas barracas, conversavam junto das fogueiras, só eu estava fora. De sùbito prendeu-me a attenção um sem-nùmero de pontos luminosos que vi atravessarem o espaço.

Sem saber ao principio explicar o que seria aquillo, tive um presentimento, e sahi do cercado de caniço que rodeava a barraca.

Logo que cheguei fora, tudo me foi revelado, e um grito pungente de angustia suprema escapou-se-me da garganta.

Alguns centos de indìgenas cercavam o acampamento, e lançavam achas ardentes sôbre as barracas cobertas de herva sêca.

Em um minuto o incendio, ateado por um vento forte de este, tomava incremento horrivel. Os Quimbares sahiam espavoridos dás barracas incandescentes, e pareciam loucos.

Augusto e a gente de Benguella reuníram-se em tôrno de mim. Em presença de um perigo tão terrivel, aconteceu-me o que por mais de uma vez me tem acontecido em iguaes circunstancias. Fiquei sereno e tranquillo de espìrito, pensando só em lutar e vencer.

Gritei á minha gente, semi-louca de se ver apertada em um cìrculo de fôgo, e consegui reunil-a no meio do espaço interior do campo.

A' frente de Augusto e dos muleques de Benguella, entrei na minha barraca em chamas, e consegui tirar d'ali as malas dos instrumentos, os meus papéis e trabalhos, e a pòlvora. A esse tempo as barracas abrazavam tôdas, mas o fôgo não podia attingir-nos. Verissimo estava a meu lado, inclinei-me para elle e disse-lhe, " Eu defendo-me aqui por muito tempo, passa por onde poderes e como poderes, e vai a Lialui dizer a Lobossi que a sua gente me ataca, diz tambem a Machauana o perigo que côrro."

Verissimo correu ás barracas em chamas, e eu vi-o desapparecer por entre as labaredas. A esse tempo ja as azagaias ferviam em tôrno de nós, e ja haviam alguns ferimentos graves, entre elles um do prêto Jamba de Silva Porto, que tinha uma azagaia cravada no sobrolho direito. A's azagaias respondiam os meus Quimbares com as balas das carabinas, mas o gentio avançava sempre, e ja entrava no acampamento, onde as barracas consumidas não offereciam barreira insuperavel. Em tôrno de mim, que desarmado segurava a bandeira da minha patria, estavam batendo-se como verdadeiros

Fig. 109.—ATAQUE CONTRA O CAMPAMENTO NO LUI.

bravos os meus valentes Quimbares. ¿ Estavam tôdos ? Não. Faltava ali um homem, um homem que deveria estar ao meu lado e que ninguem tinha visto. Caiumbuca, o meu immediato, desapparecêra !

Ao amortecer do incendio, eu vi que o perigo era real e enorme. Eram cem contra um.

Parecia a imagem do inferno ver aquelles vultos nêgros, que com estridente grita pulavam ao clarão das chamas, avançando para nós cobertos com o alto escudo e brandindo as puidas azagaias. Foi um combater encarniçado em que as carabinas de carregar pêla culatra, pêlo seu fôgo sustentado, continham em respeito aquella horda selvagem.

Contudo eu calculava que o têrmo do combate não estava longe, porque as munições desappareciam ràpidamente ; eu só tinha no comêço quatro mil tiros para as carabinas Snider, e vinte mil para as armas de carregar pêla bôca, mas não seriam essas as que me defenderiam ; e logo que o fôgo abrandasse, por faltarem as armas de carregamento ràpido, serìamos esmagados pêlo gentio desvairado. O meu Augusto, que parecia um leão raivoso, chegou-se a mim com suprema angustia, mostrando-me a carabina, que acabava de rebentar. Disse ao meu muleque Pépéca, que lhe entregasse a minha carabina de elephante e a cartuxeira. Augusto correu para a frente, e fez fôgo para onde o grupo do gentio era mais compacto. Um momento depois, a grita infernal dos assaltantes tomou um tom differente, e virando costas, tomáram elles precipitada fuga.

Só no dia seguinte, pêlo rei Lobossi, eu devia saber o que produzira um tal reviramento. Fôram os tiros do meu Augusto.

Na cartuxeira de que elle lançou mão havia balas carregadas de nitro-glicerina.

O effeito d'estas, fazendo desapparecer em bocados, pêla explosão, as cabêças e os peitos em que acertavam, produzio o pànico no meio d'aquelle gentio ignaro, que vio n'uma coisa nova para elle, um feitiço irresistivel.

Foi a Providencia que me quiz valer.

Conheci que estava salvo. Meia hora depois, appareceu-me o Verissimo, com uma grande fôrça capitaneada por Machauana, que vinha em meu soccôrro, por ordem do rei Lobossi. Lobossi mandava dizer-me, que era estranho a tudo, e que, provavelmente, o seu pôvo, sabendo que eu fôra ali para os atacar de combinação com os Muzungos de leste, que estavam com Manuanino, fizéram aquillo por sua conta; mas que elle ia tomar as mais vigorosas providencias para eu não soffrer mais aggressões. Tudo aquillo, se não foi ordenado por elle, foi por Gambela.

Verissimo, vendo os desastres do combate, perguntou-me ¿ o que haviamos de fazer ? e eu respondi-lhe com as palavras de um dos maiores homens Portuguezes dos ùltimos sèculos :—" Enterrar os mortos, e tratar dos vivos."

No incendio soffrémos perdas graves, mas mais graves eram as pêrdas de vidas por tão insòlito ataque. A bandeira Portugueza estava furada das azagaias selvagens, e salpicada do sangue dos bravos; mas as manchas que tinha, só serviam para fazer realçar a sua pureza immaculada; e mais uma vez, longe da patria, e por terras ignotas, tinha-se sabido fazer respeitar, como sempre o soube, e como sempre o saberá.

Depuz as armas de soldado, para me improvisar em cirurgião cuidadoso, e o resto da noute foi passado a curar os feridos e a alentar os sãos, sempre apercebido e vigilante, apesar dos novos protestos do rei Lobossi.

Logo que amanheceu, fui procurar o rei, e falei-lhe àsperamente sôbre o acontecimento da noute. Tornei-o, diante do seu pôvo, responsavel pêlas desgraças d'aquella noute; e disse bem alto, que aquelles que tivessem a chorar a perda de parentes, só a elle deviam lançar culpas.

Disse-lhe, que queria seguir sem perda de tempo, e annunciei-lhe, que ia estabelecer o meu campo nas montanhas, onde podesse com vantagem resistir a um nôvo ataque.

Elle teimou muito comigo, para lhe dar ou ensinar o feitiço que eu tinha empregado na vèspera, fazendo com que os prêtos rebentassem por si. Era assim que elles explicavam o caso funesto das balas explosivas inconscientemente empregadas por o meu Augusto.

Apesar da muita vontade que eu tinha de deixar a planicie e ir para as montanhas, não pude realizar esse desejo senão a 9, por causa do estado dos feridos; e no dia 7 e 8, lutámos com a fome; porque ninguem nos quiz vender de comer, e o rei dizia, que nada tinha para me dar. Fôram as lagôas que fornecéram abundante pesca e alguns patos muito magros. Machauana mandou-me leite, e continuou a mostrar-me a maior dedicação. Foi, como disse, a 9 que deixei a planicie e alcancei as montanhas perto de Catongo, chegando tôdos, feridos e sãos, no maior estado de fraqueza.

O nôvo systema adoptado, de nos matarem pêla fome, preoccupou-me, e dava-me sèrios cuidados n'um paiz sem caça.

Tinha-mos, é verdade, a pesca das lagôas.

CAPÌTULO X.

A CARABINA D'EL-REI.

A traição—Perdido—A Carabina d'El-Rei—Miseria—Novas scenas com o rei Lobossi — Partida — No Zambeze — Caça — Moangana — O Itufa — As pirogas—Sioma—Cataracta de Gonha—Bellezas naturaes—O basalto—A região das cataractas superiores—Balle—Bombué—Na foz do rio Gôco—Cataracta de Nambue—Os ràpidos—Viagem vertiginosa—Catima Moriro — Quisseque — Eliazar — Carimuque — O rio Machila — Muita caça — Tragedia—Embarira.

DEPOIS de marcha de 15 milhas, acampei na floresta que cobre os flancos das montanhas de Catongo. Marcava esta aldea a S.E. uma milha distante do sitio que escolhi para acampar.

Junto do meu campo havia uma pequena aldeola, onde eu mandei pedir de comer. Algumas mulheres viéram vender pouca cousa a trôco dos invòlucros metàlicos dos cartuxos queimados das carabinas Winchester.

Depois de construido o campo, fomos pescar nas lagôas pròximas, e tirámos algum peixe, que se comia cozido em àgua sem sal.

De Caiumbuca não havia noticias, e eu convencia-me que elle tinha partido com a gente que retrocedêra ao Bihé; quando n'essa tarde me viéram dizer, que elle estava no acampamento, e me queria falar.

Apresentou-se, dizendo que fôra acompanhar a comitiva de Lobossi, que seguira com o prêto Antonio, porque tinha de mandar prevenir a gente da sua libata no Bihé, de que tinha muita demora ainda no sertão, pois seguia comigo para a costa de leste.

Eu fiquei perplexo, e sem saber o que deveria fazer com relação a elle; e depois de pensar um momento, resolvi aceitar a desculpa da ausencia d'elle na noute do combate, e não lhe mostrar que tinha perdido a minha confiança, e que sabia da sua projectada traição. Elle pedio-me para regressar n'essa noute a Lialui, dizendo, que voltaria no dia immediato com a gente que Lobossi me deveria mandar, para eu seguir para Quisseque, logo que o estado de alguns feridos m'o permittisse.

Disse-lhe, que pedisse ao rei para mandar-me dar mantimentos, a menos que não quizesse que morrèssemos á fome no seu paiz.

Caiumbuca partio sem falar a ninguem da minha gente.

No dia 10, continuei a mandar pescar nas lagôas para ter que comer e os meus.

Passei o dia trabalhando; e tendo para o lado de oeste um horizonte sem fim, onde, como em pleno mar, o espaço azulado vinha unir-se á terra em cìrculo enorme, lembrei-me de determinar a variação da agulha magnètica pêla amplitude, mèthodo mais simples do que o dos azimuthes, que eu tinha sido forçado a empregar até então.

Preparei a agulha de marcar, e estava dispondo-a para a observação, muito antes de tempo, porque o sol estava ainda elevado do horizonte uns dez graos; quando um phenòmeno curiosissimo se deu na atmosphera. Estava ella lìmpida, de um azul um pouco carregado mas sem uma nuvem, sem um extracto no horizonte. De repente o limbo inferior do sol começou a perder a sua forma circular, e a desapparecer lentamente, como se eu observasse um occaso no oceano; e isto dez graos acima do horizonte, por ceo na apparencia limpo, como ja disse. Só depois do seu completo desapparecimento é que se podia mal perceber, pêlo feixe de luz que em leque se espargia no ceo, uma barra de extractos, tão iguaes em côr ao azul da atmosphera, que a vista mais apurada a confundiria com ella; parecendo que a limpidez do firmamento não era interrompida até ao horizonte. Algumas vêzes mais observei igual phenòmeno, mas não a tanta altura, nem tão perfeitamente definido.

Como eu esperava, n'esse dia, não me appareceu, nem Caiumbuca, nem a gente que Lobossi devia mandar-me.

Na noute de 10 para 11, eu queria observar um reapparecimento do 1° satèlite de Jùpiter, que deveria ter logar pròximo da meia-noute; e como eu não quizesse perder essa observação, por encontrar grande differença em longitude na posição do Zambeze, recomendei ao Augusto, que me chamasse quando a lua estivesse na altura que lhe indiquei, o que correspondia ás 11 horas; e cheio de fadiga, deitei-me cêdo, e adormeci profundamente; esperando que Augusto velasse, depois da instante recommendação que eu lhe tinha feito. Por noute fora acordei ao chamamento de Augusto, e acordei sem sobresalto, julgando ser a hora indicada por mim; mas, logo que respondi ao meu fiel nêgro, elle disse-me, cheio de commoção: "Senhor, estamos atraiçoados; a gente fugio tôda, e roubáram tudo."

Levantei-me, e sahi da barraca.

O acampamento estava deserto.

La fora, Augusto, Verissimo, Camutombo, Catraio, Moêro e Pépéca, e as mulheres dos muleques, estavam silenciosos e pasmados olhando uns para os outros.

Não pude conter uma gargalhada.

O que me admirava ali, era ver Augusto, o Verissimo e Camutombo ao pe de mim.

Era tão crìtica a minha posição, vivendo no meio de tantas miserias, rodeado de tantos perigos, que não sei mesmo quem n'elles quereria ser meu socio. Ànimos mais fortes e espìritos mais enèrgicos do que os dos prêtos que acabavam de fugir, não teriam querido partilhar da minha sorte.

Sentei-me, rodeado das oito pessôas que haviam ficado e puz-me a indagar o succedido. Queria pormenores que ninguem me dava. A gente tinha fugido tôda, sem que algum dos presentes a presentisse. Os cães, habituados com elles, não ladráram. O Pépéca foi passar revista ás barracas, e nada encontrou.

As poucas cargas que tinham ficado á porta da minha barraca, e que consistiam em pòlvora e cartuxos, haviam desapparecido.

Fugíram roubando a minha propria miseria. Só me restava o que havia dentro da minha barraca. Eram os meus papéis, os meus instrumentos, e as minhas armas; mas armas de nenhum valor, porque uma das cargas roubadas continha os meus cartuxos, e sem elles de nada serviam.

Fui sem detença fazer inventario do meu miseravel haver, e achei-me com trinta tiros de balas d'aço para a carabina Lepage, e com vinte e cinco cartuxos de chumbo grosso da espingarda Devisme, que de pouco ou nada serviam. Era tudo quanto possuia.

Não pude deixar de curvar a cabêça ante este ùltimo golpe que me feria, e um atroz confrangimento de coração trouxe-me, pêla primeira vez em 'Africa, o presentimento de que estava perdido. Estava no centro d''Africa, no meio da floresta, sem recursos, dispondo de trinta balas apenas, quando só da caça poderia viver e só a caça me poderia salvar; e tinha em tôrno de mim só três homens, três crianças e duas mulheres!

Augusto exprobrava-se o ter adormecido, quando eu o mandara velar, e entrou n'um furor louco, querendo ir na pista dos fugitivos e matar tôdos. Custou-me a conter a ira feroz do meu prêto fiel; e sem consciencia do que dizia, sem a menor convicção nas palavras que proferia, ordenei-lhes que se fossem deitar, que não receiassem nada, porque eu remediaria tudo. Eu ficaria de véla. Recolhidos ás barracas, eu fiquei junto da fogueira, quasi inconsciente e sem fôrças. O abalo moral tinha despedaçado o côrpo, ja fortemente abatido pêlas febres. Sentado, com os braços encostados nos joêlhos e a cabêça encostada ás mãos, eu olhava fito para a crepitação da chama, sem ter um pensamento, sem uma idéa, em perfeito estado de imbecilidade. Contudo, o instincto filho do hàbito, fêz-me sentir, que estava desarmado; chamei o meu muleque, e sem ter consciencia d'isso, pedi-lhe uma arma. Elle entrou na barraca e trouxe-me uma, que eu, sem reparar, colloquei sôbre os joêlhos.

Durou muito tempo aquelle estado de abatimento, até que as idéas principiáram a vir mostrar-me os horrôres da minha posição. Havia muitos mêzes, que eu caminhava ávante, pobre e sem recursos; havia muito tempo que eu contava ùnicamente com a caça para sustentar a minha caravana. Essa idéa perfeitamente arraigada no meu espìrito, tinha-me dado sempre a fôrça de seguir, de ter fé e de esperar. De repente sentia em mim um vazio enorme. A idéa tinha cahido por terra, e desapparecido com a caixa que continha os meus tiros, o meu thesouro, o meu ùnico recurso.

Deve ser ao encarar uma posição como a minha que o homem se suicida.

Com aquella pungente agonia que me dilacerava a alma, deixei pender a cabêça e os meus olhos fixáram-se na carabina que eu tinha pousada nos joêlhos. Olhei, a talvez meio minuto, e uma idéa atravessou-me o espìrito. De um salto entrei na barraca, e corri a levantar as pelles do meu leito, debaixo das quaes, para levantar a malinha que me servia de travesseiro, estava um estôjo de couro, rectangular, baixo e comprido.

Foi com mão febril que abri aquelle estôjo esquècido, e apalpei trèmulo os objectos que elle continha. As idéas occorriam-me de nôvo em tumulto. Deixei o estôjo, e abri a mala dos instrumentos, onde a caixa do meu sextante Casella estava entalada por duas latas, que senti debaixo da mão com que apalpava. Sahi precipitadamente da barraca e do acampamento, e corri ao mato, onde de dia tinha posto a enxugar o meu grande tresmalho, depois da pesca. A rêde estava estendida, e tensa pêlo peso do chumbo que lhe envolvia a tralha.

Apalpei phrenètico aquelle chumbo, e colhendo a rêde voltei ao campo, curvado ao pêso d'ella. Cheguei junto á fogueira, e depuz no chão o meu fardo.

Quem visse o que eu tinha feito havia alguns minutos, julgarme-hia louco, e louco estava eu de contente.

O avaro devorando com os olhos àvidos de cubiça o thesouro que empobrece a sua miseria, não deve ter na vista expressão differente da que eu tinha a olhar para aquella carabina. É que ella para mim era a vida, a salvação, e tudo. É que ella para o meu paiz era uma expedição coroada de èxito; era a realização de um voto formulado por elle no seu parlamento; era o bom èxito obtido, tanto mais meritorio, quanto mais estorvado.

A arma que afagava nas mãos, como afagaria uma filha estremecida, a arma que me ia salvar, e comigo a expedição atravez d'Africa, era A CARABINA D'EL-REI.

No estôjo d'aquella arma havia apparêlhos para fazer balas, e tudo o necessario para se carregarem os cartuxos, logo que existissem os invòlucros metàlicos, cada um dos quaes, pêlo seu systema de construcção, pode servir muitas vêzes. Uma pequena caixa, que vinha no estôjo ja quando El-Rei me offerecêra o valioso presente, continha quinhentos fulminantes.

As idéas que se succediam em mim quando me lembrei d'aquelle recurso, trouxéram-me a reminiscencia de duas latas de pòlvora que eu desde Benguella empregava, á falta de cousa melhor, para entalar a caixa do sextante dentro da mala. Faltava o chumbo, mas a minha rêde de pesca ia fornecer-m'-o.

Assim, pois, eu podia dispor de alguns centos de tiros; e com alguns centos de tiros sentia-me com fôrça de criar recursos n'esse paiz de caça.

O resto da noute foi para mim como manhã bonançosa depois de noute de temporal.

Ao alvorecer, ainda não tinha formado um plano, mas estava tranquillo e confiante.

Mandei chamar o chefe da aldeola pròxima, e convenci-o a mandar dois homens a Lialui contar o succedido ao rei Lobossi; disse-lhe tambem, que ia mudar o meu campo para mais pròximo da aldea, e logo nós quatro, eu, Verissimo, Augusto e Camutombo, construímos quatro barracas e um forte cercado, onde nos recolhémos com o meu magno espolio.

N'esse dia trabalhei como um rude lenhador, e de machado em punho, cortei a madeira para a minha barraca, e construi-a eu mesmo.

Durou o trabalho até depois do meio dia, hora a que me estendi nas pelles de leopardo do meu leito, dormindo a sono sôlto até ao pôr-do-sol.

O meu Augusto tinha pescado, e tinham armado laços aos patos, conseguindo agarrar um. Entretivémos com aquella alimentação sem condimentos a fome ja impertinente, e eu volvi a deitar-me, mas dormi pouco e pensei muito. Sustentar nove pessôas era mais facil do que sustentar uma grande comitiva, e por isso a questão mais momentosa e que mais urgente era resolver, estava, se não resolvida, pêlo menos muito simplificada por si mesmo.

A idéa de proseguir na minha viagem estava perfeitamente arraigada em mim, e sem ainda saber como, sem ter chegado a formular um projecto, sabia que havia de ir, porque queria ir. A minha confiança era tal, que os meus homens ja estavam descuidosos e indifferentes. Diziam elles, que eu sabia o que havia de fazer, e quando lhes dizia, que não tinha ainda formado um plano, riam-se e diziam:—"o Senhor bem sabe ja."

Passei o dia preparando cartuxos da Carabina d'El-Rei. Tinha 2 kilogrammas de pòlvora finissima, e como a carga de cada cartuxo era de 5 drachmas (8 grammas e meia), podia com aquella pòlvora carregar duzentos e trinta e cinco tiros, que com alguns que eu ainda possuia, e com os trinta de balas d'aço da carabina Lepage, prefaziam um total de trezentos cartuxos.

Chumbo para ballas havia de mais, porque o peso das duzentas e trinta e cinco balas era ao menos de nove kilogrammas, sendo o de cada bala de 35 grammas, e o chumbo da rêde devia pesar um pouco mais de trinta kilos.

Fulminantes tinha duzentos à mais.

Voltáram os portadores que mandei a Lobossi, com recado d'elle, para que eu fôsse viver para Lialui até tomar uma deliberação.

Decidi logo não sahir do mato onde estava, e mandar o Verissimo a Lialui tratar com elle. Dei-lhe as minhas ordens, e mandei que sahisse antes de amanhecer no dia immediato, para ter tempo de voltar no mesmo dia.

Um violento accesso de febre prostrou-me, e tive de me recolher muito doente.

No dia seguinte a febre tinha augmentado, e eu estive impaciente até á volta do Verissimo, que só chegou de tarde.

Vinham com elle uns muleques do règulo, que me traziam alguma comida, e um presente de leite coalhado, enviado por Machauana. Lobossi mandava dizer-me, que era muito meu amigo, e que estava prompto a ajudar-me, mas que fôsse eu viver para casa d'elle ; e que com tempo decidiriamos o que havìamos de fazer. Mandei dizer-lhe pêlos muleques, que logo que estivesse melhor iria falar-lhe ; mas que não deixaria o mato, e que me era impossivel ir viver com elle, por causa das febres. Estava ancioso por me achar só com Verissimo, para ter noticias de Lialui.

A primeira cousa que elle me contou fêz-me logo profunda impressão. Disse-me, que, quando chegara a casa de Lobossi, estava reunido o grande consêlho em discussão acalorada.

Uns enviados do Chefe de Quissique, Carimuque, tinham chegado ali, pedindo accesso no paiz para um missionario Inglez, que estava em Patamatenga, e queria vir ao Lui.

A' entrada d'esse sujeito no paiz do Barôze opunha-se com tôda a sua eloquencia o ministro dos estrangeiros Matagja, e d'ahi nascêra a acalorada discussão a que assistira o Verissimo; sendo resolvido em consêlho, que não fôsse concedida a licença para o homem penetrar nos estados do rei Lobossi.

O Verissimo, que me contou este incidente, a que não ligou a menor importancia, começou a narrar-me o que tinha podido colher de noticias ácerca das intrigas dos muleques de Silva Porto e Caiumbuca; mas eu é que não o escutava ja, e aquelle missionario Inglez (*Macúa*, diziam elles) não se me tirava do pensamento. Quando o Verissimo acabou o seu aranzel, que eu não ouvi, tinha resolvido o meu problema, e a resolução consistia, em ir encontrar aquelle missionario.

Como realizal-a não sabia ainda, mas que o encontraria era ja convicção minha.

Fui àvidamente buscar uma pèssima carta d'Africa que tinha, e calculando approximadamente onde seria Patamatenga, medi uma distancia de seiscentos kilòmetros.

Seiscentros kilòmetros, a uma media de 10 kilòmetros por dia, eram sessenta dias de jornada, e trezentos tiros que eu possuia, divididos por sessenta dias, dava-me cinco tiros por dia. Ardia ja em desejos de me pôr a caminho, mas ardia em febre tambem, e comecei por deitar-me.

Nos dias 14 e 15 a febre cresceu de intensidade, não me permittindo sahir da barraca; mas tendo algumas melhoras na noute de 15 para 16, resolvi logo ir a Lialui falar ao rei, e tratar de pôr em execução um plano que tinha concebido, para ir encontrar o missionario, idéa que me não sahia da mente.

Ainda muito doente, parti logo de manhã para casa de Lobossi. Fui muito bem recebido por elle, que negou ter sido connivente com Caiumbuca e os prêtos do Silva Porto, na fuga dos meus *Quimbares*; o que era falso, porque sem o consentimento d'elle, não poderiam elles ter passado o Zambeze.

Pedi-lhe que me ajudasse a ir encontrar um missionario que eu sabia estar em Patamatenga; ao que elle respondeu, perguntando-me, ¿ como queria eu ir para ali, não tendo carregadores? Esta pergunta do rei foi muito applaudida pêlos assistentes, que notáram a esperteza d'elle em m'-a fazer.

Disse-lhe, que era verdade não ter carregadores, mas que tinha o rio Liambai, e elle tinha barcos, e se elle me desse barcos, eu dispensava os carregadores, tanto mais que não tinha cargas.

Elle contestou, que havia effectivamente o Liambai, mas que o rio tinha cataractas, e ¿ como as poderia eu passar? Novos applausos da parte do auditorio.

Respondi, que sabia isso, mas que ali os barcos e as cargas iam por terra, e a jusante das quedas continuàvamos a navegar.

Elle retorquio, que o seu pôvo tinha muito pouca fôrça, e não podiam arrastrar os barcos por terra. Novamente applaudido; estava fazendo um gôsto immenso em patentear o seu espìrito fino diante dos ouvintes; e de salto, sem esperar resposta, perguntou-me, ¿ porque não tinha ido viver com elle para Lialui, como me tinha ordenado?

Respondi serenamente, que não tinha ido, nem iria, por muitas razões; sendo a principal, o ser elle um refinado velhaco, que, desde a minha chegada, só tinha procurado enganar-me, para me roubar. Chamei-lhei ladrão e assassino, levantei-me e puz-me a caminho.

O auditorio, estupefacto do meu atrevimento, nem se lembrou de me embargar o passo.

Dirigi-me a casa de Machauana, onde estive conversando com Monotumueno, o filho do rei Chipopa, e legìtimo herdeiro do poder, a quem fiz a profecia de que ainda seria rei do Lui.*

Ia a retirar-me para as minhas montanhas, quando um enviado de Lobossi veio pedir-me em nome d'elle para eu lhe ir falar. Fui logo.

O rei disse-me, que não tinha razão para me zangar com elle, que era muito meu amigo, que ia aprontar barcos, e que o Liambai estava livre para mim.

Eu fiz-lhe um grande sermão, em que lhe disse, que elle era mal aconselhado ; que o que tinha dado o poder e grande nome aos reis Macololos, foi a grande protecção que dispensáram a Livingstone. Que os Luinas queriam perder o commercio ; e que elle completaria a ruina do Lui começada por Manuanino. Que o seu pôvo, não a camarilha que o rodeava, mas o seu pôvo sensato, ainda o expulsaria do poder, por incapaz de governar, e não fazer mais do que disparates.

Fêz-me novos protestos de amizade, affirmando-me, que me daria os barcos, e que não seria por culpa d'elle se eu não chegasse a alcançar o missionario, mesmo porque queria que eu mudasse de opinião a seu respeito.

Assegurou-me, que voltasse descançado para Catongo, onde me mandaria dizer que os barcos estavam promptos, logo que tivesse arranjado as tripulações. Chamou diante de mim o Chefe de Libouta, e deu-lhe ordens a esse respeito.

Eu não acreditava em nada d'aquella comedia, e

* Fui mao propheta. Monotumueno foi assassinado pêlo rei Lobossi em Dezembro de 1879.

disse-lh'-o. Elle pedio-me que não formasse maos juizos, e esperasse os factos.

Voltei a casa de Machauana, que conversou largamente comigo a respeito de Caiumbuca e da fuga dos meus Quimbares. Por elle sube tôda a verdade, nos seus detalhes, e só fiquei ignorando quem fôra ao longe o motor dos acontecimentos.

Chegado ao Lui, fui sinceramente bem recebido por aquella gente, e o nome do Mueneputo, com que eu me abrigava, foi escutado com respeito. Declarei os meus projectos, e elles fôram calorosamente approvados, porque muito convinha aos Luinas estar em communicação com a costa de Leste. Dias depois da minha chegada, rebentou no Chuculumbe a revolução, á testa da qual se achava Manuanino, o rei destronado. Caiumbuca foi então dizer a Lobossi, que eu não era estranho áquella revolta, e que queria ir para Leste juntar-me aos brancos que apoiavam Manuanino. N'essa occasião Caiumbuca levara os Bihenos a abandonar-me, dizendo-lhes, que o rei o prevenira de que me ia mandar matar, e não poderia impedir que fôsse morta a gente que estivesse comigo.

Os Bihenos, levados por elle, declaráram-me, que não queriam estar comigo, e Caiumbuca fingio-se indignado.

A primeira e ùnica vez que em África faltei ao meu principio de sertanejo, de desconfiar ali de tôdos e de tudo, fui enganado. É verdade que Silva Porto, o homem em quem eu tinha a màxima confiança, disse-me e escreveu-me, que podia fiar-me em Caiumbuca, e eu fiei-me n'elle.

Facilmente podia desfazer aquella intriga entre homens instruidos; mas deve comprehender-se, que para prêtos, foi bem tramada, e não seria facil convencel-os da verdade.

Apesar d'isso, a minha attitude chegou a convencer Lobossi, e foi então que os muleques de Silva Porto fôram dizer ao rei, que tinham ordem de seu senhor para me abandonarem ali, mandando-lhe elle dizer, que me fizesse matar, se queria que os sertanejos do Bihé voltassem ali, sem o quê não teria mais relações com Benguella.

Foi então que tentáram matar-me, affirmando Machauana, que Lobossi sempre se opoz a isso, assim como a maioria do seu consêlho, mas que Gambela era de opinião contraria.

Caiumbuca e os muleques de Porto fôram dizer a Lobossi, que tôdo o que eu tinha nas minhas malas eram roupas e fazendas muito ricas, despertando-lhe assim a cubiça, que a tantos exploradores tem perdido no Continente Africano.

Apesar de tôdas as intrigas e dos factos que ellas produzíram, eu ia continuar a minha viagem com a gente de Benguella, quando o ataque da noute de 6 de Setembro m'a dizimou, e uma nova intriga dos prêtos de Silva Porto levou á fuga os restantes. ¿ Por ordem de quem trabalhou Caiumbuca ? Eis o que não pude saber.

Por sua conta creio que não; que pouco tinha a lucrar n'isso. A encommenda vinha feita do Bihé, e eram emissarios d'ella os muleques de Silva Porto. Caiumbuca tomou o papél principal, depois das instrucções recebidas dos prêtos de Belmonte. O mandatario estava ao longe, muito ao longe.

A causa estava na minha missão, e na guerra que, em nome do meu Portugal, eu fazia, sem trèguas, ao commercio da escravatura.

Alguns exploradores Africanos, e sôbre tôdos o *Commander* Cameron e David Livingstone, têm apontado muitos factos horriveis e verdadeiros, do commercio da escravatura, feito no interior d'Africa por sertanejos Portuguezes.

Por muitas vêzes, a opinião pùblica em Portugal

tem levantado a sua voz potente, contra as asserções vilipendiosas dos accusadores estrangeiros, querendo negar factos que elles asseveram; e em que ella não acredita, porque, na sua ìndole bondosa, é incapaz de os comprehender e de os admittir.

Infelizmente elles sam verdadeiros; e mais ou menos romantizados, não deixam de conter um germen de realidade.

¿ Mas serám esses factos uma nòdoa para Portugal? Não sam. Affirmo-o, e sustento-o.

Os sertanejos Portuguezes, que mais se aventuram no interior do continente Africano, quando o fazem, deixáram de ser Portuguezes.

Sam condenados, fugidos dos presidios da costa, sam homens a quem a sociedade supprimio as garantias do cidadão, sam rèprobos a quem a sentença infamante da justiça imprimio um indelebil ferrête de ignominia; sam os salteadores e assassinos, a quem a patria banio do seu seio com horror, que podéram quebrar o grilhão de ferro com que estavam acorrentados ao patìbulo aviltante; e fugindo a um mundo onde só os espera o desprezo da gente civilizada, vam ao longe buscar entre os selvagens a guarida que perdêram, e continuar ali a sua vida de crimes.

Taes homens não deshonram a sua patria, porque não têm patria.

Querer tornar Portugal solidario dos crimes dos sertanejos Africanos, é querer tornar a França responsavel dos actos da Communa, a Amèrica do assassinio de Lincoln, a Italia dos salteadores dos Abruzos.

Ha rèprobos em tôda a parte, e não podem ser nòdoas nos povos que os esmagam na sua justa indignação.

Dos sertanejos Europeus que têm estado estabelecidos no Bihé, de dois apenas tenho noticia, que não pertencessem a tal ordem de gente. Sam elles Silva

Porto, e Guilherme José Gonçalves; mas estes fôram sempre queridos e estimados do indìgena e do Europêu, gozáram sempre da consideração que a sua honradez e probidade lhes grangeáram, fôram cidadãos prestantes, que, com um tràfico legal e digno, nem chegáram a fazer fortuna, e fôram muitas vêzes vìctimas dos outros.

O nome de Silva Porto é respeitado pêlo gentio, e conhecido n'uma grande parte da 'Africa central pêla corrupção da palavra *Prôto*, e mais de uma vez me servi d'elle para desfazer obstàculos.

Em Cassange, como em Tete, outras duas portas da 'Africa central, ha Portuguezes dignos e nobres, que tēm feito um grande serviço á humanidade no commercio lìcito com o interior; esse commercio, que é o mais seguro mensageiro da civilização na terra dos nêgros.

Não confundamos pois; não confundamos, e será pouco nobre ir buscar a autoridade do explorador, para lançar, apontando factos verdadeiros, mas nada producentes, um labéo sôbre um pôvo nobre, o primeiro que deu mão forte á Inglaterra contra o tràfico infame; sôbre um pôvo que sacrificou os seus interesses Africanos legislando a abolição da escravatura; contra um pôvo, o mais livre do mundo, que estendeu a sua liberdade até á 'Africa, mandando para lá as leis que o regem na Metròpoli; chegando ao excesso de abolir ali a pena de morte, e de lhes mandar um còdigo que por libèrrimo é impossivel entre gente mais que semibàrbara.

Não precisa Portugal justificação; que o defendem os factos, as leis e a energia que emprega na grande obra da civilização Africana; mas, falando do tràfico da escravatura de que por vêzes ia sendo vìctima, não me pude eximir a pôr a questão nos seus verdadeiros têrmos.

José Alves, Coimbras e outros, esses nem ao menos sam Portuguezes de nascença; não se parecem com

Portuguezes na côr, sam indìgenas, sem instrucção, verdadeiros selvagens de calças e chapéos.

Affirmo tambem, que é mais difficil viajar em Africa por terras onde elles têm andado, do que nas regiões bàrbaras dos canibaes, que nunca víram um estranho. Aqui fazem a guerra ao explorador, quando a fazem, de armas na mão frente a frente; ali é a traição e a covardia que o esperam. Aqui é explorar na brenha espinhosa onde o leão occulta o seu antro; ali é caminhar n'um prado relvoso, entre venenosas serpentes.

Outra cousa inconveniente ao explorador é ir ás sedes dos grandes potentados. Veja-se o que tem acontecido no Muatayanvo; veja-se o que aconteceu a Monteiro e Gamito no Muata-Casembe; veja-se o que me tem acontecido a mim com Lobossi, no Lui.

O sertanejo Biheno, na cubiça de obter o marfim, dá tudo ao règulo; chêga a dar-lhe a roupa que leva vestida, e volta ao Bihé de tanga de pelles, como os seus carregadores.

No Lui, quando era muito frequentado por sertanejos Bihenos, havia o costume, de elles entregarem tudo ao règulo, e esperarem que elle lhes desse pêla factura que levavam, o que entendesse sufficiente.

O explorador que hôje chêgue ali e não faça o mesmo, está perdido.

Além d'esta, outra razão deve aconselhar o explorador a evitar os grandes potentados; é ella o caso de uma aggressão, sempre de recear.

Com os pequenos senhores que povôam a maior parte da Africa austral, poderá, em tal caso, levar a melhor; em quanto nos grandes imperios será forçosamente esmagado.

Isto pensava eu voltando ao meu campo nas montanhas de Catongo, a 17 de Setembro, depois de ter comido leite coalhado e batatas em casa de Machauana.

Cheguei a Catongo ja noute, e sube que o meu Augusto tinha morto uma gazella, o que nos fazia òptimo arranjo.

As armadilhas improvisadas continuavam a dar patos e francolins.

Nos dias seguintes, os trabalhos tomáram-me tôdo o tempo; podendo obter uma longitude muito approximada, e fazendo uma rigorosa determinação da declinação da agulha, estudos meteorològicos, etc.

No dia 19, ainda não tinha recebido mais novas do rei Lobossi, e decidí mandar lá o Verissimo, a saber se a offerta das canôas era ou não comedia. N'esse dia apparecêram ali uns prêtos, que pêlo typo conheci logo não serem do paiz. Diziam elles serem da Luêna, e querendo indagar onde ficava essa terra, elles mostravam-me o N.E., e por meio de nòs dados em uma correia fina, faziam-me comprehender que tinham andado vinte e seis dias para chegar ali. Vinham em nome do seu chefe comprimentar o rei Lobossi, e sabendo que estava um branco no paiz, viéram ver-me, por ser animal nôvo para elles.

Para falarmos, servia-me de intèrprete o velho chefe da aldeola, que falava a lìngua dos Machachas, lìngua em que elles se exprimiam bem, dizendo, ainda assim, ser muito differente da sua. Disséram-me, haver no seu paiz muitos elephantes, e serem caçadores; empregando para isso a azagaia, ùnica arma de que usam. Sam franzinos de côrpo e de pequena estatura, com feições bastante regulares. Uns vinte que eu vi, traziam, quasi tôdos, na cabêça uns penachos feitos de sêdas de elephante, demonstrando cada penacho um elephante môrto pêlo que o traz. Vestem pelles como os do Cuchibi, e trazem pannos de *liconde* para se cobrirem.

Traziam manilhas de ferro e de cobre fabricadas por elles. A difficuldade que havia de nos entendermos não me permitio levar muito longe as averiguações ácerca do paiz d'elles e dos terrenos que atravessáram para chegar ali.

No dia 21, Veríssimo voltou de Lialui, dizendo, que as canôas estavam promptas, e que Lobossi me mandava pedir para ir ficar na cidade no dia immediato. Enviei logo um homem ao rei, dizendo-lhe que só iria em dois dias, por estar doente; sendo o verdadeiro motivo d'essa demora, o ter de fazer observações e completar estudos meteorològicos no dia 22. Por esse mesmo enviado mandei dizer a Gambela, que me apromptasse aposento em sua casa, porque iria ser seu hòspede. Eu queria fazer do ladrão fiél.

A 23 de Setembro, deixei Catongo, e caminhei para Lialui, onde cheguei ás duas horas e meia da tarde. Gambela esperava-me com pompa, e foi conduzir-me ao alojamento que me tinha preparado. A marcha por um sol abrasador prostrou-me de fadiga, e só á noute pude ir visitar Lobossi. Elle recebeu-me muito bem, dizendo-me, que estava convencido de que fôra illudido por Caiumbuca e pêlos muleques do Silva Porto; que acreditava ser eu um enviado do governo do Mueneputo, e que me queria dar todas as satisfacções pêlos transtornos que eu tinha soffrido nos seus estados, de que elle dizia não ter tido a menor culpa.

Aproveitei tão bôas disposições, para renovar o meu pedido de gente e auxilio, para seguir pêlo paiz do Chuculumbe até Caiuco, e descer depois o Loengue embarcado, e ir ao Zumbo pêlo Zambeze. Respondeu-me, que isso não podia ser, porque esse projecto encontrava uma grande opposição nos velhos do seu conselho. Que o Munari (Livingstone), no tempo de Chicreto, ja tinha feito aquella viagem com gente do Lui, e que nenhum dos que com elle fôram para leste voltara mais ao paiz.

Os velhos falando elle n'isso, disséram-lhe, que me perguntasse o que era feito dos seus irmãos Mbia,

Caniata e Scuêbu, e muitos outros que fôram e não voltáram. Diziam elles, que, ao partir, Livingstone prometteu, que os tornaria a trazer ali ; e ainda hôje as mulheres e os filhos esperam por maridos e pêlos pais.

Affirmou-me, que se podesse, me daria gente, mas a resistencia do pôvo era grande, e não lhe convinha ir contra ella. Os três barcos estavam ás minhas ordens para descer o Zambeze, e nada mais podia fazer por mim.

A 24 de Setembro, logo de manhã recebi a visita de Lobossi, que se vinha despedir de mim, e apresentar-me os seus escravos que deviam tripular as canôas até umas povoações do Zambeze, onde o chefe me deveria dar novos barcos e novas tripulações. Deu-me uma pequena ponta de marfim, para eu offerecer ao chefe das povoações onde arranjaria os barcos, e trazia tambem um bôi para a matalotagem. Agradeci-lhe muito, e separámo-nos nos melhores termos de amizade. Segui a S.O., e depois de uma hora de caminho, encontrava o braço do rio a que chamam pequeno Liambai, e pouco depois, três pequenas canôas largavam a margem, levando a minha bagagem, a mim, a Verissimo, Camutombo e Pépéca.

O Augusto, Moero e Catraio, com as duas mulheres, seguíram por terra, acompanhados do caçador Jasse e do chefe Mutiquetéra, mandados por Lobossi, para seguirem comigo, e irem dando as suas ordens aos chefes, a fim de ter o caminho livre.

Mais dois entes, de que me tenho descurado de falar, dois entes que representavam duas dedicações inquebraveis, aquelles que desde a minha sahida não me haviam dado um ùnico dissabor, estavam ali comigo, sempre promptos a seguir quando eu marchava, a pararem quando acampava, a dispensarem-me mil caricias quando me viam triste, a divertirem-me quando alegre estava. Eram Córa e Calungo, a minha cabrinha e o meu papagaio.

A viagem do rio ia separar-me tôdos os dias de Córa,

que não podia ir sempre embarcada pêla exiguidade de espaço nas canôas, mas Calungo voando sem mêdo para o meu hombro, seguio embarcado.

Depois de termos navegado ao sul por um quarto de milha, deixámos o pequeno Liambai, e mettemos a S.O. por um canalête, por onde o braço oeste do rio deita um pequeno veio de àgua, de lagôa em lagôa para o braço leste.

No intervallo entre as lagôas, ás vêzes de mais de cem metros, o navegar é difficil, porque é difficil navegar onde não ha àgua. Foi preciso muitas vêzes descarregar os barcos e arrastal-os sôbre um fundo de lôdo. Nas lagôas o caniçal espêsso embaraçava tambem a navegação.

Depois de um trabalho violento e aturado, parámos ás seis horas na margem de uma lagôa, em planicie recentemente queimada, onde não havia com que construir o mais pequeno abrigo.

Tinha havido o cuidado de levar lenha, e com ella podémos assar carne, que eu comi com appetite voraz, por não ter ainda n'esse dia tomado alimento. Estendi depois a minha cama de pelles sôbre a terra hùmida e deitei-me ao relento.

Os remadores estivéram tôda a noute assando carne e comendo; fazendo assim desapparecer a maior parte do bôi dado por Lobossi, e mostrando que a capacidade estomàchica dos sùbditos do rei do Lui é verdadeiramente incommensuravel.

Depois de uma pèssima noute, parti ao alvorecer do dia 25, e naveguei em uma lagôa por meia hora, entrando em seguida no braço principal do Liambai. Apparecia nas margens uma tal quantidade de caça, que fiz parar a flotilha, e entrar em serviço a Carabina d'El-Rei; que, na sua estrea, me forneceu logo vìveres que calculei chegariam para dois dias, apesar da voracidade dos Luinas.

O Liambai tinha ali uns 200 metros, e muito fundo. A corrente era pequena, e essa mesma não aproveitada pêlos remadores, que receando os hippopòtamos, que sem cessar vinham resfolgar no pego, iam sempre encostados ás margens, onde a àgua pouco funda não permitia o accesso aos enormes pachidermes. Tìnhamos de parar de instante a instante, para tirarmos àgua das canôas velhas e fendidas.

Parei junto a Nariere, para calafetar o meu barco, e em quanto os prêtos faziam trabalho com hervas e barro, medi a velocidade da corrente, que achei ser de 24 metros por minuto. O meu rumo medio era S.E., mas o rio dá ali voltas curtas em grande zig-zag; tendo eu em uma d'ellas navegado por 20 minutos a N.O. Acampei na margem esquêrda, pêlas cinco da tarde, nas mesmas condições da vèspera, sem abrigo e ao relento.

Muitas vêzes, n'aquelle dia, quando fugiamos aos hippopòtamos de um lado, appareciam elles no outro, e corrémos perigo grave.

Eu não lhes quiz atirar, para não gastar as munições. Só quem se vê no centro d'Africa com pouca pòlvora sabe o valor de um tiro.

Os barqueiros, que eram escravos do rei Lobossi, quizéram ser insolentes comigo; mas eu metti-os na ordem a pao, segundo instrucções recebidas do proprio Lobossi, que prevenira o caso.

O Verissimo, que desde Quillengues resistira á febre, cahio com um violento accesso, e eu mesmo não estava sem ella.

No dia immediato naveguei apenas por espaço de uma hora, parando junto á povoação de Nalólo, governada por uma mulhér, irmã de Lobossi. Mandei pedir-lhe desculpa de a não ir visitar, allegando a minha doença e a febre do meu intèrprete Verissimo. Ella aceitou a desculpa, e enviou-me um pequeno presente de massamballa. Apesar de doente, fui caçar, para fazer nova provisão de vìveres, e consegui matar dois antìlopes (Pallahs). As pelles, como as da ante-vèspera, fôram sêcas com cuidado e guardadas.

Pude trocar uma perna de carne de Pallah por um pequeno cesto de feijão fradinho.

Verissimo peiorou muito n'esse dia, e eu á noute ardia em febre tambem, tendo, apesar d'isso, de dormir ao relento n'um terreno hùmido. Acordei completamente encharcado do orvalho, e muito doente. Segui viagem, e depois de seis horas uteis de navegação, com o rumo medio de S.S.E., acampei, sempre na margem esquêrda.

Apesar de outra noute pèssima, a febre ia cedendo a fortes doses de quinino, e no dia 28, naveguei por hora e meia para alcançar a povoação de Moangana, cujo chefe me devia fornecer um barco por ordem de Lobossi.

O velho Moangana era um Luina de cabellos grisalhos, muito respeitoso, que me recebeu muito bem, dizendo-me, que no dia immediato me levaria elle mesmo á povoação da Itufa, onde eu devia pernoitar, um barco e algum presente que me podesse arranjar.

O vento era fortissimo de leste, e encrespava as àguas do rio, que não tinha menos de uma milha de largo. Havia perigo para canôas tão pequenas como as nossas, mas, apesar d'isso, seguímos, e em hora e meia chegámos a Itufa, grande aldea, na margem esquêrda.

Mais de uma vez estivémos em grande risco de soçobrar, e declaro que é triste perspectiva a de cahir a um rio coalhado de crocodilos.

O Verissimo ia um pouco melhor e eu mesmo, apesar da febre quasi constante que me minava, sentia-me com mais fôrças.

Ja me esperavam na aldea, prevenidos pêlos meus muleques que jornadeáram por terra, e que, com o caçador Jasse, e com o chefe Mulequetera, haviam chegado n'essa manhã.

O chefe recebeu-me bem, dando-me logo uma casa, e offerecendo-me uma panella de leite coalhado e uma cêsta de farinha de milho; mas começou por dizer-me, que tinham enganado Lobossi, e que elle não tinha barco.

Comi um pouco de leite e farinha, e os meus muleques n'um momento fizéram desapparecer o resto do presente do chefe, declarando-me que tinham fome, depois de terem comido tudo. Instei com o chefe para me obter alguns vìveres mais; mas elle respondeu-me, que só a trôco de fazendas m'os dariam, e como eu não as tinha, nada se poderia fazer.

Dei aos muleques as pelles dos antìlopes que tinha môrto, e a trôco d'ellas sempre arranjáram farinha, ginguba e tabaco.

A' noute, quando me fui deitar, vi que estava rodeado de aranhas enormes, muito chatas e nêgras, que desciam das parêdes em vagaroso caminhar; e fugi da casa, indo deitar-me no pàteo ao relento. Estava escrito, que durante a minha viagem no Zambeze, nem uma só noute um tecto abrigaria o meu sono.

No dia 29, logo de manhã, chegou o velho Moangana com o promettido barco.

Veio renovar os seus protestos de amizade, e retirou-se; dizendo-me, que tinha cumprido as ordens do seu rei Lobossi, e esperava que eu estivesse satisfeito, porque elle queria a amizade dos brancos.

Na Itufa continuavam as difficuldades para a outra canôa; o chefe só fazia repetir-me, que a não tinha, e lastimar que houvessem enganado Lobossi e a mim.

Os Luinas e Macalacas têm por hàbito esconder as canôas em lagôas interiores cobertas de caniçal, que communicam com o rio por pequenos canalêtes disfarçados pêla vegetação e só d'elles conhecidos. Quando não querem que as vejam, difficil é encontral-as.

O caçador Jasse e o chefe Mutequetera, conhecedores

das manhas dos Luinas, tanto buscáram entre os caniçaes das lagôas, que encontráram uma canôa; fazendo o chefe da Itufa mil protestos, de que ignorava que ella estivesse ali.

As casas da Itufa sam, como tôdas as dos Luinas, de três formas differentes, e taes como ja descrevi falando das povoações de Canhete e da Tapa; mas aquellas que têm a forma tronco-cònica sam de muito grandes dimensões. A que me foi offerecida pêlo chefe, a casa das aranhas, media, no quarto interior, 6 metros de diàmetro, e no exterior 10.

Fig. 110.—Casa na Itufa.

N'estas dimensões, não podem como as outras ser construidas só de caniços, e umas fortes estacas verticaes sustentam o tecto, cuja armação é de longas varas de madeira.

Ha ainda na Itufa outro typo de casas, que é original d'ali.

Sam compostas estas de uma casa ogival, a que addicionam uma semi-cilìndrica deitada no sentido do eixo, formando assim dois compartimentos distinctos. Estas casas sam grosseiramente construidas, ao passo que a casa tronco-cònica, verdadeiro typo da casa Luina, é edificada com cuidado, e muito resguardada.

Pêla primeira vez, depois de ter deixado o Bihé, vi gatos em 'Africa, que os ha em abundancia na povoação da Itufa. Ha tambem ali muitos cães de bôa raça, que empregam com vantagem na caça dos antìlopes.

Continuava a difficuldade de obter vìveres, mas a carabina suppria a falta de fazendas para permutações, e sempre ìamos obtendo alguma farinha de massambala a trôco de carne e pelles.

As tripulações estavam promptas, e os dois barcos em acção de seguir, quando uma nova difficultade veio retardar a viagem.

Os remadores declaráram, que não embarcavam, em quanto eu não deposesse nas sepulturas das mulheres dos antigos chefes da Itufa, alguns massos de missanga branca.

Sem ser cumprido esse preceito, afirmavam elles estarmos sujeitos a innùmeros perigos durante a viagem; porque as almas das mulheres dos chefes, desassocegadas e irritadas, nos perseguiriam sem trègua. Eu, que não tinha missanga, nem branca nem prêta, chamei o chefe e mostrei-lhe a absoluta impossibilidade de socegar as almas das fidalgas da Itufa. Elle a muito custo pôde resolver as tripulações a seguir, mas foi só no primeiro de Outubro que largámos d'ali.

O meu nôvo barco era uma piroga, cavada em um comprido tronco de Mucusse, e media 10 metros de longo, por 44 centìmetros de bôca, e 40 centìmetros de pontal.

As duas àrvores empregadas no alto Zambeze para a fabricação das almadias, sam o *Cuchibi* e o *M'ucussi*, enormes leguminosas das florestas, da região das cataractas. A madeira d'estas àrvores gigantes, é de extrema dureza, e de maior densidade do que a àgua.

A minha piroga era tripulada por quatro homens, um á prôa e três a ré.

Eu ia sentado na frente, a um têrço do comprimento do barco, sôbre a minha mala pequena, que continha os meus trabalhos. O duplicado do meu diario, observações iniciaes, etc., levava eu amarrados ao côrpo com uma cinta de lã. As minhas armas iam ao meu lado, e as pelles do meu leito completavam a carga.

Na outra canôa, Verissimo, Camutombo e Pépéca, as malas da roupa e instrumentos, e a caça que ia matando. Os remadores remam sempre de pe, para equilibrarem as canôas, que se voltariam sem isso. O remar em taes barcos é verdadeiro exercicio acrobàtico.

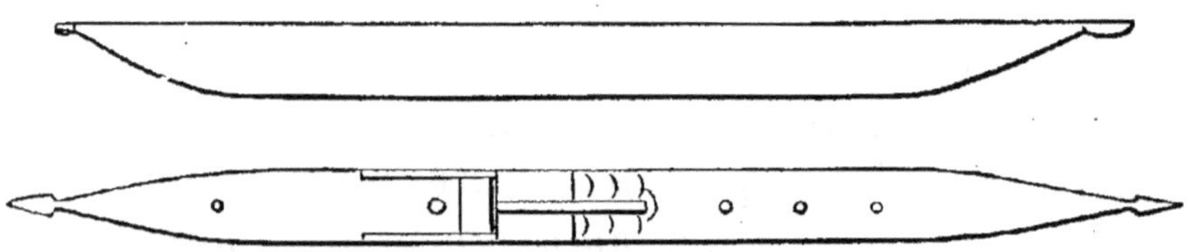

Fig. 111.—O meu Barco.

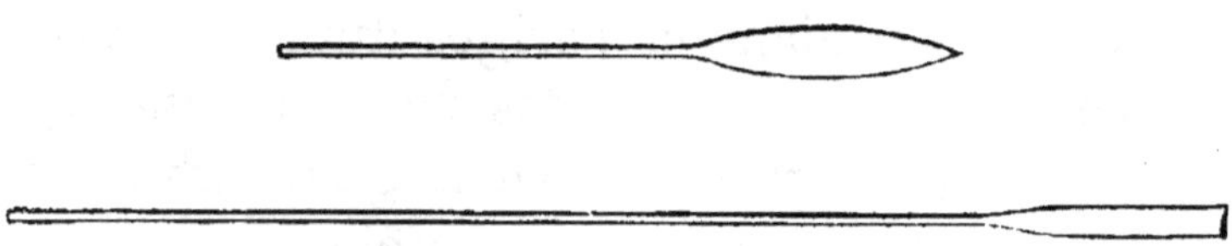

Remos.

Uma piroga do alto Zambeze é como um patim gigantesco, em que o remador tem de fazer tôdos os prodigios de equilibrio do patinador sôbre o gêlo, para sustentar a posição estavel. Foi em taes condições que eu, no dia 1 de Outubro, deixei a Itufa, e me aventurei sôbre o rio gigante, cujas ondas levantadas por um forte vendaval de leste, ameaçavam a cada momento submergir as estreitas almadias.

Depois de quatro horas de viagem, parei na margem esquêrda, em uma pequena enseada, onde a gente que vinha por terra tinha dado ponto de reunião aos barqueiros. As minhas novas tripulações eram mais comedidas do que os muleques do rei que me trouxéram a Itufa, mas começavam ja com pedidos e exigencias.

Não encontrei caça no mato, mas, tendo chegado alguns bandos de patos a uma lagôa pròxima, fui ao barco buscar a espingarda de caça miüda, de que só tinha 25 cartuxos, e consegui matar 17 patos, de 6 tiros.

O ponto onde eu estava, era o extremo sul da grande planicie do Lui. As duas nervuras de montanhas, que no parallelo 15 estam distanciadas de 30 milhas, convergem ali; só parando para dar um leito de dois kilòmetros ao Zambeze. A' planicie monòtona e nua succede o paiz accidentado e coberto de luxuosa vegetação. A's margens de arêa branca e finissima, uma arêa que, comprimida sôb os passos do homem, solta vagidos como os de uma criança, produzindo uma impressão inexplicavel, porque, estando muito sêca, imita um fraco grito humano. A essas margens de arêa tão extraordinaria, succede, em transição ràpida, o terreno vulcànico; e sam blocos de basalto que marginam o rio.

Foi com o maior sentimento de prazer que os meus olhos se fixáram sôbre esses penêdos denegridos, vomitados em ondas de fôgo nas èpochas primitivas do mundo. Desde o Bihé, que não via uma pedra, e com satisfação olhava para aquellas que via ali.

Quando o meu cozinheiro Camutombo tratava de acender fôgo para cozinhar os patos, o lume communicou-se á herva alta e sêca que cobria o solo, e logo, assoprado por um vento forte, voou por sôbre a terra em ondas de chamas.

O atear do incendio foi tão ràpido, que por um momento estivémos envolvidos n'elle; tendo de nos precipitar nas canôas para lhe escapar.

No dia immediato parti, sempre a S.S.E., e depois de quatro horas de navegação, comecei a encontrar grandes filões basàlticos, atravessando o rio no sentido E.O.

Alguns vêm tanto á flôr d'àgua, que tornam difficil a navegação, e ainda que a corrente é inapreciavel, foi preciso diminuir a velocidade dos barcos para evitar choques perigosos, n'aquelles paredões naturaes.

O rio começa, na região basàltica, a ser povoado de ilhas cobertas de vegetação pomposa. Pêla tarde, avistámos um bando de ongiris (*Strepsiceros kudu*) que pastavam na margem direita.

Desembarquei um pouco a montante, e consegui matar um dos soberbos antìlopes.

Mandei seguir o barco, e eu caminhei por terra por espaço de uma hora.

Levantei bandos de francolins, codornizes, e pintadas (*Numida meleagris*), que nunca tantos vi em Àfrica. A terrivel môsca zê-zê tambem é abundantissima ali, incommodou-me muito na floresta com as suas picadas dolorosas, mas inoffensivas para o homem; e tantas havia e tanto me perseguíram, que até depois de estar no barco ainda por muito tempo estive coberto d'ellas.

Fui acampar n'uma ilha muito extensa de um aspecto lindissimo, depois de seis horas uteis de navegação a rumo de S.S.E.

O Verissimo estava completamente restabelecido, mas eu era devorado por uma febre lenta e contìnua, que me minava a existencia.

No dia 3 de Outubro, segui viagem, sempre por entre ilhas formosissimas, cobertas de vegetação luxuriante. Navegámos, havia duas horas, quando vimos dois leões que na margem direita bebiam àgua do rio. Apesar de eu ter estabelecido como regra não me entremetter com feras, sem a isso ser forçado, e apesar ainda do valor que então tinham para mim os cartuxos, os instinctos do caçador vencêram a razão, e mandei abicar a canôa á margem, direita aos bichos.

Os leões, percebendo-nos, deixáram o rio, e fôram

postar-se em uma eminencia a duzentos metros. Saltei em terra e caminhei para elles.

Deixáram-me approximar a uns cem metros, e depois poséram-se lentamente a caminho para montante do rio, parando de nôvo depois de curto espaço. D'essa vez acerquei-me a cincoenta metros, mas elles caminháram de nôvo e embrenháram-se em um pequeno massiço de arbustos. Eram dois leões machos de grandeza desigual, tendo um quasi o dôbro da corpolencia do outro.

Cheguei junto do matagal, e perscrutando a brenha, vi a cabêça de um dos magestosos animaes, por entre os arbustos, a vinte metros de mim. Preparei a carabina, e ao apontar, senti um tremor convulso percorrendo tôdos os membros. Lembrei-me de que estava fraco e debilitado pêla febre, e receei que o pulso tremêsse ao dar ao gatilho. Tive uma sensação singular que até então não havia experimentado, e que provavelmente era a do susto. Por um esfôrço de vontade o tremor parou, a carabina tomou firme a direcção que eu lentamente lhe dava, e como ao atirar a um alvo, quasi fui sorprendido pêlo meu proprio tiro. Passou ràpida a nuvem de fumo, e nada vi no sitio onde segundos antes se mostrava a cabêça da soberba fera. Carreguei novamente o cano vazio, e com dois tiros promptos, dei volta ao massiço. Para o lado do Norte seguiam as pégadas de um leão, mas de um só. O outro estava ainda ali. Aventurei-me no cerrado de arbustos, e entre um tufo d'hervas vi o corpo inerte do rei das florestas Africanas. A bala *express* esmigalhando-lhe o cràneo, cortara-lhe de golpe a vida. Chamei gente, e n'um momento a pelle e garras fôram-lhe arrancadas.

Na massa encephàlica foi encontrada a bala que produzio a morte.*

Ao largar a margem, principiámos a sentir, mal

* Esta bala e algumas garras da enorme fera, fôram offerecidas a Sua Magestade El-Rei, o Senhor D. Luiz 1º.

distincto, um ruido longinquo, semelhante ao do mar revolto quebrando nas rochas das praias. Devia ser uma cataracta, e essa idéa, que logo me occorreu, foi confirmada pêlos remadores. Pouco depois, os filões basàlticos multiplicavam-se, formando paredões naturaes, sempre no sentido E.O. ; mas, ao contrario do que tinha acontecido até ali, o rio ja levava uma corrente ràpida que tornava perigosissimo o navegar.

Um bando de Malancas que vimos na margem direita, obrigou-me de nôvo a parar, e conseguindo eu matar uma, proseguindo na viagem depois de nova interrupção de uma hora.

Fig. 112.—Acampamento na Sioma.

Pêla tarde, fomos acampar junto das aldeas da Sioma, estabelecendo o meu campo sôb uma gigante Figueira-Sycòmoro, perto do rio.

A viagem d'esse dia foi de cinco horas e meia, sempre a rumo S.S.E.

N'essa noute o meu sono foi acalentado pêlo ruido da cataracta de Gonha, que, a jusante dos ràpidos da Situmba, interrompe a navegação do Zambeze.

No dia 4, logo de manhã, depois de ter comido um prato enorme de ginguba, presente do chefe das povoações, tomei um guia e dirigi-me para as cataractas. O braço do Liambai cuja margem esquerda eu descia, correndo a principio a S.E., vai vergando para O., até que chega a correr perfeitamente E.O.; e n'essa posição recebe dois outros braços do rio, que formam três ilhas cobertas de vegetação esplèndida. No sitio onde o rio começa a curvar para O., ha um desnivelamento de três metros em 120, formando os ràpidos da Situmba. Depois da juncção dos três braços do Zambeze, toma elle uma largura de seiscentos metros apenas, e logo ali deita um pequeno braço a S.O., pouco fundo e obstruido. O resto das àguas encontram um corte transversal de basalto, com um desnivelamento ràpido de 13 metros, e n'elle se precipitam com fragôr immenso.

O corte é N.N.O., e forma três grandes quedas, duas aos lados, e uma no meio. Por entre as rochas que separam as três grandes massas de àgua, cahem um semnùmero de cascatas de maravilhoso effeito. Ao Norte, um terceiro braço do rio continíua a correr no mesmo nivel superior da cataracta, e despenha-se no ramo principal em cinco cascatas lindissimas, a ùltima das quaes fica quatrocentos metros a jusante da grande queda. Ahi o rio encurva de nôvo a S.S.E., estreia a 45 metros, e conserva uma corrente de 150 metros por minuto.

Os diversos pontos-de-vista que se gozam da borda sôbre tôdo o espaço das quedas, sam sorprendentes, e nunca vi em paiz algum dos que tenho visitado, paizagem mais bella.

Gonha não tem a imponencia das grandes cataractas. Ali a paizagem é suave, variada e atrahente. A mistura

Fig. 113.—CATARACTA DE GONHA.

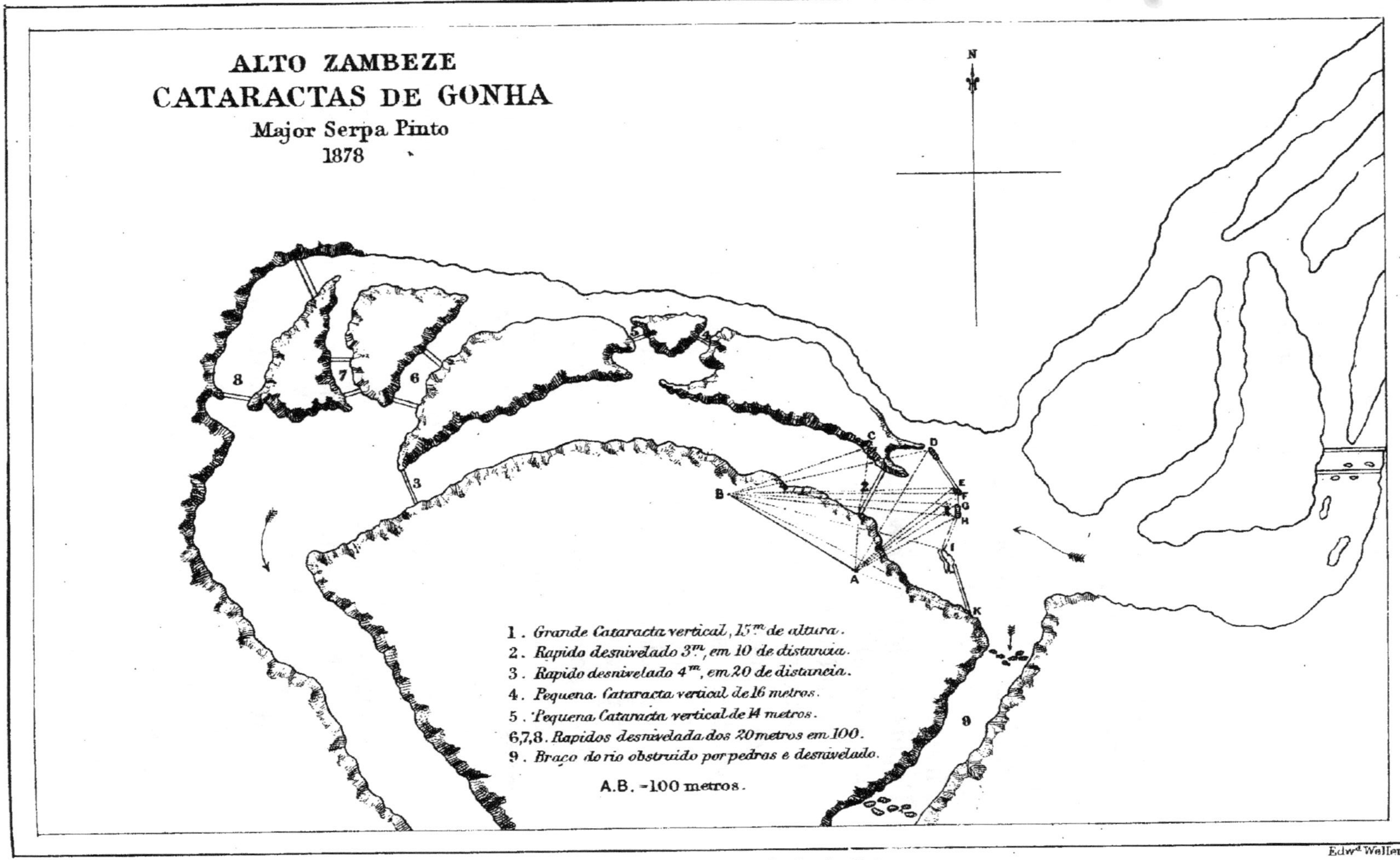

Edwd Weller.

London: Sampson Low, Marston, Searle, & Rivington.

da floresta pomposa, com a rocha e com a àgua, estam harmonizadas, como por mão de artista habil em tela primorosa.

Mêsmo o despenhar da àgua no abismo, não causa ruido pavoroso, e é de certo amortecido pêla vegetação enorme que a rodea.

Ali não se elevam vapôres, que convertidos em chuva alaguem as visinhanças; ali o accesso é livre a tôda a parte, parecendo que a natureza se comprazeu a tornar facil a visita á sua bella obra. Gonha é como a casquilha que se mostra, que se deixa contemplar, para que a admirem.

Depois de levantar a planta da grandiosa cataracta, demorei-me ali até á noute, não cançando os olhos de ver tão esplèndido quadro, em que a cada momento descobria uma nova belleza.

Voltei ao meu campo, saudoso pêla lembrança de que não veria mais em minha vida, o espectàculo sublime que deixava para sempre.

No dia 5, fui ver o caminho por onde deveriam passar os barcos para jusante da cataracta, e era elle por floresta espêssa, e não inferior em extensão a cinco kilòmetros, porque em tôda essa extensão o Zambeze, apertado em margens de rocha apenas distanciadas de 40 a 50 metros, conserva uma velocidade de 150 metros por minuto, e é tal o referver das àguas, que impossivel é navegar nelle.

Este espaço estreito a jusante da cataracta de Gonha, chama-se o Nanguari, e termina por uma pequena queda do mesmo nome.

O ponto onde recomeça a ser navegavel chama-se o Mamungo.

A passagem dos barcos por terra foi feita por gente das povoações da Sioma, povoações de Calacas ou escravos, governados por un chefe Luina, mandados estabelecer ali pêlo governo do Lui expressamente para o serviço de carregarem os barcos por terra; serviço a que sam obrigados sem terem direito a retribuição alguma.

Foi fatigante aquelle trabalho, e eu fiquei verdadeiramente penalizado de não ter nada que desse áquelles desgraçados, que tão humildemente se prestam a trabalho tão rude.

O Zambeze em Mamungo alarga a duzentos metros, mas continúa apertado em cinta de rocha, onde estam marcadas as cheias por traços horizontaes provenientes dos depòsitos das àguas lodosas. Por esses traços vi que as àguas se elevam ali a 10 metros, nas màximas cheias, acima do nivel de então, que deveria ser o mìnimo proximamente.

Logo que sôbre as rochas basàlticas começa a haver terra vegetal, principia uma vegetação frondosa. O aspecto do Zambeze n'aquelle ponto assemêlha o do Douro no seu têrço medio, com a differença apenas, de que n'aquelle o granito é substituido por basalto.

Depois de ter navegado por espaço de hora e meia, encontrei a foz do rio Lumbé, onde parei. Este rio vem do N., e tem, pròximo da embocadura, 20 metros de largo, por um e meio de fundo. Cem metros antes de entrar no Liambai, é-lhe superior de trinta metros, e por isso despenha-se em cascatas, que seriam talvez lindissimas se ali perto não ficasse Gonha.

Segui, depois de ter visitado a foz do Lumbé, mas n'esse dia apenas naveguei por mais duas horas; porque, tendo visto uns ongris, acampei, e fui caçar. Consegui matar dois antìlopes, que nos demorámos a preparar; decidindo não navegar mais n'aquelle dia.

No dia 7, deixei o acampamento, e tendo navegado uma hora, encontrei a cataracta Cale.

Ali o rio corre a S.E., e toma uma largura de novecentos metros. Três ilhas o dividem em quatro ramos. O segundo, de oeste, é o que contém maior volume

Fig. 114.- PASSAGEM DOS BARCOS EM GONHA.

d'àguas, mas é tambem aquelle em que o desnivelamento é mais ràpido.

Nos outros braços o desnivelamento, que é de três metros, produz-se em cem de extensão, enquanto n'este não se estende a mais de quarenta. Tôdos os canaes sam obstruidos com rochêdos desencontrados, onde as àguas resaltam com fragor immenso.

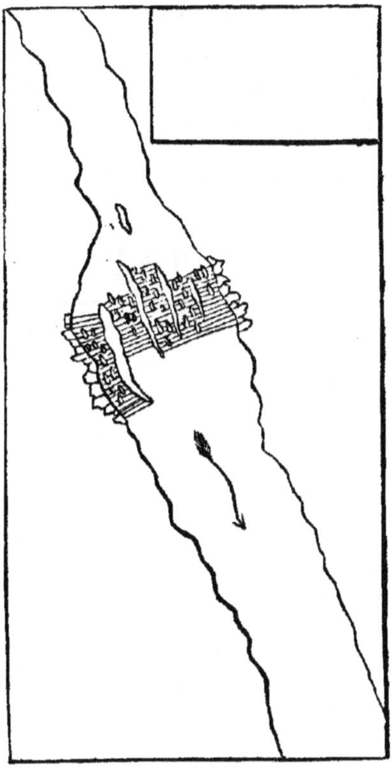

Fig. 115.—Cataracta de Cale.

Descarregámos os barcos, que fôram arrastados por um canalête junto á margem direita, e logo a jusante da queda reembarcámos e seguímos viagem. Meia hora depois, passàvamos uns ràpidos, onde só pequenos canaes sam praticaveis, e por onde os remadores governáram as pirogas com prodigiosa destreza.

Pouco depois, outros ràpidos fôram passados com igual felicidade; sendo o resto da navegação d'esse dia por entre pontas de rochas açoutadas por violenta corrente d'àgua, sem que outros desnivelamentos ràpidos apparecêssem.

Ao acampar, eu sentia-me gravemente doente. A febre havia recrescido, e a falta de alimentação vegetal era sensivel. O dormir sempre ao relento, e o nenhum resguardo que era forçado a ter, tendo de sustentar a minha gente pela carabina, faziam peiorar o meu padecer constante. N'essa noute, rebentou sôbre nós uma violenta trovoada, e com ella cahíram as primeiras gôtas d'àgua d'aquella nova èpocha das chuvas.

O dia 8 de Outubro veio encontrar-me mais doente, mais abatido de côrpo, mas não mais fraco de espìrito. Segui viagem, e meia hora depois, encontrava os grandes ràpidos de Bombue.

O rio forma um grande ràpido central, onde o desnivelamento é de 2 metros. Do lado de Este três canalêtes obstruidos por innùmeras rochas, e de Oeste um canal mais largo, onde o desnivelamento é mais ràpido.

A montante dos primeiros desnivelamentos, uma ilha coberta de vegetação divide o rio em dois braços iguaes. Bombue tem mais dois desnivelamentos, sendo o segundo trezentos metros a jusante do primeiro, e o terceiro duzentos metros a jusante d'este. Tôdos estes ràpidos sam cheios de pontas de rochas desencontradas, tornando impossivel a navegação.

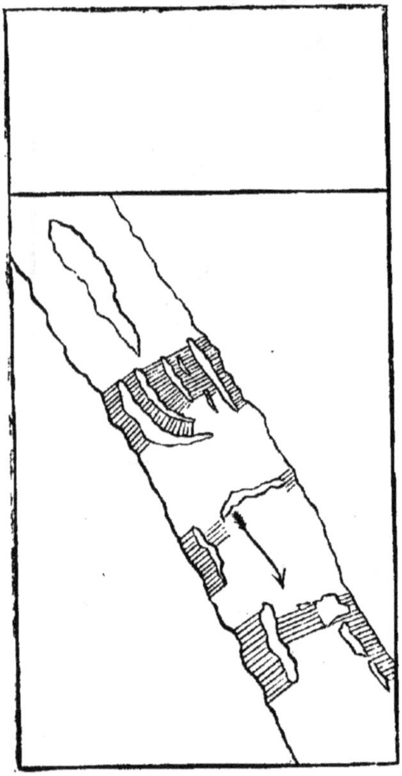

Fig. 116.—Rapidos de Bombue.

Os barcos descarregados fôram lascados junto a terra, operação fadigosa, que levou muito tempo.

Pozémos os barcos a caminho, encontrando um ràpido que sem querer passámos embarcados com inaudita felicidade; e depois de 4 horas de viagem, parámos junto á confluencia do rio Jôco. Viajei n'esse dia por entre ilhas de uma belleza admiravel, que apresentavam os panoramas mais pintorescos á minha vista, fatigada da monotonia do planalto Africano.

N'essa tarde, estando a repousar, fui acordado em sobresalto por os nêgros, que tinham visto perto alguns elephantes. Apesar do meu mao estado de saude, tomei a carabina e segui-os.

Na margem do Jôco avistei eu os enormes pachidermes, que se enlodavam n'um paúl.

Tomei-lhe o vento e approximei-me cauteloso. Eram sete soberbos animaes.

A floresta espêssa que descia até junto ao paúl, permittio-me approximar-me sem ser visto.

Por um momento contemplei aquelles gigantes da fauna Africana, e não posso occultar que tinha remorsos prematuros de lhes fazer mal. A necessidade venceu o escrúpulo, e atirei ao mais pròximo, dirigindo-lhe a bala ao frontal. O colosso oscillou um momento, sem mover as patas, e dobrando os joêlhos, foi cahindo de vagar sôbre elles—posição que conservou um momento, tombando depois para o lado, e fazendo tremer a terra com o baque enorme.

Os outros seis atravessáram o rio Jôco em apressado trotar, e desapparecêram na floresta.

Acerquei-me do inoffensivo quadrùpede, e ao contemplar a minha obra de destruição, não pude deixar de olhar para mim, depois de olhar para elle, e de me achar bem pequeno. O meu estado era tão melindroso, que ja não pude voltar por meu pé, e tive de ser amparado pêlos nêgros para chegar ao acampamento.

No dia immediato estava peior, e sobreveio-me uma grande inflammação do fìgado. Deitei causticos, que pulverizei de quinino depois de cortados.

A doença não me permittia partir n'aquelle dia, e resolvi ficar ali até experimentar melhoras. N'esse dia aconteceu ao meu Augusto a mais extraordinaria aventura de que tenho tido conhecimento. Atirou a um bùfalo que ferio, e que correu ràpido sobre elle. Augusto tirou o machado, e no momento em que a fera baixava a cabêça para lhe marrar, atirou-lhe um golpe á fronte, com a sua força hercùlea.

Homem e bùfalo roláram por terra. A gente que estava perto do meu valente nêgro, julgára este morto, quando víra o feróz ruminante levantar-se e fugir. Augusto levantou-se, e àlém do abalo do choque, não tinha soffrido nada.

Os nêgros acercáram-se d'elle, quando o meu muleque se abaixou, e depois de apanhar o machado, apanhou, tão admirado como os que o viam, um côrno do animal, cortado cerce pêlo golpe vigoroso.

Nas matas da região das cataractas, ha o Cuchibi, o Mapole, o Opumbulume e a Lorcha, frutos que mais ou menos se encontram no planalto, e àlém d'esses, dois frutos privativos d'ali, a Mocha-mocha, e o Muchenche. Este ùltimo é muito sacharino, e d'elle fiz eu um refresco muito agradavel.

Os causticos pulverizados de quinino, e três grammas d'elle que introduzi no organismo, em três injecções hypodèrmicas a curtos intervallos, acalmáram o meu estado febril, e no dia 10 levantei-me com sensiveis melhoras. A primeira noticia que me déram foi que o meu Augusto desapparecera desde a vèspera, e não tinha sido encontrado por alguns homens que o fôram procurar ao mato.

Esta noticia deu-me grande cuidado, porque o Augusto é de um atrevimento louco, e fêz-me recear uma desgraça. Mandei gente em tôdas as direcções a buscal-o, e eu mesmo fui com alguns homens, apesar do meu estado, e do muito que me faziam soffrer os causticos. Fôram infructuosas as nossas pesquizas, e da excursão apenas trouxémos dois seb-seb (*Rubalis lunatus*) que eu matei, e muitas varas de madeira, que os Luinas colhêram proprias para astes de azagaias, e que sam do mesmo pao de que fazem os remos. Chamam-lhe Minana.

De volta ao campo, secámos ao fôgo muita carne dos antìlopes.

Esta região, a que chamam o paiz de Mutema, é abundantissima de caça da floresta, e desde o elephante até á codorniz, ha milhares de animaes de tôdas as familias, gèneros e especies do planalto Africano. No Zambeze, ao contrario, escaceia a caça d'àgua, abundantissima na região das planicies.

Pêla tarde appareceu o meu Augusto, dizendo que se tinha perdido na floresta, e que encontrara uma povoação de Calacas, onde lhe tinham furtado tudo o que elle trazia, excepto a espingarda.

Os Luinas, ouvindo isto, declaráram que iam desforçar o Augusto, e por mais esforços que empreguei não consegui contel-os.

Alta noute voltáram os marinheiros, carregados com os despojos do saque, e entre èlles vinha o casaco do meu muleque.

É costume d'elles, logo que encontram povoações de Calacas na região das cataractas, saqueal-as e destruil-as. N'essa noute o meu estado de saude aggravou-se bastante, mas apesar de me sentir gravemente doente, dei ordem de partir no dia immediato.

Uma hora depois de ter deixado a foz do rio Jôco, encontrei os grandes ràpidos de Lusso.

Desembarquei e segui por terra, fazendo três kilòmetros em três horas.

O rio em Lusso toma uma grande largura e divide-se em muitos ramos, formando ilhas cobertas de vegetação esplèndida.

Depois do bello panorama de Gonha, nada vi mais bello do que os ràpidos de Lusso.

Embarquei de nôvo por baixo dos ràpidos, e tendo navegado por duas horas, parei a montante da cataracta de Nambue.

As ilhas, com a sua vegetação pomposa, continuavam a apresentar os mais atrahentes aspectos.

Decidi passar a cataracta n'esse dia, e houve grande trabalho, com a pouca gente de que dispunha, para arrastar os barcos por terra. Levou quatro horas aquelle fadigoso lidar, mas consegui dormir a jusante da queda.

A cataracta de Nambue tem quatro desnivelamentos : o primeiro é de meio metro, o segundo, 150 metros a jusante, é de dois metros, e perfeitamente vertical, o terceiro, 60 metros abaixo, é de um metro, e o ùltimo, tambem de 1 metro, fica a 100 metros d'este.

Occupam por isso as quedas uma extensão de 310 metros. O Zambeze corre ali N.S., mas logo abaixo verga a S.O. para tornar a tomar o seu curso regular a S.S.E.

Durante a noute estive á morte. A febre intensa devorava-me, e nunca pensei chegar a ver nascer o dia 12 de Outubro, dia sempre festivo para mim, por ser o anniversario de minha mulhér. As repetidas injecções hypodèrmicas de sulphato de quinino em alta dose, conseguíram dominar a febre. Eu chamei o Verissimo e Augusto, e entreguei-lhes os meus trabalhos, recommendando-lhes, que, se eu morrêsse, proseguissem na viagem até encontrar o missionario, e lh'os entregassem.

Fiz-lhes ver, que o Mueneputo os recompensaria bem se elles salvassem aquelles papéis, e os entregassem em mão segura, que os fizesse chegar a Portugal.

A's 6 horas da manhã do dia 12, senti um grande allivio e decidi seguir viagem.

Parti ás 6 e meia, e ás 7 e 15 minutos, passei uns pequenos ràpidos, e logo abaixo outros, mais desnivelados, extensos e perigosos. Entestámos ao ùnico canal praticavel, e logo que o barco se achou envolvido na corrente, um hippopòtamo veio resfolgar a jusante.

Fig. 117. NOS RÀPIDOS.

Estàvamos entre Scylla e Charybdis, ou a fera ou o abismo. Tornámos a entestar com a corrente e subindo o rio, por uma habil manobra, pozémo-nos a coberto do perigo junto a um rochêdo quasi em sêco.

O barco da carga, receando o cavallo-marinho, desviou-se do canal, e foi impellido com velocidade enorme de encontro ás rochas de um canalête obstruido. Nunca pensámos que se salvasse, mas elle derivou por entre as fragas e passou o perigo, tendo recebido apenas um golpe de àgua que quasi o encheu.

A's 7.50, outros ràpidos, e ás 8, uns muito desnivelados e extensos. Quizémos sahir em terra, porque sentiamos a jusante um ruido enorme, semelhante ao rebombar dos trovões pêlos alcantiz das serras, que nos fez recear grandes ràpidos, ou uma cataracta impossivel de transpor. Foi baldado esfôrço. A margem mais pròxima, a esquêrda, ficava-nos a 600 metros, e a corrente ràpida, quebrando-se entre os cabêços basàlticos, e resaltando em ondas de espuma, tornava impossivel o abeirar á margem. Sam momentos indescriptiveis estes.

Levado por uma corrente vertiginosa, tendo diante de si o desconhecido, presentindo o perigo imminente a cada desnivelamento do rio que se lhe mostra, arrastado de voragem em voragem pêlos turbilhões da àgua revôlta, o homem experimenta a cada momento sensações novas, e cem vêzes soffre a agonia da morte, para sentir outras tantas o prazer da vida. Das 8 horas e 5 minutos ás 8 e 40, passámos seis ràpidos de pequeno desnivelamento; mas a essa hora, uma queda desnivelada de um metro se nos apresentou na frente. Semelhante ao homem que, em corrida, estaca por um movimento instinctivo, ao ver o abismo aberto sôb o seu caminho, o meu barco, como se fôsse animado, parou, por um impulso dos remos; machinal e inconsciente nos tripulantes. Esse momento de hesitação produzio o desgovêrno, e a comprida piroga atravessou na corrente, e saltou ao abismo, na corôa de espuma de uma onda enorme. Foi um segundo, mas foi o peior momento da minha vida. Era a Providencia que nos salvava. Se o barco tivesse atestado de prôa com a voragem, seria submergido, e estariamos perdidos. O desgoverno d'elle foi-nos a salvação. Logo abaixo d'estes, outros ràpidos menores; e então fizémos fôrça de remos para uns rochêdos, que a meio rio estavam collocados em ponto onde a corrente era mais fraca. Abeirámos a elles, e estivémos a tirar àgua e a arrumar as cargas, desarranjadas pêlo abalo dos ràpidos. Segui ás 8 e 55 minutos, e logo, ás 9 e 15, encontrámos novas cachoeiras. A's 9 e 25, os grandes ràpidos da Manhicanga. A's 9 e 30, outros; e d'ahi aos grandes ràpidos da Lucanda, que passámos ás 11 e 8 minutos, saltámos em sete cachoeiras mais. Depois de passarmos um pequeno ràpido, encontrámos a cataracta de Catima-moriro (*apaga o fôgo*) ao meio-dia.

É Catima-moriro o ùltimo desnivelamento da região superior das cataractas do alto Zambeze. D'ali até á nova região de ràpidos, que precede a grande cataracta de Mozi-oa-tunia, o rio é perfeitamente navegavel.

O espìrito tambem se fatiga como o côrpo, e foi verdadeiramente fatigado de espìrito, que eu cheguei ao têrmo d'essa perigosa jornada do dia 12, jornada que não posso relembrar sem terror. As commoções d'aquelle dia tinham sárado o côrpo, e achava-me sem febre, mas muito fraco. Appareceu muita caça, mas a minha fraqueza e as dôres que me produziam os causticos ainda abertos, não me permittíram caçar.

O curso do rio foi sempre a S.S.E.

D'ahi em diante, o rio torna a ter o mesmo aspecto do Barôze, planicies enormes, fundo de areia, e nem mais um rochêdo. As margens sam formadas por camadas sobrepostas de argila esverdeada. O vento leste era de nôvo fortissimo, e encrespava a superficie das àguas, levantando ondas bastante grandes. Apesar d'isso, segui a 13, e fui acampar junto da povoação de Catongo. De nôvo tinha peorado, e era prostrado pêla febre que me mettia no barco para seguir.

Ali em Catongo encontrei a minha gente, que tinha deixado na foz do Jôco, e que chegou n'essa noute.

Sube, que na vèspera tinham corrido um eminente perigo, sendo atacados por um bando de leões. Subindo para cima de àrvores podéram escapar-lhe, mas estivéram muito tempo cercados por elles. A minha cabrinha Córa foi içada por um pano que lhe atáram aos cornos, e estêve amarrada a um tronco junto de Augusto. O Augusto matou um dos leões, atirando-lhe de cima da àrvore, e trocou em Catongo a pelle d'elle por uma grande porção de tabaco.

No dia 14, naveguei a leste, direcção que toma o Zambeze, e fui acampar, pêla tarde, ja perto da povoação do Quisseque.

O rio continúa a dividir-se, formando grandes ilhas, mas não como as da região das cataractas. Sam canaviaes monòtonos, que cançam a vista.

Tivémos n'esse dia pescadores, que nos fornecêram abundante peixe. Fôram os Uanhis, como lhes chamam os Luinas, e que não sam mais do que *pygargos* gigantêscos que povoam as margens do rio. Fôram perseguidos alguns, que abandonáram o peixe que levavam.

Uma d'essas Àguias aquàticas, tinha nas garras poderosas um peixe mais corpulento do que uma pescada, e levou-o fugindo dos meus remadores, sem que mostrasse esfôrço ao voar.

Todavía, a maior parte abandonavam a prêsa, para fugir mais ràpidamente.

Estes pygargos do Zambeze, que não vi acima da

região das cataractas, têm a cabêça, o peito e a cauda completamente brancos, e as azas e costas de um nêgro de èbano.

Sam exactamente como a especie Americana descripta com o nome de *pygargo de cabeça branca*, mas menos corpulenta do que a ave que serve de emblema ao pavilhão dos Estados-Unidos.

No dia 15 de Outubro, cheguei de manhã ao Quisseque, tendo navegado por uma hora a leste.

Não quiz ir para a povoação, ja desconfiado do gentio, e fui acampar no meio do caniçal de uma ilha fronteira. Mandei prevenir o chefe de que estava ali, e deitei-me abrasado em febre, que de nôvo reapparecera intensa.

Pouco depois da minha chegada, appareceu na ilha um homem trajando á Européa, que, pêla côr de café com leite da pelle, eu reconheci ser um filho das margens do Orange.

Disse-me, por intermedio do Verissimo, usando da lìngua Sesuto, que era criado do missionario, e estava ali esperando a resposta do rei Lobossi a respeito de seu amo. Por elle sube, que o missionario era Francez, o que sôbre modo me fez admirar. Este homem, que se chamava Eliazar, vendo-me muito doente, mostrou por mim carinhos que nunca vi em nêgro.

Dizendo-lhe eu, que vinha de propòsito procurar seu amo, elle manifestou-me o seu contentamento, e assegurou-me, que o missionario era o melhor homem do mundo.

Eu não sei explicar porque tive um prazer enorme sabendo que o meu homem era Francez, mas é facto que o tive.

Estava eu conversando com Eliazar, quando chegou o chefe, cujo nome é Carimuque, mas que tambem é conhecido pêlo de Moranziani, nome de guerra dos chefes do Quisseque.

Disse-lhe, que queria seguir viagem no dia immediato, porque estava muito doente, e precisava encontrar o missionario, para elle me dar remedios.

Preveni-o de que não tinha vìveres, nem com que os comprar, e elle prometteu-me mandar n'esse dia mesmo comida para mim e para os meus.

N'essa tarde os meus remadores começáram a gritar que não deixariam o Quisseque sem serem pagos. Eu chamei-os e fiz-lhe ver, que não tinha nada que lhes dar. Que o marfim só poderia ser convertido em fazendas logo que eu chegasse ao missionario que as deveria ter, e por isso para serem pagos era preciso seguir ávante.

Elles parecêram convencer-se com o meu argumento. Passei uma noute horrivel no caniçal da ilha. Eram cobras que perseguiam ratos, e ratos a fugir de cobras, os companheiros que tive em tôrno de mim. A febre augmentou. Carimuque veio ver-me na manhã de 16, e trouxe-me um presente de massamballa e uma pequena porção de farinha de mandioca.

Declarou-me elle, que os marinheiros se recusavam a seguir sem serem pagos, e que por isso mandasse eu recado ao missionario para elle me mandar as fazendas, e esperasse ali os enviados.

Recusei terminantemente fazel-o, e declarei-lhe, que lhes não pagava se elles não seguissem no dia immediato. Depois de grandes debates, em que fiz prova de enorme paciencia, e em que Eliazar pleiteava por mim, repetindo cem vêzes, que seu amo, logo que me visse, pagaria tudo o que elles quizessem, ficou resolvido que no dia 17 nos porìamos de nôvo em viagem.

N'esse dia chegáram ali os enviados que Carimuque mandara ao Lui com a mensagem do missionario.

Como se sabe, e eu ja narrei no comêço d'este capìtulo, Matagja opposera-se formalmente ao ingresso do missionario no paiz do Lui. A resposta do rei Lobossi, dada por Gambela, vinha cheia de hypocrisia, e não era uma negativa formal.

Mandavam dizer-lhe, que muito estimariam que elle fôsse para ali; mas que, n'aquelle momento, as guerras e a falta de commodidade que poderiam offerecer-lhe em Lialui, cidade novamente construida, fazia com que elles lhe pedissem, que se fôsse embora, e voltasse no anno seguinte. Para Carimuque vinha uma ordem positiva para não lhe dar meios de elle seguir para o Norte. Eliazar, que ficou muito triste com a mensagem do rei Lobossi, continuou fazendo-me companhia, e falando-me sempre de seu amo a quem tecia verdadeiros panegyricos.

Nesse dia, ás 4 horas da tarde, desencadeou sôbre nós uma horrivel trovoada, que despejou copiosa chuva até ás 6 horas. Carimuque veio ver-me de nôvo, e trouxe-me duas gallinhas.

Parti ás 9 horas do dia 17, e depois de navegar por duas horas e meia, encontrei a foz do rio Machila. Naveguei a E.S.E.

O rio Machila tem ali quarenta metros de largo por seis de fundo, mas de certo influe n'esta altura a àgua do Zambeze que o represa.

Corre em uma planicie enorme, onde pastam milhares de bùfalos, zêbras e grande variedade de antìlopes. Vi ali muitos coroanes, e presenciei um effeito de miragem sorprendente, apresentando-me tôda aquella manada heterogènea, de patas para o ar.

Nunca vi tanta caça junta como ali, é ella muito esquiva, e não deixa approximar a menos de duzentos metros.

Pude matar uma zêbra, que nos forneceu òptima carne, muito melhor do que a de qualquér antìlope. Depois de duas horas de demora ali, segui viagem, e naveguei por duas horas e meia mais, parando, ás 5 da tarde, por vermos na margem uma àrvore velha trazida pêla corrente, onde fomos fazer provisão de lenha para a noute. Foi um verdadeiro beneficio aquella àrvore, sem a qual não teriamos lenha para cozinhar em campinas despidas de arvorêdo.

Quando ìamos a seguir, appareceu um prêto, gritando que os outros barcos tinham amarrado muito acima e acampado ali a gente. Tivémos que voltar a traz, por não termos provisões no meu barco, e ir a carne no barco da carga.

Só ás 6 e 30 minutos, ja noute, juntei a minha gente, e acampei com elles.

N'essa occasião ja iam tôdos embarcados, porque Carimuque tinha pôsto dois barcos grandes á minha disposição, e n'elles eu havia accommodado Augusto, as mulheres, os pequenos e a minha cabrinha.

Calungo, o papagaio, esse viajou sempre comigo.

Carimuque tinha-me feito um presente valioso, n'uma porção de farinha de mandioca, o melhor alimento que ali podia ter, para mim tão doente e tão debilitado.

N'essa noute quiz comer uma pouca de farinha, e fui encontrar o saquinho que a continha completamente vazio.

Entrando em averiguações do caso, sube que fôra o meu muleque Catraio que a furtara e comêra.

N'essa noute, um drama terrivel passou-se junto do meu campo, no meio das trevas.

Foi o combate cruento entre um bùfalo e um leão, que terminou pêla morte d'aquelle em arrancos de agonia, ao passo que o seu vencedor dava prolongados rugidos, acompanhados por um côro de hyenas. De manhã, a 100 metros do acampamento, fomos encontrar os despojos do bùfalo, cuja cabêça estava intacta, e do qual existiam apenas ossos e farrapos de carne deixados pêlas hyenas.

Segui viagem, e depois de cinco horas de navegação,

entre ilhas divididas por canalêtes, formando um systema complicado, aportei sôbre um ràpido desnivelado de um metro, primeiro elo da cadea de cachoeiras que vai terminar pêla grande cataracta de Mozi-oa-tunia.

Com o basalto reapparece a floresta lindissima, onde, entre outras àrvores, sôbressahem já os baobabs, esses gigantes da flora Africana, que eu não via desde Quillengues.

Desembarquei, e fui deitar-me á sombra de um d'esses colossos vegetaes.

Tinha terminado a minha navegação no alto Zambeze, e d'ali até encontrar o missionario o meu caminhar era de nôvo a pé.

A povoação de Embarira distava seis milhas do ponto onde eu estava, e para lá partíram os marinheiros com as cargas.

Eu adormeci, e só acordei por noute escura. Só o Verissimo, Camutombo e Pépéca estavam junto de mim. Perguntei-lhes ¿porque estàvamos ainda ali? respondendo-me o Verissimo, que não tinha querido interromper o meu sono. Apesar do escuro da noute, ia pôr-me a caminho, quando reparei que não tìnhamos uma só arma. O Verissimo, que de vez em-quando fazia asneira, deixara levar as minhas armas para Embarira. Não fiquei socegado, vendo-me sem armas no meio de uma floresta infestada de feras. Mandei-os logo juntar lenha para fazer uma fogueira, mas ás escuras elles nenhuma encontravam que servisse.

Pépéca lembrou-se então de ter visto perto de nós um barco velho, que effectivamente encontrámos, mas a dura madeira do Mucusse resistia ao corte da minha faca de mato.

Lembrei-me de o jogar como arìete contra o tronco do baobab, e logo nós três dando-lhe o movimento de vai-vem, o lançámos com a màxima fôrça. A canôa fez-se em rachas na parte que soffreu o choque. Esta operação, repetida algumas vêzes, forneceu lenha e com ella uma bôa fogueira.

Estàvamos dispondo-nos a dormir ali, quando sentímos gente, e logo appareceu o Augusto com alguns homens, que vinham procurar-me.

Parti com elles, e cheguei a Embarira pêla meia noute. O chefe da povoação tinha-me preparado uma casa, onde me recolhi cheio de febre e fadiga.

Estava em Embarira, na margem esquêrda do rio Cuando, cujas nascentes havia descoberto e determinado três mezes antes.

Estava pròximo a alcançar o missionario, de quem esperava auxilio para poder continuar a minha viagem, e estava em vèspera de novas aventuras, que não calculava ainda.

O estado da minha saude muito melindroso, a dùvida no futuro, as apprehensões do presente, e milhares de persovejos, que tinha a casa onde me recolhi, fizéram-me passar uma noute atribulada.

Depois, uma outra idéa, não me sahia da mente. Ao chegar ali, sube, que um branco (Macua), que não era nem missionario nem commerciante, estava acampado de fronte de nim, na outra margem do Cuando.

¿ Quem seria o meu companheiro n'aquellas remotas paragens ?

Ardia em curiosidade, e contava os instantes para o alvorecer do dia seguinte.

CAPÌTULO SUPPLEMENTAR.

A PÀGINAS 184, em capìtulo anàlogo a este, tratei por modo succinto, dos paizes comprehendidos no meu caminho entre a costa de Oeste e o Bihé.

N'este capìtulo buscarei epitomar o que nos meus trabalhos escolhi de mais interessante, relativo ao vasto territorio que medea do Bihé ao curso superior do rio Zambeze, até onde termina a narrativa da minha viagem na pàgina antecedente.

Apresentando um resumo das minhas determinações astronòmicas, dos meus estudos meteorològicos, etc., sem pedantismo o faço, e creio apenas, n'isso cumprir um dever, tornando pùblicos um certo nùmero de estudos e trabalhos de que fui encarregado, e que, se não interessam a alguns leitores, podem merecer attenção de outros.

Sem querer alcunhar-me de sabio, declarar-me ignaro seria affectação.

Além da carta geral d'Africa tropical do sul, quiz eu apresentar algumas cartas parciaes dos paizes que mais merecêram a minha attenção no caminho que segui, por poder dar a estas um desenvolvimento de detalhes que a pequena escala d'aquella não comportaria.

Vou tratar d'esse enorme tracto de territorio, debaixo do ponto de vista geogràphico, com tanto mais interesse, quanto elle é desconhecido aos geògraphos; que nas suas cartas o têm preenchido até hoje com linhas mal seguras, traçadas pela mão trèmula da dùvida, colhida nas informações pouco idòneas e contradictorias de gente ignara.

Um Europeo, Silva Porto, atravessou aquella parte da planura Africana, antes de mim, e em grande parte muito mais ao sul do caminho que segui; mas Silva Porto nunca publicou as suas interessantissimas notas, que agora anda pondo em ordem; e é preciso dizer, que, se essas notas dam um valioso subsidio ao estudo da ethnographia Africana, pelo muito que a sua vista observadora perscrutou dos costumes e do viver dos nêgros, dam ellas um fraco auxilio ás sciencias geogràphicas, em que elle, por falta de elementos, não pôde fazer um trabalho sério.

Sam paizes completamente novos á geographia aquelles que apresentei nos antecedentes capìtulos, e de que vou tratar n'este.

As coordenadas geogràphicas dos principaes pontos do meu itinerario fôram calculadas dos elementos que adiante publíco.

Começarei por descrever o systema fluvial d'esta parte da planura Africana.

As ùltimas àguas que correm á costa de Oeste nascem em tôrno do Bihé, dentro de um V enorme formado por dois rios, o Cubango e o Cúito, que, depois de se unirem em Darico, vam correr a S.E. no Deserto do Calaari.

O systema fluvial da Costa Oeste, entre a foz do Cuanza e a do Cunene, termina quasi ali; recebendo ainda o Cuanza alguns affluentes de Leste, que vam buscar as suas àguas ao meridiano 18 E. Greenw.; taes sam: o rio Onda, que ainda nasce dentro do àngulo formado pelo Cubango e Cúito, e o Cuiba e o Cuime, que entrelaçam as suas nascentes com as do Cúito e as de outro rio, o Lungo-é-ungo, que pelo Zambeze vai lançar no mar Indico àguas bebidas nos charcos de Cangala, por 18 de longitude; e que percorrem a enorme distancia de mil quatrocentas e quarenta milhas, para atingirem a meta que a natureza lhes marcou. A latitude destas nascentes, que, em amigavel convivio, partilham as suas àguas para pontos da terra tão distantes, é pròximamente de 12° e 30′, isto é, está n'essa faxa, comprehendida entre os parallelos 11 e 13, onde nascem os dois rios gigantes da Àfrica Austral, o Zaire e o Zambeze, e seus principaes affluentes.

Entre o Equador e o parallelo 20 austral, esses dois rios formam dois systemas d'àguas perfeitamente definidos, mas que têm um traço commum de união no parallelo 12 e na faxa que borda esse parallelo 60 milhas ao Sul e ao Norte, entrelaçando ali as suas origens muitos dos grandes affluentes dos dois colossos, e formando de per-si cada um d'elles um systema d'àguas que vai engrossar as duas artérias principaes.

Assim pois, entre os meridianos 18 e 35 a leste de Greenwich, e os parallelos 8 e 15 austraes, tôda a àgua que corre ao Norte vai entrar no Atlàntico por 6°, 8′, com o nome de Zaire; tôda a que corre ao sul entra no Oceano Indico por 18°, 50′, com o nome de Zambeze.

Caminhando a E.S.E. afastava-me da bem pronunciada linha divisoria das àguas dos dois grandes rios, e ao passo que os meus ex-companheiros se entregavam ao estudo de um d'esses systemas d'àguas filial do Zaire, eu seguia passo a passo outro filial do Zambeze; e á medida que avançava no interior do continente, esse systema ia-se apresentando firmemente definido e claro.

Os paizes de que falei nos anteriores capìtulos, os mesmos de que estou tratando aqui, sam a sede de um systema fluvial, que forma um dos principaes, se não o principal, affluentes do Zambeze.

O rio Cuando, artèria principal d'este systema, nasce, por 18°, 57′ de longitude, 12°, 59′ latitude, n'um pequeno charco apaülado, superior ao nivel do mar em 1362 metros.

A sua foz, na confluencia com o Zambeze, está collocada em 17°, 49′ de latitude, 25°, 23′ de longitude, na altura de 940 metros do nivel do mar. A extensão do seu curso é de 540 milhas geogràphicas, ou pròximamente mil kilòmetros. O seu desnivelamento da nascente á foz é de 422 metros, ou de um metro em cada 2369 metros de curso.

Os affluentes do rio Cuando, pela maior parte navegaveis, representam uma extensão de vias fluviaes não inferior a mil milhas geogràphicas, ou pròximamente mil e oitocentos kilòmetros, que com o curso d'aquelle rio perfaz um total superior a 1600 milhas, ou perto de tres mil kilòmetros. Estes algarismos enormes representam a importancia d'aquella parte do planalto Africano.

Forçando a minha marcha, entre mil difficuldades, pude seguir a linha das nascentes do grande rio e seus principaes affluentes, que ficáram perfeitamente determinados nos seus cursos superiores.

Aos traçados hypothèticos, a que a maior parte dos geògraphos preferiam deixar na carta d'aquella parte d'Africa um branco enorme, pude substituir um traçado firme e seguro do paiz ignoto.

O rio Queimbo, o Cubanguí, o Cuchibi e o Chicului, sam todos rios navegaveis, banhando fèrteis paizes e promettendo um futuro áquella parte do continente nêgro, livre do zê-zê, a mòsca terrivel, que corta cerce o porvir de muitos outros terrenos Africanos.

Agora, que em breves traços apresentei o grande e principal systema d'aguas das terras comprehendidas entre o Bihé e o Zambeze, vou succintamente falar da sua orographia.

Para isso preciso antes dizer duas palavras da constituição geològica do solo, que facilmente explica os pequenos accidentes d'elle.

O solo Africano Austral é rocha das èpochas primitivas. Se junto ás costas, nos terrenos baixos observamos os depòsitos sedimentares, e o trabalho da àgua, elles acabam ali, para não deixar perceber mais do que a acção do fôgo.

Os calcàreos terminam nas escarpas oeste das montanhas que formam os primeiros degraos do planalto. Succede-lhes immediatamente o terreno plutònico, e encontramos até ao Bihé o granito primitivo, profusamente distribuido. Do Bihé para leste o granito vai desapparecendo, e àlém Cuanza é substituido pelos xistos argilosos, e micaxistos.

E' sempre o terreno eruptivo, mas debaixo da acção do metamorphismo. Effectivamente, do Cuanza ao Zambeze o solo é metamòrphico.

Sam xistos e micaxistos, tornados de tal modo plàsticos, pela acção das grandes àguas, que do Bihé ao Zambeze, se algum viajante tencionar um dia ali atirar alguma pedrada, eu recommendo-lhe, que leve pedras do Bihé e d'onde termina a região granìtica, porque em todo o caminho que segui não encontra uma só.

A natureza do terreno explica por si mesma o seu pouco accidentado, e a falta de cataractas e ràpidos nos rios d'esta região Africana. Em tôdo o caminho que segui ha uma depressão constante no terreno até ao leito do Zambeze, formando uma inclinação suave. Esta depressão é de 292 metros, em 720 kilòmetros, que medeiam da margem do rio Cuanza á planicie do Nhengo.

A orographia d'aquella região é produzida pela acção da àgua, e perfeitamente marcada pelas depressões dos leitos dos rios.

30 a 40 metros acima do nivel das àguas correntes, se elevam systemas de montes de cumiadas arredondadas e uniformes, acompanhando sempre sem excepção o curso das àguas.

A flora que se nos apresenta no Bihé, e onde a planura attinge a sua maior elevação, mais pobre em àrvores, mas riquissima em arbustos e plantas herbàceas; na parte leste do paiz do Bihé, e sobre tudo àlém-Cuanza, já recupera, com a menor elevação do solo, tôda a sua riqueza tropical.

A caça, que escaceia desde o paiz do Huambo até pròximo da nascente do Cuando, reapparece abundante d'ali até ao Alto Zambeze. Seis raças perfeitamente distinctas, e que os sertanejos da costa confundem debaixo do nome genèrico de Ganguelas, assentam as suas povoações do Cuanza ao Nhengo.

O paiz a leste do Cuanza, na parte que é cortado pelos rios, Cuime, Ouda e Varea, e seus pequenos affluentes, é habitado pelos Quimbandes.

Do Cuito á nascente do Cuando, assentam as suas povoações os Luchazes. Os affluentes de E. do Cuando, este mesmo rio, sam povoados de gentes de raça Ambuela.

Como disse na minha narrativa, o paiz dos Luchazes está sendo invadido por uma emigração enorme de Quiôcos ou Quibôcos, que tendem a estabelecer-se nas margens do rio Cuito. Entre este rio e o Cuando e muito para o sul, o paiz, sem povoações fixas, é com tudo occupado por uma grande população nòmada, os Mucassequeres.

A margem sul do rio Lungo-é-ungo e seus pequenos affluentes, sam habitados por os Lobares. Tres d'estas raças, os Quimbandes, Luchazes e Ambuelas, falam a mesma lìngua, o Ganguela, com pequenas modificações.

Os Quiôcos e Lobares falam dialectos differentes, e os Mucassequeres uma lìngua original, tão diversa das outras, que é impossivel serem comprehendidos de povos estranhos.

Os Quimbandes sam indolentes e pouco guerreiros, pouco agricultores e pobres em gados, occupando um paiz fertilissimo, em todas as condições de dar a riqueza aos seus possuidores.

Formando federação, não deixam de andar em questões continuadas com os vizinhos da mesma raça.

Não sam bravos, mas sam ladrões, e atacam sempre as comitivas do Bihé que vam negociar cêra mais ao interior, logo que essas comitivas sam fracas e elles conhecem que podem vencer.

E' certo, logo que desfila uma comitiva no paiz, estarem elles embuscados a contar as espingardas que traz, e o nùmero de caixas de pòlvora, que se distinguem pelo seu invòlucro de pelle de leopardo, costume adoptado pelos sertanejos Bihenos.

Se alguem entrar no paiz dos Quimbandes com 50 espingardas e seis ou oito caixas de cartuxos, pode dormir descançado, que só terá d'elles amizade e respeito.

Os Luchazes, um pouco mais agricultores do que os Quimbandes, não possuem já rebanhos bovinos, e apenas ha aqui e àlém algum gado caprino de inferior especie.

Já cuidam de colher cêra, e sam um pouco mais industriosos do que os seus vizinhos de oeste.

Em quanto a valor e honestidade, orçam pelo mesmo. Constituidos em federação como aquelles, cada povoação tem um chefe independente, um pequeno senhor, que não se dá ares de tyranno com o seu pôvo.

Os Ambuelas, de muito melhor ìndole, não sam nada guerreiros. Sam talvez a melhor gente indìgena d'Africa Austral.

Grandes cultivadores, não trabalham menos na colheita da cêra. Sam pobres, podendo ser riquissimos se tivessem gados.

Formam federação como os outros, mas os chefes conservam um pouco mais de independencia.

Em geral, vi n'Africa, que mais felizes e livres sam os povos governados por pequenos senhores. Não se praticam ali as scenas de horror tão vulgares nos grandes imperios regidos por autòcratas.

Se o roubo é vulgar, é desconhecido ali o assassinio, ao passo que entre os grandes potentados o roubo vem depois do homicidio.

Sem pertenções a propheta, quero crer, que, um dia, será entre aquelles povos que se estabelecerám os mais seguros elementos de civilisação Europea n'Africa.

E' minha opinião, que nos paizes occupados pelas confederações Africanas, regidos por pequenos règulos, de ìndole menos guerreira, por se reconhecerem mais fracos, é que deve entrar a civilisação com mão forte, debaixo da forma do commercio, do missionario e do explorador.

Divirjo, por tanto, da opinião do mais ousado dos exploradores, do mais enèrgico trabalhador Africano, do mais dedicado apòstolo da civilisação do continente nêgro, do meu amigo H. M. Stanley.

Diz elle, que devem os missionarios atacar a Africa pelos grandes potentados.

Não penso assim, e o estudo dos factos demonstra-me o contrario.

O Matebelle desde 25 annos que possue missionarios Inglezes, e não ha ali um só Christão! Se o chefe é catechizado, o seu pôvo obedece e finge seguir a lei de Christo.

E' como a estàtua de Nabuchodonosor, tem pes de barro aquella civilisação.

Môrra o chefe, venha outro que não queira trocar o harém onde ceva a brutal lascivia, pelo thàlamo nupcial onde uma só espôsa lhe acompanhe os passos na carreira da vida, e cahio o monumento, a civilisação desfez-se, e não ha àmanhã um só christão na igreja que hoje regorgitava de pôvo.

O commercio é bem recebido pelo grande potentado, porque representa interesses immediatos materiaes de que elle colhe o fruto.

No Matebelle, onde os missionarios Inglezes não têm podido fazer escutar a doutrina de Christo, os negociantes Inglezes têm introduzido com o vestuario e com outras necessidades que têm sabido crear, uma civilisação relativa.

Podem apontar-me o exemplo do Bamanguato, mas eu respondo com o que já disse. Môrra o rei Khama, e vá ao poder um sova que não queira ser Christão, e tôdos os cathequizados se esvaïrám como fumo. Os negociantes continuarám o seu tràfico, mas o missionario terá de repetir com elle as orações do Domingo, ás pessôas de familia que o rodeam.

Digo-o sem receio de errar.

No Transvaal, entre pequenos règulos, vemos muitos indìgenas que seguem a lei do Evangelho. No Basuto ha Christãos convictos, independente da influencia d'alguns chefes que o não sam.

Se os exemplos sam estes, aquelles que vêem no missionario o primeiro mensageiro da civilisação Africana, que ataquem os pontos fracos do reducto, e não vam perecer ingloriamente onde o cruzamento dos fogos é mais activo.

Eu sou apologista do missionario, merecem-me a maior consideração não só as missões, em si mesmo, mas os seus membros espalhados no meio dos povos bàrbaros do continente nêgro. Tenho visto em quasi todos os que conhêço a tendencia para seguirem um caminho differente d'aquelle que aponto.

Tôdos querem um grande nùmero de adeptos para a catechese, sem olharem ao terreno em que semeam.

Uma vez que incidentalmente falei dos missionarios Africanos, vou ràpidamente dizer duas palavras mais sôbre o assumpto, que me proponho a ratar um dia largamente em obra adequada.

Eu francamente não creio o cèrebro do prêto á altura de comprehender um certo nùmero de questões, comezinhas entre povos de raças evidentemente superiores.

As questões abstractas sam sublimes e incomprehensiveis a tão inferiores organizações.

Explicar theologia a um prêto equivale a expor as sublimidades do càlculo differencial a uma assemblea de camponios.

Mas, se o prêto não está á altura de poder jàmais comprehender as verdades da religião de Christo, têm sem dùvida o sentimento do bem e do mal, e está nas condições de comprehender os principios de moral commum.

Marchem para entre os povos ignaros d'Àfrica Central os missionarios, sigam sem trepidar o caminho que lhes impõe a sua missão evangèlica, mas desvendem os olhos.

Tomem para si o que ha de abstracto na sciencia de Deus, e não queiram ensinar aos nêgros o que ha de sublime n'ella para cèrebros mais bem organizados. Ensinem moral e só moral, com o exemplo e com a palavra; criem necessidades aos que a ignorancia faz prescindir de tudo; criem-lhes necessidades, que ellas farám nascer o trabalho, e só por elle se regenera um pôvo.

Quero missionarios, mas quero missionarios do christianismo e da civilisação, homens que compenetrados dos seus devêres para com Deos e para com a sociedade, saibam firmar o edificio social em sòlidas bases; ensinando o bem e o trabalho, e tudo o que o prêto possa comprehender; esperando a occasião que o tempo, a civilisação, não deixará de trazer, se elle bem trabalhar, para ir pouco a pouco incutindo nos ànimos as verdades da theologia e da moral.

Busque primeiro fazer do prêto um homem, que tempo terá de fazer do homem um Christão. Seguir o caminho contrario é edificar na areia.

No correr d'esta obra terei ainda de falar nas missões Africanas, e falarei desassombradamente com a consciencia de que presto um verdadeiro serviço á causa das missões e á causa da humanidade, apontando erros de que ellas estam eivadas.

O homem que mais poderia coadjuvar o missionario em Àfrica seria o negociante.

Infelizmente o commercio sertanejo está em mãos de bem tristes apòstolos da civilisação.

Já falei dos Portuguezes, e com bem pesar meu tenho de metter estrangeiros em linha igual. Por um lado, a invasão do commercio pelos Àrabes de Zanzibar não dá em civilisação e cultura o que devia dar, porque a dissolução de costumes de taes gentes, destroe tudo quanto o commercio adianta.

Por outro lado, os *traders* (traficantes) Inglezes, creio que deixam muito a desejar em moralidade, segundo ouvi dizer a missionarios seus conterraneos. Esta questão, do commercio sertanejo como meio civilisador, é questão que me proponho a tratar um dia, e que não é cabida aqui, onde só por incidente falei de missões e commercio.

Volvendo a entrar em assumpto, dizia eu, que os paizes comprehendidos entre o Cuanza e o Zambeze estam em condições de receberem com mais facilidade do que os outros povos que conhêço em Àfrica, o impulso civilisador que a Europa hoje se empenha em imprimir aos esquècidos povos do grande continente.

Deixando estes paizes, dos quaes já falei detidamente nos anteriores capìtulos, vou entrar no Alto Zambeze.

Até ali era eu o primeiro explorador a pisar aquellas paragens, o primeiro a descrevel-as, o primeiro a apresentar uma carta geogràphica que as representasse; ali havia sido já precedido por outro, e por outro que se tornou tão distincto na obra da civilisação Africana, que ganhou um tùmulo em Westminster Abbey, e repousa hoje junto dos reis, dos grandes homens de Inglaterra. Vinte annos antes de mim, David Livingstone percorreu aquelle paiz.

N'esse tempo era elle governado por outra raça, e eu fui encontral-o em condições bem differentes.

As condições de geographia physica eram as mesmas; mas os geògraphos que seguirem outros, terám sempre rectificações a fazer, terám sempre alguma cousa a acrescentar.

Entre a carta de Livingstone e a minha ha differenças que já déram nas vistas a alguns geògraphos Europeos.

Que o vulto respeitavel do cèlebre explorador me perdôe se eu o contradizer em alguns pontos da sua geographia do Alto Zambeze. Era a sua primeira viagem, e o Missionario ousado estava longe ainda de ser o explorador geògrapho do futuro. Elle mesmo não se vexa de confessar que, n'esse tempo, de balde tentou medir a largura do rio por um processo trigonomètrico comezinho.

Da confluencia do Liba á do Cuando, o Zambeze apenas recebe na margem direita dois affluentes, o Lungo-é-ungo e o Nhengo.

Quem viaja da Costa de Oeste vê logo, que entre o Nhengo e o Cuando nenhum rio pode existir. Assim pois o rio Longo, o Banienko, etc., sam traços filhos de informações erròneas.

Na longitude do Zambeze, no parallelo 15, encontrei tambem differença grande para oeste; notando-se que essa differença envolve um êrro manifesto; porque eu observava os reapparecimentos do primeiro satèlite de Jùpiter, e havendo erro da minha parte era esse erro prejudicial a mim, porque envolvia approximação da determinação de Livingstone.

Cada quatro segundos que eu visse mais tarde o reapparecimento, era uma milha mais a favor d'elle.

O que poderia produzir um erro que me afastasse da posição determinada, era eu ver o satèlite antes do reapparecimento, o que é materialmente impossivel.

O curso do Alto Zambeze, na parte em que o visitei, isto é, do parallelo 15 á cataracta de Mozi-oa-tunia, é dividido em quatro trôços perfeitamente distinctos. Do parallelo 15 (e mesmo muito mais do Norte) até pròximo do parallelo 17, é perfeitamente navegavel em tôdas as èpochas do anno.

Ahi começa a apparecer o terreno vulcànico, e com elle o basalto. E' a primeira região dos ràpidos e cataractas, onde fôra um serio obstàculo, a grande cataracta de Gonha; tudo mais com pequeno trabalho se tornava facilmente navegavel, abrindo um canal junto de uma das margens. Mesmo em Gonha, era de pequena difficuldade profundar um canalête que existe na margem esquêrda junto do caminho que segui por terra, e que vem designado na carta, por onde se escôam àguas na èpocha das cheias.

Da ùltima cataracta, Catima-Moriro, até á confluencia do Cuando, torna o rio a ter uma navigabilidade facil.

D'ahi para jusante novos ràpidos vam terminar na enorme cataracta de Mozi-oa-tunia, e essa região não poderá nunca ser aproveitada como via importante, porque uma sèrie de abismos lhe corta um futuro melhoramento qualquér quanto a navegação.

No valle do Alto Zambeze ha terrenos productivos e ferteis. Vastas pastagens alimentam milhares de rêzes nos valles, acima e abaixo da região das cataractas. Na região montanhosa ha a môsca Zê-zê, e torna-se difficil passar os gados de Lialui ao Quisseque.

Contudo, a môsca está concentrada nas florestas da região das cataractas, e para leste do Barôze não existe, porque os povos Chuculumbes sam grandes pastôres.

O valle do Alto Zambeze, cheio de belleza, fertil e rico, exhala do seu seio envôlto nos aromas das suas flôres o miasma pestilente. Os Macololos fôram dizimados pelas febres, e quando as azagaias do rei Chipópa libertáram o paiz dos ùltimos conquistadores, já o clima tinha feito a sua obra de destruição.

Os Bihenos, que resistem ás febres de quasi tôdos os paizes Africanos que visitam, sam fulminados pelos miasmas do Zambeze.

No paiz entre o Bihé e o Zambeze, onde as caravanas se demoram muito tempo a permutar cêra, é rarissimo haver um caso de febre no gentio Biheno; àlém da planicie do Nhengo, multiplicam-se as sepulturas d'elles.

Verissimo, indìgena e possuindo uma organização refractaria ao miasma, Verissimo, que nunca em sua vida estivera doente, não pôde escapar ao clima do Barôze, e vímos no capìtulo antecedente ser elle prostrado pêla febre. Eu mesmo, que resisto bastante ás endemias Africanas, sentia respirar a morte com o ar que respirava ali.

Esta verdade, se tivera sido apregoada ha mais tempo, teria poupado a vida á familia Elmore, que só d'abeirar-se ao paiz succumbio; porque o clima na região do Quisseque, e da confluencia do Cuando até Linianti, não tem melhores condições de salubridade do que o Barôze.

Cumpro um dever falando bem alto a linguagem da verdade a respeito de um paiz que está merecendo a attenção da Europa.

Ahi fica ella, e salva está a minha responsabilidade de informador consciencioso, para todas as desgraças, que aquella voragem ainda ha de causar aos que não crerem.

¿Será por isso o Lui um paiz de que se dêva fugir e ao qual ninguem se deverá abeirar? Não é, e eu vou procurar demonstrar, que elle deve merecer uma séria attenção, não só á Europa em geral, como muito particularmente a Portugal.

A Àfrica Austral, entre os parallelos 12 e 18, tem uma largura media de dois mil e seiscentos kilòmetros, e a partilha das àguas para as duas costas faz-se a um quinto d'esta extensão, junto á Costa de Oeste; porque se faz pròximo do meridiano 18 E. Greenw., isto é, a 600 kilòmetros apenas, da Costa Oeste.

D'ahi já se lançam dois rios, cujas àguas se juntam ao Zambeze, o Lungo-é-ungo e o Cuando.

Antes de vermos a importancia d'estes dois cursos d'àgua, estudemos o proprio rio gigante, aquelle que bebe as àguas de tôdo o planalto Africano ao sul do parallelo 12 até ao parallelo 20, e a leste do meridiano 18.

O Zambeze divide-se naturalmente em tres grandes trôços perfeitamente distinctos:

O alto curso, o curso medio, e o curso inferior.

O Alto Zambeze comprehende o rio desde as suas nascentes, ainda ignotas, até á sua grande Cataracta Mozi-oa-tunia.

O curso medio estende-se desde Mozi-oa-tunia aos ràpidos de Cabrabassa; e o Baixo Zambeze d'ahi ao Mar Indico.

Vejamos agora quaes sam as condições de navigabilidade de cada uma d'estas partes do rio, e qual a sua importancia relativa, e a dos seu affluentes.

Já n'este mêsmo capìtulo descrevi as condições do Alto Zambeze e por isso começarei por tratar do seu curso medio.

Conta elle de Mozi-oa-tunia a Cabrabassa uma extensão de 460 milhas geogràphicas, ou de 828 kilòmetros, e divide-se em duas regiões perfeitamente distinctas, a superior e a inferior, cada uma das quaes é extensa de 230 milhas, ou 414 kilòmetros.

A região superior, que principia na grande cataracta e termina nos ràpidos de Cariba, não tem importancia como via navegavel, nem pelos affluentes que recebe, todos pequenos e inaproveitaveis á navegação.

Tem esta região alguns trôços navegaveis, mas em pequenas extensões, e logo interrompidos com ràpidos. A segunda parte do curso medio, de Cariba a Cabrabassa, está em condições bem differentes, tanto por offerecer uma facil navigabilidade como por os importantes affluentes que recebe do Norte. De um d'estes affluentes me occuparei em breve.

O Baixo Zambeze, de Cabrabassa ao mar, conta uma extensão de 310 milhas geogràphicas, ou 560 kilòmetros, onde apenas poucas milhas sam occupadas pelas cachoeiras de Cabrabassa; sendo o resto do curso navegavel, ainda que em más condições, por falta de àgua na estação estia.

Esta parte do rio, mesmo nas más condições em que está da confluencia do Chire a Tete, é ainda uma grande via por onde se faz todo o commercio do interior com Quelimane. Recebe elle um affluente importante, o Chire, magnìfico rio, que da sua foz a Chibisa, não tem cataractas, sendo perfeitamente navegavel. O Chire que vem do Norte, no seu têrço medio corre a S.E. quasi parallelamente ao Zambeze; e por isso de Chibisa a Tete apenas medea uma distancia de 65 milhas geogràphicas, ou 117 kilòmetros, em erreno pouco accidentado, e que hoje, sem caminhos, se vence facilmente a pé em cinco dias.

Esta circunstancia é muito para merecer a attenção; porque, sendo o rio Zambeze pobre em profundidade da foz do Chire a Tete, não o é do Mazaro ao mar; e assim, navegando-se por elle e pelo Chire até Chibisa, chegamos a 5 dias de jornada a pé, de Tete, com toda a rapidez que nos podem proporcionar aquellas magnìficas vias. Os 117 kilòmetros que separam Chibisa de Tete, podem ser vencidos em um dia com uma simples estrada de rodagem, e em tres horas com uma ferrovial.

Estam pouco ou nada estudados os ràpidos de Cabrabassa, e não faço idéa até que ponto elles constituem um sério obstàculo á navegação, e se com pequeno ou grande trabalho se poderia remover esse obstàculo.

Sei porem, que a região que elles occupam é pouco extensa, o que já constitue uma vantagem indiscutivel.

Voltemos ao curso medio do Zambeze.

Recebe elle pelo norte dois importantes rios, o Aruangua do norte, e o Cafucué.

O primeiro, em cuja foz assentou outrora a importante e commercial villa do Zumbo, cujas ruinas attestão até que ponto a ouzadia Portugueza, ia fundar os seus mercados, introduzindo a civilisação e o commercio nas mais remotas terras Africanas, é um rio volumoso em àguas, mas, (dizem os sertanejos Portuguezes) muito cortado de cataractas.

Seria contudo importantissimo o seu estudo, ainda que não lhe vejo a mesma importancia que tem o outro rio, o Cafucué, de que vou falar.

Os pombeiros Bihenos passam ao norte do Lui, atravessam o paiz dos Machachas, e encontram um rio enorme a que elles chamam o Loengue. Esse rio é percorrido por elles nas suas viagens de tràfico, que o sobem até ás origens, e descem até á foz, onde toma o nome de Cafucué.

Alguns dos que estavam comigo fizéram muitas vezes essa viagem, e raro é o Biheno que não tenha estado em Caiuco.

Miguel, o meu caçador de elefantes, de quem mais de uma vez falei no correr da minha narrativa, passou dois annos n'aquelle paiz caçando elefantes, e muitas vezes percorreu o rio embarcado de Caiuco a Semalembue; isto é uma distancia que eu calculo grosseiramente em 220 milhas geogràphicas, ou 400 kilòmetros.

De Lialui a Caiuco deve a distancia ser de 220 kilòmetros, porque é facilmente vencida pelos Luinas em dez dias, havendo exemplos de ter muitas vezes sido ganha em 8 e 7. Em virtude d'estes dados, lancemos um ràpido golpe de vista ao estudo que temos feito do Zambeze, e reconheceremos que, n'uma extensão de 900 milhas geogràphicas, ou 1620 kilòmetros, seguindo pelo Zambeze, Chiri-Tete, Cafucué ou Loengoe, a Caiuco e Lialui, temos apenas 18 dias de caminho por terra, 5 de Chibisa a Tete, 3 de Cabrabassa, e 10 de Caiuco a Lialui; representando uma extensão de 400 kilòmetros, e por isso sendo aproveitados 1220 kilòmetros de vias fluviaes perfeitamente navegaveis.

Voltemos agora ao Alto Zambeze, e vejamos quaes as suas circunstancias com relação aos seus affluentes. De um sabemos nos já que é navegavel, o Cuando, mas sabemos tambem, que elle desàgua entre duas regiões de cataractas; o que o isola das partes importantes do curso do Zambeze.

Mas da região que está entre a sua foz e o Lui, já disse qua não vejo impossibilidade de ser facilmente tornada em via aproveitavel; e logo que assim seja, e mesmo agora, poderìamos descer do Lui, e subir pelo Cuando até perto do meridiano 18.

Contudo, outro rio poderia fornecer-nos o meio de attingir aquelle ponto mais directa e facilmente, se fôsse navegavel.

Era elle o Lungo-é-ungo.

O Lungo-é-ungo é a grande estrada dos Bihenos para o Alto Zambeze, e por isso muito conhecido d'elles. Affirmam-me, que não tem cataractas, e não deve tel-as, correndo em terreno igual ao do Cuando e do Ninda.

O seu desnivelamento é de 400 metros em 540 kilòmetros de curso.

Dizem os Bihenos, e affirmáram-me os naturaes, sempre que andei pròximo d'esse rio, que elle não tem cataractas, como já disse, mas que por vezes a sua corrente é muito violenta, sendo preciso puxar as canôas á cirga. Sendo isto verdade, como supponho, chegarìamos do Mar Indico, quasi á Costa de Oeste d'Àfrica, apenas com 18 dias de caminho por terra, a pé! Isto é, em uma extensão superior a dois mil kilòmetros, apenas terìamos de caminhar em terra 400!

A exploração do Loengue ou Cafucué e a de rio Lungo-é-ungo sam hoje das mais importantes a emprehender na Àfrica Austral, e sam relativamente faceis e pouco custosas.

Não pude deixar de chamar a attenção para este ponto, que resolve o problema da facil communicação entre as duas costas.

Já vam longas estas divagações, em um capìtulo onde eu apenas tencionava apresentar os meus trabalhos geogràphicos e meteorològicos.

Nas seguintes pàginas vai publicado d'esses trabalhos, o que eu julguei mais interessante para alguns leitores.

A's observações iniciaes de astronomia que me déram a determinação dos pontos do meu caminho, seguem-se aquellas que me premitíram fazer o relêvo do continente.

Vêm depois as notas meteorològicas, com interrupções inevitaveis quando se é só a fazer um trabalho tal.

Constam ellas de dois boletins, que registam as observações feitas 0 h. 43 m. de Greenwich, e ás 6 horas da manhã do logar em que me achava, hora a que dava corda aos chronòmetros.

O estudo d'esses boletins mostra sempre a grande uniformidade das oscillações baromètricas, e as enormes desigualdades de temperatura e de humidade do ar nos paizes a que se referem.

Vê-se tambem, que os ventos reinantes sam do quadrante Este em todo o paiz do Bihé ao Zambeze.

Como já tive occasião de dizer, e bem se comprehende ao ler a minha narrativa, não pude fazer collecções naturalistas, e apenas, aproveitando muito pouco papél de que podia dispor, levei das nascentes do rio Ninda algumas plantas, que estam em poder do Snr. Conde de Ficalho, para serem estudadas, e onde parece já terem apparecido algumas especies novas.

E' opinião do Snr. Conde de Ficalho, que o cereal muito cultivado entre os Quimbandes e Luchazes, a que eu chamo *Massango,* e erradamente chamei Alpiste, é uma especie de *Penicillaria,* a que chamavam outrora os botànicos *Penicetum typhoideum.*

Aquelle que eu designo com o nome de *Massamballa* é o *Sorghum.*

QUADRO DAS OBSERVAÇÕES ASTRONÒMICAS PELO MAJOR SERPA PINTO DO RIO CUANZA AO ZAMBEZE.

Anno de 1879.		Logares onde observei.	Hora dos Chronòmetros.	Estado para Greenwich.	Natureza da Observação.	Dupla altura do astro.	Latitude Sul.	Longitude em tempo.	Erro do instrumento.	Nº. de Obs.	Resultados.	
			H. M. S.	H. M. S.		° ′ ″	° ′	H. M.	′ ″			° ′
Junho	17	Mavanda	..	..	Altura Mer. ⊙	107 32 20	..	1 9	−0 40	1	Latitude	12 35 S.
,,	,,	,,	9 12 39	+3 47 18	Chron. ⊙	83 45 10	12 35	..	−0 35	3	Longitude	17 26 E.
,,	,,	,,	5 53 44	+3 47 4	,, ☽	70 33 10	12 35	..	,,	1	Diff. do Chron.	4h. 57m. 6s.
,,	,,	,,	5 37 55	..	Eclipse do 1º satèlite de Jup.	..	..	..	..	..	Long.	17°30′ E.
,,	22	,,	9 25 38	+3 47 48	Chron. ⊙	79 30 16	12 35	..	−0 50	3	,,	17 30 E.
,,	24	Rio Onda	..	..	Altura Mer. ⊙	107 24 10	..	1 10	−0 30	1	Lat.	12 37 S.
,,	,,	,,	8 57 0	+3 47 54	Chron. ⊙	88 24 20	12 37	..	−0 25	1	Long.	17 45 E.
,,	25	,,	..	..	Altura Mer. ⊙	107 25 30	..	1 10	−0 30	1	Lat.	12 38 S.
,,	26	,,	9 42 53	+3 48 10	Chron. ⊙	73 18 40	12 37	..	−0 40	1	Long.	17 46 E.
,,	30	1·5 milha a O. do rio Cuito	..	..	Altura Mer. ⊙	107 31 20	..	1 12	,,	1	Lat.	12 48 S.
,,	,,	,,	9 3 51	+3 43 46	Chron. ⊙	86 4 24	12 48	..	,,	5	Long.	18 7 E.
Julho	2	Alem do Cuito	..	..	Altura Mer. ⊙	107 35 50	..	1 12	,,	1	Lat.	12 54 S.
,,	3	,,	0 29 32	+3 49 7	Chron. ☽	83 23 30	12 57	..	−0 40	3	Diff. para o logar	5h. 2m. 45s.
,,	,,	,,	3 53 7	..	Eclipse do 1º satèlite de Jup.	..	..	..	..	..	Long.	18°23′ E.
,,	4	Cambimbia	..	..	Altura Mer. ⊙	107 50 0	..	1 13	−0 40	1	Lat.	12 56 E.
,,	,,	,,	8 56 46	+3 49 15	Chron. ⊙	86 38 40	12 56	..	,,	3	Long.	19 41 E.
,,	,,	,,	..	..	Altura Mer. ⊙	107 50 20	..	1 14	,,	1	Lat.	12 56 S.
,,	,,	,,	8 55 26	+3 49 15	Chron. ⊙	87 3 47	12 56	..	,,	4	Long.	19 41 E.
,,	6	Cambuta	..	..	Altura Mer. ⊙	108 9 0	..	1 15	,,	1	Lat.	12 58 S.
,,	,,	,,	9 0 2	+3 49 31	Chron. ⊙	87 3 50	12 58	..	,,	3	Long.	18 43 E.
,,	7	,,	..	..	Altura Mer. ⊙	108 22 0	..	1 15	,,	1	Lat.	12 58 S.
,,	,,	,,	9 10 14	+3 49 39	Chron. ⊙	83 57 36	12 58	..	,,	3	Long.	18 45 E.
,,	10	Nascente do Cuando	..	..	Altura Mer. ⊙	109 2 0	..	1 16	,,	1	Lat.	12 59 S.
,,	11	,,	8 53 23	+3 50 24	Chron. ⊙	89 36 30	12 58	..	,,	3	Long.	18 57 E.
,,	,,	,,	..	..	Altura Mer. ⊙	109 16 50	..	1 16	,,	1	Lat.	12 59 S.
,,	14	Nascente do Cubangui	..	..	,,	109 43 40	..	1 18	,,	1	,,	13 12 S.
,,	,,	,,	9 11 11	+3 50 54	Chron. ⊙	83 33 16	13 12	..	,,	3	Long.	19 27 E.
,,	17	Cangamba	9 2 40	+3 51 24	,,	86 1 40	13 38	..	−0 50	3	,,	19 41 E.
,,	18	,,	..	..	Altura Mer. ⊙	110 9 20	..	1 19	,,	1	Lat.	13 38 S.
,,	19	,,	..	..	,,	110 30 50	..	,,	,,	1	,,	13 38 S.

CONTINUAÇÃO DO QUADRO DAS OBSERVAÇÕES ASTRONÒMICAS PELO MAJOR SERPA PINTO DO RIO CUANZA AO ZAMBEZE.

Anno de 1879.		Logares onde observei.	Hora dos Chronòmetros.	Estado para Greenwich.	Natureza da Observação.	Dupla altura do astro.	Latitude Sul.	Longitude em tempo.	Erro do instrumento.	Nº. de Obs.	Resultados.	
			H. M. S.	H. M. S.		° ′ ″	° ′	H. M.	′ ″			° ′
Julho	19	Cangamba	9 5 8	+3 51 44	Chron. ⊙	85 41 33	13 33	..	−1 50	3	Long.	19 41 E.
,,	23	,,	9 9 29	+3 51 56	Azimuth 26° 15′	84 42 30	,,	..	−0 20	1	Variação	18 22 O.
,,	,,	Margem Direita do Cubangui	4 49 47	+3 52 5	Chron. ⊙	87 48 50	13 48	..	−0 35	3	Long.	19 42 E.
,,	,,	,,	4 52 5	+3 52 5	,,	88 37 27	,,	..	,,	3	,,	19 44 E.
,,	,,	,,	..	..	Altura Mer. ⊙	111 42 40	..	1 19	,,	1	Lat.	13 48 S.
,,	,,	,,	..	..	,,	112 58 40	..	,,	−1 0	1	,,	14 30 S.
,,	29	Caú-cu-hue	8 55 42	+3 52 48	Chron. ⊙	89 23 10	14 30	..	,,	1	Long.	20 19 E.
,,	,,	,,	8 58 22	+3 53 1	,,	88 28 40	,,	..	,,	1	,,	20 17 E.
,,	,,	,,	8 59 5	+3 53 1	,,	88 15 0	,,	..	,,	1	,,	20 16 E.
,,	,,	,,	8 59 42	+3 53 1	,,	88 2 20	,,	..	,,	1	,,	20 16 E.
,,	31	,,	8 45 30	+3 53 19	,,	93 16 50	,,	..	,,	1	,,	20 17 E.
,,	,,	,,	8 46 28	+3 53 19	,,	92 59 10	,,	..	,,	1	,,	20 16 E.
,,	,,	,,	8 47 27	+3 53 19	,,	92 39 40	,,	..	,,	1	,,	20 17 E.
,,	,,	,,	8 48 58	+3 53 19	,,	92 11 0	,,	..	,,	1	,,	20 15 E.
,,	,,	,,	8 50 40	+3 53 19	,,	91 36 30	,,	..	,,	1	,,	20 17 E.
,,	,,	,,	9 9 11	+3 53 49	,,	86 5 50	,,	..	−0 55	2	,,	20 15 E.
Agosto	3	,,	3 15 7	+3 53 51	,,	76 56 50	14 34	..	,,	2	Diff. para o logar 5h. 14m. 56s.	
,,	4	Margem Esquerda do Cuchibi	2 40 47	..	Eclipse do 1º satèlite de Jup.	..	..	..	..	..	Long.	20 23 E.
,,	,,	,,	..	..	Altura Mer. ⊙	116 8 10	..	1 21	−0 55	1	Lat.	14 42 S.
,,	5	Ponto onde deixei o Rio	8 53 7	+3 54 0	Chron. ⊙	91 47 53	14 42	..	,,	3	Long.	20 25 E.
,,	,,	,,	..	..	Altura Mer. ⊙	117 21 40	..	1 21	,,	1	Lat.	14 39 S.
,,	7	Rio Chicului	9 0 6	+3 54 16	Chron. ⊙	89 44 50	14 42	..	,,	3	Long.	20 38 E.
,,	,,	,,	6 57 20	+3 54 41	Alt. prox. do Mer. ⊙	118 37 50	..	..	,,	1	Lat.	14 46 S.
,,	10	Nascente do rio Ninda	6 58 20	+3 54 41	,,	118 35 10	..	..	,,	1	,,	14 46 S.
,,	,,	,,	3 3 52	−2 7 56	Chron. ⊙	89 35 15	14 46	..	,,	3	Long.	20 55 E.
,,	,,	,,	..	..	Altura Mer. ⊙	119 26 20	..	1 23	−0 50	1	Lat.	14 46 S.
,,	11	,,	3 3 9	−2 7 53	Chron. ⊙	90 8 46	14 46	..	,,	3	Long.	20 56 E.
,,	,,	,,	..	..	Altura Mer. ⊙	120 33 30	..	1 25	−0 55	1	Lat.	14 48 S.
,,	13	Margem do Ninda	6 33 5 }	3 55 7	Alturas iguaes ⊙	120 17 10	..	..	,,	2	Long.	21 16 E.
,,	,,	,,	6 55 53 }									
,,	16	,,										

CONTINUAÇÃO DO QUADRO DAS OBSERVAÇÕES ASTRONÒMICAS PELO MAJOR SERPA PINTO DO RIO CUANZA AO ZAMBEZE.

Anno de 1879.		Logares onde observei.	Hora dos Chronò-metros.	Estado para Greenwich.	Natureza da Observação.	Dupla altura do astro.	Latitude Sul.	Longitude em tempo.	Erro do instrumento.	Nº. de Obs.	Resultados.	
			H. M. S.	H. M. S.		° ′ ″	° ′	H. M.	′ ″			° ′
Agosto	16	Povoação de Calomba	..	..	Altura Mer. ⊙	122 12 0	..	1 25	−0 50	1	Lat.	14 54 S.
”	”	”	6 29 36 6 54 8	+3 55 33	Alturas iguaes ⊙	121 52 10	..	..	”	2	Long.	21 41 E.
”	”	”	6 31 48 6 51 46	+3 55 33	”	121 58 50	..	..	”	2	”	21 41 E.
”	18	Povoações do Nhengo	..	..	Altura Mer. ⊙	123 15 50	..	1 23	”	1	Lat.	15 1 S.
”	”	”	8 58 21	+3 55 42	Chron. ⊙	90 53 53	15 1	..	−0 55	3	Long.	22 2 E.
”	21	Canhete	..	..	Altura Mer. ⊙	124 53 40	..	1 30	”	1	Lat.	15 11 S.
”	25	Lialui	..	..	Altura Mer. ⊙	127 34 40	..	1 30	−0 55	1	Lat.	15 13 S.
”	29	”	..	..	”	130 22 20	..	”	”	1	”	15 13 S.
Setembro	10	Catongo	..	..	”	139 8 0	..	1 31	−3 30	1	”	15 17 S.
”	12	”	3 46 19	+3 57 35	Chron. ☽	71 42 50	15 17	..	−0 20	3	Diff. para o logar	5h.30m.53s.
”	”	”	1 9 50	..	Reapparecimento do 1º sat. de Jup.	..	..	..	..	..	Long.	23° 19′ E.
”	19	”	9 6 53	+3 58 42	Chron. ⊙	91 35 43	15 17	..	−0 55	3	Diff. para o logar	5h.31m.36s.
”	”	”	3 4 9	..	Reapparecimento do 1º sat. de Jup.	..	..	..	..	1	Long.	23 15 E.
”	20	”	0 20 0	+3 58 0	Amplitude mag. 19° 40′	..	15 17	..	..	1	Variação	18 38 O.
”	21	”	6 2 0	−1 33 0	” 17° 20′	..	”	..	..	1	”	18 11 O.
”	”	”	6 0 0	−1 33 0	” 19° 10′	..	”	..	..	1	”	18 33 O.
”	22	”	5 38 0	−1 33 0	” 18° 20′	..	”	..	..	1	”	18 44 O.
Outubro	1	Sinanga	..	..	Alt. Mer. ✻ Dubuhe (α de Cygne)	58 5 0	..	..	−1 0	1	Lat.	16 8 S.
”	4	Sioma	..	..	” ”	57 5 0	..	..	”	1	”	16 37 S.
”	”	”	10 10 1	+4 0 40	Chron. ☽	86 3 30	16 37	..	−1 5	1	Long.	23 45 E.
”	9	Confluencia do Jôco	9 8 9	+4 1 30	” ⊙	89 19 3	17 7	..	−0 50	3	”	24 15 E.
”	”	”	10 42 0	−1 36 0	Altura Mer. ☽	138 30 0	..	..	−1 0	1	Lat.	17 7 S.
”	11	Cataracta de Nambué	12 3 0	−1 37 0	”	115 55 0	..	..	”	1	”	17 18 S.
”	”	”	3 48 34	+4 1 50	Chron. ☽	81 46 0	17 18	..	”	1	Long.	24 22 E.

QUADRO DAS OBSERVAÇÕES HYPSOMÈTRICAS, FEITAS DE CACONDA Á FOZ DO RIO CUANDO NO ZAMBEZE, PARA DETERMINAR O RELEVO DO CONTINENTE.

Anno de 1878.

Mez.	Dia.	Designação das localidades.	Barò-metro.	Thermò-metro.	Tempe-ratura ao niv. do mar.	Hypsò-metro.	Altitude em metros.
Fevereiro	9	Quipembe	636·0	19·6	23	95·09	1,550
„	10	Pessenge (ao nivel do rio Quando)	638·5	16·0	„	95·20	1,506
„	11	Quingolo	632·5	21·2	„	94·94	1,604
„	13	Palanca	635·0	20·3	„	95·05	1,566
„	14	Capôco	631·3	25·2	„	94·91	1,627
„	22	Quimbungo	632·0	20·9	„	94·92	1,609
„	24	Cunene (ao nivel do rio)	636·5	19·7	„	95·12	1,538
„	25	Dumbo (paiz do Sambo)	625·0	20·2	„	94·61	1,707
„	26	Burundoa	629·0	18·1	„	94·78	1,646
„	27	Gongo	631·0	18·0	„	94·88	1,613
„	„	Ao nivel do rio Cubango	635·0	25·0	„	95·05	1,579
„	28	Chindonga	633·0	18·5	„	94·96	1,589
Março .	1	Cataracta do rio Cutato dos Ganguelas . .	636·0	26·5	„	95·09	1,570
„	2	Lamupas	633 0	18·1	„	94·96	1,580
„	4	Capitão do Quingue . .	631·0	20·0	„	94·88	1,620
„	6	Rio Cuchi (ao nivel d'agua)	633·0	21·0	„	95·18	1,526
„	8	Bilanga (Vicente) (Bihé)	631·0	18·2	„	94·88	1,623
„	9	Candimba (Bihé) . .	630·0	17·8	„	94·83	1,629
„	20	Belmonte (Bihé) . .	627·6	22·6	„	94·72	1,681
Junho .	3	Commandante (Bihé) .	647·9	20·0	„	95·60	1,379
„	12	Liúica (ao niv. do Cuanza)	654·9	25·9	„	95·89	1,304
„	24	Rio Onda	650·9	22·0	„	95·72	1,347
„	30	Rio Cuito (20 metros sobre o nivel do rio) . . .	647·9	24·0	„	95·60	1,389
Julho .	2	Licócótoa	644·9	20·0	„	95·47	1,421
„	4	Cambimbia	645·9	20·0	„	95·51	1,408
„	5	Serra Cassara Cahiéra .	635·9	20·0	„	95·09	1,542
„	7	Cambuta	647·9	21·0	„	95·60	1,381
„	9	Cutangjo	650·6	21·0	„	95·51	1,348
„	11	Nascente do rio Cuando.	650·3	24·9	„	95·70	1,362
„	14	Nascente do rio Cubangui	652·6	20·0	„	95·79	1,345
„	17	Cangamba	661·0	24·0	„	96·14	1,228
„	23	Ponto onde deixei o Cubangui	664·0	23·0	„	96·27	1,193
„	30	Caú-eu-hue (Cuchibi) .	666·0	27·7	„	96·35	1,154
Agosto .	5	Ponto onde deixei o rio Cuchibi	669·0	25·0	„	96·47	1,133
„	7	Rio Chicului	669·0	24·9	„	96·47	1,133
„	11	Nascente do rio Ninda .	667·0	28·3	„	96·40	1,143
„	18	Planicie do Nhengo . .	677·3	28·1	„	96 81	1,012
„	25	Lialui	676·5	27·0	„	96·78	1,018
Setembro	15	Catongo	677·4	32·6	„	96·81	1,027
Outubro .	5	Sioma	..	20·0	„	96·80	999
„	9	Foz do rio Jôco . . .	679·0	20·0	„	96·88	974
„	16	Quisseque	..	22·0	„	96·96	952
„	18	Confluencia do Quando .	..	37·5	„	97·08	940
„	21	Povoação de Embarira .	681·0	37·4	„	96·96	979
Novembro	21	Mozi-oa-tunia . . .	694·0	27·0	„	97·48	795

BOLETIM METEOROLÒGICO FEITO A $0^h. 43^m.$ DE GREENWICH.

Anno de 1878.

Mez.	Dia.	Barò-metro.	Thermòmetro centìgrado.		Mìnima aproxi-mada.	Direcção do vento.	Estado da atmosphera.
			Seco.	Molhado.			
Maio	1	629·8	21·5	18·4	..	E. fraco .	Alguns cirros.
„	2	630·0	22·7	19·8	..	E. forte. .	Nublado.
„	3	630·0	22·1	19·1	..	E. fraco .	Limpo.
„	4	629·9	22·5	19·4	..	„	„
„	5	630·0	22·3	19·1	..	„	„
„	6	630·0	22·0	19·3	..	„	„
„	7	629·7	22·4	19·3	..	O.S.O. fraco	„
„	8	630·0	22·5	19·8	..	Calma . .	„
„	9	629·2	20·5	16·6	..	„	„
„	10	629·8	20·2	16·4	..	N.E. fraco .	Algumas nuvens.
„	11	630·0	20·8	16·9	..	E.N.E. . .	„
„	12	630·5	21·0	17·5	..	E.N.E. forte	Nublado.
„	13	630·2	20·6	16·4	..	„	Limpo.
„	14	630·5	20·5	16·7	..	E.M^to^. forte	„
„	15	630·5	20·3	16·8	..	„	„
„	16	630·2	21·5	17·7	..	Calma . .	„
„	17	630·6	22·0	18·9	..	E. moderado	Alguns cirros.
„	19	630·5	21·9	18·7	..	„	Limpo.
„	20	630·6	21·8	18·9	..	„	„
„	21	630·7	20·9	17·6	..	E. forte .	„
„	22	630·2	20·8	17·9	..	Calma . .	„
„	28	645·1	22·5	17·4	..	„	„
„	29	644·9	23·1	18·1	..	E. fraco .	„
„	30	642·7	23·2	18·1	+ 5·3	E.S.E. . .	„
„	31	642·1	23·9	18·0	+ 7·0	„	„
Junho	1	642·1	23·4	19·0	+ 6·0	Calma . .	„
„	2	642·8	23·0	18·8	+ 5·0	„	„
„	3	643·0	22·9	18·1	+ 2·8	E.S.E. . .	„
„	4	643·1	23·7	19·2	+ 5·0	E. forte .	„
„	5	643·0	23·3	19·0	+ 7·0	Calma . .	„
„	6	643·2	25·2	19·9	+ 4·0	E. fraco .	„
„	7	645·1	24·1	19·7	+ 6·0	E.S.E. . .	„
„	8	650·0	22·4	18·3	+ 0·2	S. fraco .	„
„	9	648·4	24·5	21·8	+ 0·7	Calma . .	„
„	10	650·6	24·7	21·7	+ 3·0	„	„
„	11	650·5	24·9	21·5	+ 6·0	„	„
„	12	650·6	24·5	21·2	+ 5·0	E.S.E. . .	„
„	13	650·1	24·9	21·9	+ 4·0	„	„
„	14	643·1	25·1	18·7	+ 7·0	Calma . .	„
„	15	643·1	24·9	19·0	+10·0	„	„
„	16	642·8	25·0	19·1	+ 7·0	E.S.E. . .	„
„	17	642·8	24·8	19·7	+ 8·0	S. fraco .	„
„	18	642·6	24·8	19·5	+ 9·0	„	„
„	19	642·4	25·1	19·4	+ 5·0	Calma . .	„
„	20	641·6	24·9	19·8	+ 4·0	„	„
„	21	641·2	25·2	18·2	+ 7·0	„	„
„	22	641·0	24·8	17·6	+ 6·0	„	Ceo limpo.
„	23	646·2	23·9	16·1	+ 5·0	E. forte .	„
„	24	646·0	25·4	15·2	+ 3·0	„	„

CONTINUAÇÃO DO BOLETIM METEOROLÒGICO FEITO A 0^h. 43^m. DE GREENWICH.

Anno de 1878.

Mez.	Dia.	Baròmetro.	Thermòmetro centìgrado.		Minima aproximada.	Direcção do vento.	Estado da atmosphera.
			Seco.	Molhado.			
Junho	25	645·8	25·7	15·6	+2·0	E. forte .	Ceo limpo.
»	26	645·0	25·3	15·0	−0·7	»	»
»	27	644·9	24·5	15·2	−1·3	»	»
»	28	643·7	26·1	18·7	+1·1	Calma . .	»
»	29	642·8	26·7	18·6	+3·7	»	»
»	30	640·3	27·2	18·0	+1·8	E. fraco .	»
Julho	1	641·5	27·1	18·7	+2·6	»	»
»	2	639·1	26·7	18·9	+0·7	E. forte .	»
»	3	640·1	24·1	16·9	+1·0	»	»
»	4	639·5	23·8	12·3	+2·5	»	»
»	5	642·0	23·6	15·6	..	E. fraco .	»
»	6	643·0	23·0	16·5	+0·7	E. forte .	»
»	7	644·0	24·0	17·9	−0·1	E. fraco .	»
»	8	642·9	23·7	17·2	+2·5	»	»
»	9	644·8	24·5	17·1	..	E. forte .	»
»	10	645·0	24·9	17·8	..	E.S.E. . .	»
»	11	644·0	25·7	18·4	..	»	»
»	12	650·0	24·3	17·1	−0·1	E. fraco .	»
»	13	651·0	26·2	18·5	+0·1	Calma . .	»
»	14	646·8	23·1	16·9	+2·1	E. fraco .	»
»	15	651·9	22·7	16·5	+2·7	Calma . .	Nuvens (cirros).
»	16	652·0	23·1	16·9	+3·1	»	»
»	17	651·7	27·4	21·9	..	»	Ceo coberto.
»	18	651·8	27·6	22·4	+7·6	»	»
»	19	652·0	28·4	19·9	+9·0	»	Algumas nuvens (cirros).
»	20	651·4	29·5	18·0	+5·0	»	Extractos e cirros.
»	21	652·2	28·2	17·5	+2·0	E. forte .	Ceo limpo.
»	23	655·9	26·8	15·4	..	E. fraco .	»
»	24	655·1	27·5	15·9	..	E. forte .	»
»	26	657·0	28·1	16·1	−1·5	S.E. forte .	»
»	27	658·0	30·1	17·6	+1·8	»	»
»	28	658·3	30·6	18·1	+3·2	»	»
»	29	657·7	31·4	16·2	+4·0	N.N.E.. .	»
»	30	657·5	30·7	16·8	+3·7	Calma . .	»
»	31	657·4	29·2	18·9	+8·7	S.E. fraco .	»
Agosto	1	658·0	29·0	18·1	+5·1	Calma . .	»
»	2	657·8	30·3	18·1	+1·2	S.E. fraco .	»
»	3	658·6	31·5	17·9	+3·4	»	»
»	4	660·0	30·2	18·4	+4·1	E. forte .	»
»	5	659·5	30·8	17·7	+3·0	E.S.E. forte	Algumas nuvens (cirros).
»	6	660·1	30·7	17·1	+1·9	»	Limpo.
»	7	660·2	31·0	16·8	+2·1	»	»
»	8	661·6	31·1	17·0	+1·5	E. forte .	»
»	9	658·5	30·4	17·3	+2·0	»	Ceo limpo.
»	10	657·0	31·2	14·5	+1·0	»	»
»	11	655·2	28·8	13·6	+2·9	»	»
»	12	660·0	28·2	14·3	+2·3	»	»
»	13	662·6	28·5	14·1	+2·3	»	»

Continuação do Boletim Meteorològico feito a 0^h. 43^m. de Greenwich.

Anno de 1878.

Mez.	Dia.	Baròmetro.	Thermòmetro centìgrado. Seco.	Thermòmetro centìgrado. Molhado.	Minima aproximada.	Direcção do vento.	Estado da atmosphera.
Agosto	14	664·1	28·1	14·2	+ 3·0	E. forte .	Ceo limpo.
"	16	667·5	28·7	14·4	+ 2·7	"	"
"	17	668·3	28·4	14·5	+ 3·7	"	"
"	18	668·5	28·3	14·9	+ 3·1	Calma . .	"
"	19	667·8	30·0	15·1	+ 4·4	E.N.E. . .	"
"	20	663·5	33·2	16·8	+ 3·9	N.N.E. . .	"
"	21	668·2	27·4	14·8	+ 9·6	E.N.E. . .	"
"	22	667·9	29·3	14·5	..	E. forte .	"
"	23	668·5	30·5	19·2	+14·0	"	"
"	29	668·7	34·9	15·7	..	E.N.E. forte	"
"	30	668·2	35·2	15·6	..	"	"
"	31	668·9	35·1	16·4	..	"	"
Setembro	1	668·1	30·7	15·9	..	"	"
"	2	668·5	29·1	15·7	..	"	"
"	3	668·0	34·8	17·9	+ 7·0	"	"
"	4	667·0	34·8	19·2	+ 6·0	"	"
"	5	667·9	32·1	17·6	+ 5·8	"	"
"	6	668·0	32·7	16·4	+ 9·0	"	"
"	7	668·1	33·0	17·5	..	"	"
"	8	668·0	33·5	19·3	+ 7·0	"	"
"	10	668·5	32·3	20·8	+14·0	"	"
"	11	668·3	33·2	19·7	..	"	"
"	12	668·1	33·8	20·4	..	"	"
"	13	667·7	34·2	18·8	..	"	"
"	14	667·4	35·4	18·1	..	"	"
"	15	667·3	35·9	17·4	..	"	"
"	17	667·8	35·3	16·8	..	E. forte .	"
"	18	666·5	36·4	18·7	..	"	" Grande orvalho de noute.
"	19	668·2	34·5	16·8	..	"	" "
"	20	668·0	32·8	21·4	..	"	Alguns cirros, muito orvalho.
"	21	668·5	32·3	23·7	..	E. fraco .	Nublado, cumulos.
"	22	669·0	33·0	19·7	..	E. forte .	" "
"	25	666·8	36·2	22·1	..	E.S.E. . .	Cumulos, muito orvalho.
"	26	667·0	35·4	20·1	..	"	" "
"	29	666·0	34·7	21·8	..	"	" "
"	30	665·0	30·8	23·0	..	"	" "
Outubro	1	668·2	34·2	22·1	..	E. forte .	Limpo, muito orvalho.
"	2	668·2	34·2	23·3	..	"	" "
"	3	667·8	31·9	23·4	..	"	" "
"	4	667·6	34·0	24·5	..	"	Nublado.
	5	667·9	33·5	24·6	..	"	"
"	6	668·8	34·1	23·4	..	E.S.E. . .	"
"	7	670·0	35·9	28·7	..	"	" Grande trovada.
"	8	670·0	34·8	26·5	..	E. fraco .	Nublado.
"	9	670·8	37·1	23·3	..	"	"

Estudo das Oscillações diurnas do Barómetro, feito de 3 em 3 horas.
Catongo (Alto Zambeze). Altitude 1,027 metros.

Anno de 1878.

Mez.	Dia.	6 horas.		9 horas.		Meio-dia.		3 horas.		6 horas.	
		Baròmetro.	Thermòmetro.	Baròmetro.	Thermòmetro.	Baròmetro.	Thermòmetro.	Baròmetro.	Thermòmetro.	Baròmetro.	Thermòmetro.
Setembro	17	670·6	19·2	671·3	30·2	669·3	35·1	667·5	34·4	668·3	27·3
„	18	670·0	19·7	670·6	31·9	668·8	35·7	660·0	36·0	667·3	30·4
„	19	670·7	21·1	671·5	28·0	669·5	34·6	667·5	33·7	668·4	27·8
„	20	670·6	18·0	671·4	26·5	669·0	31·5	667·5	32·7	668·4	29·1
„	21	670·0	19·8	671·3	27·2	669·5	33·8	668·0	33·0	668·5	29·0
„	22	671·5	21·5	672·0	28·5	670·3	32·8	668·5	32·9	669·0	31·2

Estudo do Estado Hygromètrico da Atmosfera, feito de 3 em 3 horas.
Catongo (Alto Zambeze).

Anno de 1878.

Mez.	Dia.	6 horas.		9 horas.		Meio-dia.		3 horas.		6 horas.	
		Thermòmetro centìgrado.		Thermòmetro centìgrado.		Thermòmetro centìgrado.		Thermòmetro centìgrado.		Thermòmetro centìgrado.	
		Seco.	Molhado.	Seco.	Molhado.	Seco.	Molhado.	Seco.	Molhado.	Seco.	Molhado.
Setembro	18	19·7	15·0	31·9	16·6	35·7	18·1	36·0	15·9	30·4	14·2
„	19	21·1	10·5	28·0	13·4	34·6	15·0	33·7	19·2	27·8	15·0
„	20	18·0	13·9	26·5	18·3	31·5	20·5	32·7	22·3	29·1	18·5

BOLETIM METEOROLÒGICO FEITO ÁS 6 HORAS DA MANHÃ (HORA MÉDIA DO LOGAR).
Anno de 1878.

Mez.	Dia.	Baròmetro.	Thermò-metro.	Mez.	Dia.	Baròmetro.	Thermò-metro.
Fevereiro	9	626·0	19·6	Junho	23	641·0	7·9
„	10	628·5	16·0	„	24	646·9	4·6
„	11	622·5	21·2	„	25	646·1	3·6
„	12	623·0	20·4	„	26	645·2	1·8
„	13	625·0	20·3	„	27	645·0	1·9
„	14	622·0	15·8	„	28	644·0	2·1
„	15	621·0	16·0	„	29	644·0	3·6
„	16	622·3	16·5	„	30	643·0	4·1
„	17	622·5	18·8	Julho	1	643·0	4·1
„	18	622·5	20·0	„	2	642·5	5·8
„	19	620·0	19·5	„	3	640·1	1·8
„	20	622·0	20·0	„	4	641·1	3·1
„	21	622·5	17·2	„	5	641·0	3·4
„	22	622·0	20·9	„	6	643·8	1·4
„	23	621·5	21·2	„	7	643·2	0·7
„	24	618·5	17·3	„	8	644·0	1·4
„	25	615·0	20·2	„	9	643·5	2·5
„	26	619·0	18·1	„	10	645·2	2·3
„	27	621·0	18·0	„	11	645·2	2·2
„	28	623·0	19·5	„	12	645·0	2·3
Março	1	623·0	18·2	„	13	650·0	1·5
„	2	623·0	18·1	„	14	651·5	1·8
„	3	617·0	16·6	„	15	647·3	3·7
„	4	620·0	18·5	„	16	652·3	5·0
„	5	621·5	20·0	„	17	652·6	7·1
„	6	621·5	18·2	„	18	654·0	11·2
„	7	619·0	17·7	„	19	653·4	13·7
„	8	621·0	18·2	„	20	653·3	9·3
„	9	620·0	17·8	„	21	654·9	6·1
Maio	28	645·0	12·6	„	22	655·2	5·1
„	29	644·8	14 2	„	23	657·8	5·0
„	30	642·3	9·4	„	24	657·0	5·9
„	31	642·0	10·0	„	25	656·0	6·0
Junho	1	641·9	12·2	„	26	658·0	5·4
„	2	643·0	9·9	„	27	658·9	1·7
„	3	643·2	8·6	„	28	659·5	4·6
„	4	643·0	10·0	„	29	660·3	4·6
„	7	645·0	11·4	„	30	660·0	7·2
„	8	649·8	5·8	„	31	659·3	14·9
„	9	648·5	5·1	Agosto	1	661·0	8·8
„	10	651·0	6·5	„	2	660·7	4·8
„	11	650·8	9·1	„	3	661·5	5·7
„	13	650·0	7·1	„	4	662·3	8·8
„	14	650·0	8·0	„	5	661·7	8·7
„	15	643·0	11·2	„	6	662·0	5·6
„	16	642·9	9·2	„	7	662·1	4·9
„	17	643·0	11·5	„	8	663·4	2·6
„	18	642·9	11·9	„	9	663·6	3·5
„	19	642·6	7·4	„	10	660·5	3·8
„	20	641·2	6·8	„	11	658·0	6·4
„	21	641·5	9·1	„	12	657·2	4·9
„	22	641·5	9·7	„	13	662·0	4·5

Continuação do Boletim Meteorològico feito ás 6 horas da manhã.

Anno de 1878.

Mez.	Dia.	Baròmetro.	Thermò-metro.	Mez.	Dia.	Baròmetro.	Thermò-metro.
Agosto	14	664·8	5·8	Setembro	16	672·0	18·6
"	15	666·5	5·9	"	17	670·6	19·2
"	16	669·2	6·5	"	18	670·0	19·7
"	17	670·0	6·9	"	19	670·7	21·1
"	18	670·2	9·3	"	20	670·6	18·0
"	19	670·0	8·5	"	21	670·0	19·8
"	20	667·0	10·2	"	22	671·0	21·5
"	21	666·0	12·2	"	23	671·0	22·2
"	22	669·4	18·8	"	24	670·0	21·7
"	23	669·0	20·0	"	25	669·0	15·4
"	24	670·0	16·0	"	26	668·8	15·7
"	25	670·0	14·5	"	27	668·8	12·6
"	26	671·0	13·7	"	28	669·0	18·0
"	27	671·2	15·0	"	29	668·6	21·0
"	28	672·3	14·0	"	30	669·9	19·2
"	29	671·0	15·0	Outubro	1	668·5	17·1
"	30	671·0	14·8	"	2	670·0	18·8
"	31	670·6	12·1	"	3	670·6	16·1
Setembro	1	670·0	16·1	"	4	671·0	12·5
"	2	670·0	13·7	"	5	671·5	15·7
"	3	670·0	11·3	"	6	670·0	16·2
"	4	670·0	10 0	"	7	672·0	21·8
"	5	670·5	13·2	"	8	673·5	23·1
"	6	670·0	16·2	"	9	673·0	15·3
"	7	669·6	13·6	"	10	673·0	19·6
"	8	670·0	12·3	"	12	672·0	20·7
"	9	671·3	4·1	"	13	674·0	22·7
"	10	670·0	19·4	"	14	676·0	21·8
"	11	669·0	20·3	"	15	675·0	19·1
"	12	678·1	19·8	"	16	674·3	21·7
"	13	669·0	20·5	"	17	673·0	21·2
"	14	670·2	14·7	"	18	676·0	21·2
"	15	671·0	19·2				

SEGUNDA PARTE.

A FAMILIA COILLARD.

COMO EU ATRAVESSEI ÁFRICA.

SEGUNDA PARTE.—A FAMILIA COILLARD.

CAPÌTULO I.

EM LEXUMA.

Prêso em Embarira—O Doutor Benjamin Frederick Bradshaw—O campo do Doutor—O Pão—Graves questões—Os chronômetros não param—Francisco Coillard—Lexuma—As damas Coillard—Doença grave—Receios e irresoluções—Chegada do missionario—Tomo uma decisão—Partida de Lexuma (em Inglez, *Leshuma*).

Foi tormentosa a noute que passei em Embarira. Assaltado por milhares de persovejos, e por nuvens de mosquitos, tive de abandonar a casa que me offerecêra o chefe, e ir procurar ao ar livre um refugio a tão cruél tormento. Ao incòmmodo produzido pêlo ataque dos insectos vinha juntar-se a anciedade da idéa de encontrar no dia seguinte um Europeu, um homem desconhecido, mas com o qual eu contava ja para sahir dos embaraços em que estava. Amanheceu finalmente o dia 19 de Outubro depois de uma longa noute não-dormida.

As primeiras noticias que pude colher fôram de que o missionario estava a 12 ou 14 milhas d'ali, mas que do outro lado do rio Cuando vivia um Inglez.

Pedir uma canôa ao chefe para passar o rio foi o meu primeiro impulso, mas obtive a mais formal negativa, a pretexto de que não havia canôa.

Depois de grande controversia, elle declara-me que me não deixa sahir da sua povoação sem eu ter pago aos marinheiros uma certa porção de fazendas.

Chamei o Jasse e mostrei-lhe a impossibilidade de fazer pagamentos sem ter communicado com o Inglez, e ter d'elle obtido fazendas para os fazer, porque eu nenhumas tinha.

Jasse reune os marinheiros e o chefe e fala-lhes n'esse sentido, mas nada obtem, e a recusa de me deixarem ir á outra margem do Cuando é formal.

Vendo que nada fazia, pedi-lhes que fizessem chegar um recado meu ao Inglez, e escrevi algumas palavras n'um bilhête de visita. Foi o Verissimo o mensageiro. A má noute velada, e a febre constante prostráram-me. Deitei-me ao ar livre, esperando a resposta á minha mensagem.

Seria passada uma hora, quando appareceu diante de mim um homem branco. A sensação que experimentei ao ver um Europêu é indefinivel.

O homem que eu tinha diante de mim poderia ter de 28 a 30 annos, e possuia um typo perfeitamente Inglez.

Barba pouca e muito loura, olhos azues, grandes e vivos, cabello cortado rente e tão louro como a barba.

Vestia uma camisa de grossa tela, cujo collarinho desabotoado deixava ver um peito amplo e forte, como as mangas arregaçadas expunham á vista uns braços musculosos, queimados pêlo sol Africano.

As calças de estôfo ordinario estavam seguras por um forte cinto de couro, d'onde pendia uma faca Americana.

Nos pes sôbre umas meias azues de algodão grôsso, uns sapatos que pêlas costuras, tôdas feitas por fora, logo se via serem obra d'elle mêsmo.

Disse-lhe quem era; expuz-lhe as minhas circunstancias, e pedi-lhe para me ceder a fazenda de que eu precisava, a trôco de marfim que eu lhe podia dar. Mostrei-lhe a necessidade que tinha de me libertar d'aquelle encargo para escapar áquella gente e ir encontrar o missionario. Respondeu-me elle, que não tinha fazendas, que estava tambem sem recursos, e que só mandando eu a Lexuma as poderia obter.

O seu modo de falar e a delicadeza das suas phrases mostravam-me logo, que aquelle homem não era um ente vulgar. Elle dirigio-se ao chefe, e convenceu-o a deixar-me ir á outra margem do rio, com a condição de que voltaria á noute para Embarira.

Partimos, e depois de atravessar um grande rio, aquelle Cuando cujas nascentes eu havia descoberto, e determinado mezes antes, chegámos a um pequeno campo onde nos appareceu outro branco.

Era homem de elevada estatura, de longa barba e cabêllos brancos, que mostravam não uma idade provecta, desmentida pêla agilidade do côrpo e expressão da physionomia, mas sim a velhice prematura, producto de longos soffrimentos e trabalhos.

Vestia como o primeiro, e só estava um pouco melhor calçado.

Conversámos sobre a minha posição, e vimos que elles nada podiam fazer por mim, porque estavam tambem sem recursos.

Fui bastante absoluto empregando a palavra *nada*, porque se não tinham outra cousa a dar-me, tinham um soffrivel jantar, e eu tinha fome.

Depois de saciar o meu voraz appetite, combinei com elles escrever ao missionario, a pedir-lhe fazendas para o pagamento aos remadôres.

Expedi um portadôr para Lexuma e voltei a Embarira, onde me deitei ao ar livre, com a lembrança da noute terrivel da vèspera.

Dormi a noute de um somno ùnico e profundo. Ao

amanhecer do dia 20, estavam junto de mim, vindas de Lexuma, as fazendas precisas para os pagamentos das tripulações. Paguei tudo, e obtive do chefe carregadôres sufficientes para levarem as minhas cargas e o marfim a Lexuma; escrevendo por elles ao missionario, a quem pedi hospedagem, e a quem pedia para pagar ali aos carregadôres.

Ao meio-dia, uma ligeira piroga, impellida pêlo remar de dous prêtos, corria por sobre as aguas do Cuando, levando a seu bordo três homens brancos.

A piroga velha e rachada fazia muita àgua, e por isso o homem que ia na frente descalçara os sapatos que levava na mão, em quanto o da ré, acocorado, esgotava incessantemente a muita àgua que colhia o fragil batél.

O do meio, magnificamente calçado á prova d'àgua, contemplava distraido o deslisar dos enormes crocodilos que fluctuavam á mercê da corrente, e pouco caso fazia da humidade da canôa.

Estes três brancos, reunidos ali, no centro d'Africa, pêlos azares das explorações, eram eu, o D^or. Benjamin Frederick Bradshaw, explorador zoològico, e Alexandre Walsh, zoologista tambem, preparador de exemplares e companheiro do doutôr.

Chegados á margem direita, foi logo posta á minha disposição uma das três cubatas que elles tinham.

O D^or. Bradshaw, òptimo cozinheiro, como é habil mèdico, sabio distincto, e caçador famôso, foi logo preparar um almôço de perdizes que elle tinha môrto n'essa manhã. O cozinheiro do doutor, um activo Macalaca, deitado de peito no chão, contemplava a seu amo a trabalhar na cozinha, e contentava-se em o ver trabalhar.

O appetite, guardado desde a vèspera, fazia dilatar as fossas nasaes ao sentirem o cheiro delicioso que sahia em condensado vapôr das caçarolas do D^or. Bradshaw.

Fig. 118.—TRÊS EUROPÊOS ATRAVESSÁRAM O RIO.

Os condimentos de que eu estava privado havia tantos mêzes, exhalavam aromas deliciosos ao olfato de um faminto.

A cozinha estava feita, ìamos para a mêsa, onde havia uma grande panella de milho cozido em grão, e um alentado prato de caril de perdizes. Tìnhamos dado a primeira garfada nos pratos, quando na barraca entrou um prêto com um objecto envolvido em alva toalha de linho.

Fig. 119.—O Campo do Doutor Bradshaw.

Vinha da parte do missionario Francez. Desdobrei a toalha, que continha um côrpo bastante pesado, e fiquei commovido diante de um enorme pão de trigo, que tinha nas mãos.

¡Pão! Pão, que eu ja não via ha um anno; pão, que era para mim sempre a cada comida em que o não tinha, uma recordação saudosa; que era um sonho constante das noutes de fome; do qual cheguei muitas vêzes a ter um desejo immoderado, e pêlo qual comprehendi que se possa commetter um crime para o haver, quando privado d'elle por muito tempo.

As làgrimas viéram humedecer as minhas pàlpebras resequidas, e creio que foi aquella uma das mais violentas commoções que senti na minha viagem.

Esquèci um pouco as perdizes do doutor, para comer, com voracidade, d'aquelle pão, que saboreava com delicias nunca experimentadas em gastronomia.

Foi Benjamin Bradshaw quem suspendeu o meu furor voraz, que me poderia ser fatal, e que me fez tomar uma òptima chàvena de cacao, em seguida á qual um sono profundo dormido n'uma barraca, lìvre do sereno da noute, veio restaurar as fôrças.

Tôda a minha gente e as cargas haviam partido para Lexuma, ficando comigo apenas Augusto e Catraio e a mala dos instrumentos.

Amanheceu alegre o dia seguinte, que deveria ser um dos mais atribulados da minha vida.

Depois de um òptimo almôço de perdizes e chocolate, e quando nos deliciàvamos a fumar o aromàtico tabaco do Chuculumbe, chegáram os carregadôres que na vèspera tinham partido para Lexuma, fazendo grande grita e dizendo, que não tinham sido pagos ali.

Admirou-me o facto, sôbre tudo por o Verissimo me não ter escrito, e por ter ido com as cargas o marfim que seria garantia a tôdo o pagamento que ali se fizesse.

Nós não tìnhamos fazendas, e não sabìamos que fazer diante das exigencias dos selvagens, que teimavam em que tinham sido roubados, porque tinham levado as cargas d'ali a Lexuma, e não tinham recebido o menor pagamento. Pouco depois, chegáram o chefe de Embarira Mocumba e Jasse, que começáram uma questão fortissima comigo e com os Inglezes, ameaçàndo-nos e dizendo-nos as maiores insolencias.

Eu estava envergonhado e aflicto por ver os Inglezes, que tanto me tinham obsequiado, mettidos em uma questão que me era particular, e sêrem insultados por minha causa; mas impossivel me tinha sido prever um tal acontecimento.

Depois de mil exigencias a que era impossivel satisfazer, elles com Jasse á frente declaráram que iam a Lexuma rehaver as bagagens e o marfim, e que tomariam conta de tudo até sêrem pagos; partindo em seguida, mas deixando ali o chefe Mucumba com um grande trôço de gente a vigiar-nos.

Por consêlho do D^or. Bradshaw, nós entrámos em uma das barracas e pozémos as armas á mão, promptos a uma enèrgica defêsa, em caso de um ataque provavel.

Ao cahir da tarde Mucumba começou a fazer uma grita enorme, e chamando a sua gente invadio as duas barracas, levando de uma d'ellas a minha mala dos instrumentos, que fez logo transportar ao barco e passar á outra margem.

Voltáram a cercar a terceira barraca, em que nós estàvamos, exigindo que eu fôsse com elles para Embarira. Receioso de que os meus hospedeiros se expozessem por minha causa a um perigo eminente, queria-me entregar ao gentio, e libertal-os de um conflicto inevitavel; quando o D^or. Bradshaw me pedio que o não fizesse, e declarou-me que me não deixaria partir, e que deveriamos resistir-lhes a tôdo o trance.

Na barraca estàvamos quatro homens, três brancos e o meu Augusto, dispostos a vender caras as vidas, e era tal a nossa attitude que os gentios recuáram ante a idéa de um ataque que seria fatal a muitos. Depois de um consêlho prolongado entre as cabêças, decidíram elles abandonar o campo e passar á outra margem.

Dàva-me cuidado não ver o meu muleque Catraio, que comecei a supor teria sido feito prisioneiro, quando elle me appareceu na barraca, com o seu riso intelligente e velhaco, trazendo na mão os meus chronòmetros, que tinha ido á outra margem buscar á minha malla, em quanto os Macalacas nos cercavam e ameaçavam. Mais uma vez Catraio impedia que os chronòmetros parassem por falta de corda.

Estàvamos sós, mas muito apprehensivos, porque o doutor, que conhecia bem os indìgenas d'ali, dizia, que elles não passariam sem voltar á carga.

Pêlas 9 horas da noute, chêga ao campo o missionario Francez, François Coillard, e sabendo tudo o que se tinha passado, afirmou-nos que os carregadores haviam sido pagos generosamente em Lexuma, e que elle se encarregava de fazer ouvir razão ao chefe Mucumba.

No dia immediato, logo de manhã, o chefe Mucumba, Jasse e innùmeras gentes, passáram o rio e viéram ao nosso campo.

Mr. Coillard, que fala a lingua do paiz como fala Francez ou Inglez, fez um discurso ao chefe de Embarira, mostrando-lhe a pouca-vergonha dos carregadores, que tendo sido generosamente pagos em Lexuma, viéram dizer, que nada haviam recebido, e que tinham sido roubados.

Mucumba entregou logo tudo o que tinha roubado na vèspera, e deu muitas satisfações, fazendo recair a culpa sôbre os seus homens que o tinham enganado. Quando parecia que tudo corria bem e se havia harmonizado, appareceu Jasse levantando uma nova questão.

Queria elle, que eu pagasse aos seus muleques particulares que tinham vindo em seu serviço, e com quem eu nada tinha.

Eu argumentei-lhe com o caso da tripulação de um pequeno barco que do Quisseque viéra em serviço dos outros remadores, e a quem eu nada tinha dado. Depois de um curto debate, habilmente dirigido por Mr. Coillard, elle recebeu duas jardas de fazenda para cada homem, e ficou terminada a questão.

Fomos almoçar satisfeitos, julgando que estariam terminados os incidentes desagradaveis d'aquelle dia,

Fig. 120.—MONSIEUR E MADAME COILLARD.

mas não estava escrito no livro do destino que assim fôsse.

Jasse voltou de nôvo á carga com nova exigencia. Queria elle, que eu lhe pagasse e ao chefe Mutiquetera, a quem eu ja havia pago com largueza.

Começou nova questão, em que de nôvo me prestou grande auxilio Mr. Coillard; sendo preciso para a terminar, o prometter um cobertôr a cada um d'êlles.

Mandou logo Mr. Coillard a Lexuma um portador buscar os dois cobertôres, e a fazenda que êlle havia tirado da sua pacotilha, para pagar á gente de Jasse.

Assim terminou finalmente aquella sèrie não interrompida de questões, para o quê concorreu poderosamente a intervenção que n'ellas tomou Mr. Coillard.

Disse-me elle, que ia partir para o Quisseque, a receber a resposta do rei Lobossi a seu respeito, mas que em 10 ou 12 dias estaria de volta; e por isso me pedia, que fôsse esperar o seu regresso para Lexuma, onde me esperava sua espôsa Madame Christine Coillard; e só então poderìamos discutir maduramente o que convinha fazer de futuro.

Resolvi seguir para Lexuma no dia immediato; porque queria determinar a posição d'aquelle ponto, e fazer um certo nùmero de observações.

Durante a noute tive um violento accesso de febre, e de manhã sentia-me muito mal.

O Dor. Bradshaw não me quiz deixar partir sem tomar algum alimento, e por isso só as 10 horas pude deixar a margem do Cuando. O doutor e seu companheiro deviam abandonar aquelle ponto no mesmo dia, e irem para Lexuma, porque as scenas dos dias antecedentes aconselhavam-n-os de evitar o contacto com aquelle gentio malèvolo.

Eu parti por um calor de 40 graos centìgrados, n'um terreno arenoso, onde o caminhar era difficil. A febre tirava-me as fôrças, e mais me arrastava do que caminhava. O terreno era coberto de arvorêdo, e elevava-se logo a partir da margem do rio. Depois de cinco horas de marcha lenta e penosa, encontrei um pequeno còrrego, onde pude saciar uma sêde ardente. Só duas horas depois cheguei a Lexuma. Eram 6 da tarde.

N'um estreito valle de oitenta metros de largo, enquadrado em montes pouco elevados e de vertentes suaves, cresce uma herva grosseira e rachìtica. Uma bella vegetação arbòrea guarnece as montanhas que enquadram o pequeno valle, que se estende na direcção N.S. Na encosta de E. algumas barracas agglomeradas formam o estabelecimento de um sertanejo Inglez, Mr. Phillips.

Em frente a Oeste, duas aldeias abandonadas sam a feitoria de George Westbeech.

Ao N. das aldeas de Mr. Westbeech, uma forte palissada cerca um terreno circular de 30 metros de diàmetro, onde havia uma casinha de côlmo, dois *wagons*, ou carrêtas de viagem, e uma barraca de campanha. Era o acampamento da familia Coillard, era Lexuma emfim.

Entrei ali no recinto velado pêla alta estacaria de madeira, com o côrpo extenuado pêlo cansaço e o espìrito abalado pêla commoção violenta que sentia.

Diante de mim, á porta da casinha de côlmo, estavam sentadas duas damas, bordando a côres em grossa talagarça.

Ao ver aquellas damas ali, no centro d'Africa, a minha commoção foi indescriptivel.

A recepção que me fez Madame Coillard foi aquella que faria a um filho, se esse filho fôra eu. Com uma delicadeza extrema, pôz-me logo perfeitamente á vontade, e disse-me, que ainda não tinham jantado, porque esperavam por mim para pôr-se á mêsa. Convidou-me a entrar na barraca de campanha, onde uma mêsa

Fig. 121.—ACAMPAMENTO DA FAMILIA COILLARD EM LEXUMA.

Fig. 122—INTERIOR DO CAMPO DE MONSIEUR COILLARD EM LEXUMA.

coberta de fina e alva toalha sustentava um serviço modesto, contendo um jantar succulento. Defronte de mim sentava-se Madame Coillard; ao meu lado Mademoiselle Elise Coillard, sobrinha d'ella, de olhos baixos e physionomia rubra de pudôr, por ver um estrangeiro desconhecido entrar tão de golpe na sua vida ìntima e velada, espalhava em tôrno de si esse perfume de candura que cerca e envolve a mulhér formosa aos desoito annos.

Madame Coillard multiplicava-se em cuidados extremosos, e pêlo fim do jantar eu comecei a provar uma sensação estranha. Aquellas damas, o jantar, o serviço, o chá, o assucar, o pão, tudo enfim se me baralhava na mente com traços mal definidos. Cheguei a não poder formular uma só idéa, e a recear, que a cabêça enfraquecida não podesse supportar as impressões d'aquelle momento.

Não tenho a consciencia de ter terminado aquelle jantar, sei apenas que me achei só na barraca. Então um abalo violento sacudio tôdo o meu côrpo; um soluço tolheu-me o ar na garganta, e as làgrimas saltáram ardentes dos meus olhos desvairados, banhando-me as faces que queimavam de febre. Chorei e chorei muito, não me envergonho de o dizer, e creio que aquellas làgrimas fôram a minha salvação.

Se eu não tivesse chorado, teria talvez enlouquecido.

Que se riam aquelles que acharem ridìculas as làgrimas n'um homem; pouco me importa o seu motejar estòlido. Infeliz de quem não encontra nos sentimentos do coração o pranto que vem marejar nos olhos, e o soluço que estrangula a fala, mais verdadeiras provas da gratidão sentida, do que as frases mais eloquentes em protestos fervorosos.

Eu, por mim, não me envergonho de ter chorado, e feliz serei se podér ainda chorar em iguaes trances.

Quanto tempo estive n'aquelle estado de excitação

não o sei eu; mas, muito tempo depois, entravam as damas na barraca e preparavam-me uma cama com cuidados extremos.

A apparição das duas carinhosas senhoras veio trazer nova perturbação ao meu espìrito. Eu não sabia que dizer-lhes, e creio que só lhes dizia disparates.

Foi mesmo sem consciencia do que fazia que eu lhes narrei um boato ouvido de manhã em Embarira, que apregoava ter havido um grande incendio no Quisseque, nas casas do chefe Carimuque, e terem sido ali prêsa das chamas as bagagens do missionario.

Deitei-me e creio que dormi.

Ao alvorecer da manhã seguinte, as scenas da vèspera desenhavam-se confusamente na minha imaginação enfraquecida.

Parecia-me sonho tudo o que se passava n'aquelle sertão longìnquo.

Levantei-me, e ao ver que era realidade o que me cercava, o meu espìrito volveu de nôvo a um deploravel estado de perturbação.

Machinalmente, sem a menor consciencia dos meus actos, por um poder filho do hàbito, dei corda e comparei os chronòmetros, fiz as observações meteorològicas, e registei tudo no meu diario.

Pouco depois, Mademoiselle Elisa, com a sua touca e avental branco, entrava risonha na barraca, e vinha cuidar dos aprestes da mêsa para o almôço.

Madame Coillard continuou envolvendo-me dos maiores desvelos.

Não posso ainda hôje explicar porque produziam em mim, espìrito forte, uma tal impressão aquellas damas; mas é certo que a sua apparição produzia-me logo uma especie de delirio.

Passáram dois dias que eu não sei como fôram passados; no fim d'elles succumbí. A febre apossou-se de mim com violencia assustadôra, e com ella veio o delirio. O meu estado era grave, mas dois anjos velavam á minha cabeceira.

A 30 de Outubro, o delirio deixou-me um momento de lucidez. Conheci que a vida estava apenas prêsa por um fio a um côrpo despedaçado pêlas fadigas e fomes da jornada, e pensei que não me levantaria mais.

N'esse dia entreguei a Madame Coillard os meus papéis, pedindo-lhe que os fizesse chegar com segurança ás mãos do Governo de Portugal.

O Dor. Bradshaw fizera-me repetidas visitas durante os dias antecedentes, e empregara tôda a sua sciencia mèdica para me salvar.

Contudo a febre não cedia, e o estòmago não supportava medicamento algum. Decidi eu mesmo tentar um ùltimo esfôrço, e comecei a dar repetidas injecções hypodèrmicas com fortes doses de quinino.

A 31 fiquei espantado de ainda estar vivo, e redobrei a dose do quinino pêla absorpção hypodèrmica. O Dor. Bradshaw aconselhou-me e fêz-me tomar uma forte dose de laudanum. A 1 de Novembro, começáram a manifestar-se as primeiras melhoras.

Nunca estive cercado de tão extremosos cuidados como ali.

As melhoras continuáram ràpidas no dia seguinte, em que ja me pude levantar um pouco. Pareceu-me perceber que não sobejavam muito os vìveres, e isso tirou-me um pouco o sono durante a noute. Na madrugada seguinte, quando ainda tudo dormia no campo, levantei-me cauto e fui chamar os meus prêtos.

Sahi com elles cambaleando ainda nas pernas debilitadas, e internei-me na floresta, sem que alguem desse fé da minha escàpula. Pêla tarde voltei com os meus homens curvados ao pêso da caça que tinha môrto. Madame Coillard estava afflicta, pensando que eu havia abandonado o campo para sempre, e fui recebido com a maternal censura de quem ralha em familia.

Como em todas as minhas doenças graves, não tive convalescença, e a minha forte organização fêz-me passar do estado valetudinario ao perfeito estado de saude, em transição ràpida.

Com a robustez do côrpo veio o socêgo do espìrito, e só então pude encarar reflectidamente a posição em que o destino me collocara. Pêla conversação repetida com Madame Coillard, pude perceber que não sobejavam recursos ao missionario. O meu marfim, bem pago, mas pago em fazendas a que os agentes da casa Westbeech and Phillips déram subido e exageradissimo valor, pouco produzio. Madame Coillard só via um meio de sahirmos do apuro em que estàvamos, e êsse era, o de nos não separarmos, por não ser possivel dividirem comigo os poucos recursos que tinham.

Contudo, esperàvamos a volta do missionario, do Quisseque, para tomar uma resolução definitiva.

A idéa de ficar com elles aterrava-me.

Havia ali uma formosa criança, que impressionava a cada momento a minha imaginação ardente de Portuguez.

¿Ser-me-hia possivel, n'um viver tão ìntimo, n'um isolamento tão grande, impedir que uma fala escapada n'um momento de loucura, um olhar vibrado n'um lampejo de delirio, fôssem offender a casta menina, descuidosa na sua innocencia càndida?

Tremia por mim e por ella.

Decidi, pois, fazer um estudo de mim mesmo até á volta do missionario, e calcular bem até que ponto eu seria capaz de ser honrado.

Passei três dias atribulados no estudo que fazia do meu espìrito. ¿Poderia eu namorar-me d'aquella meiga criança? De certo não; e a lembrança sempre viva de uma espôsa idolatrada, era segura garantia aos meus sentimentos.

Mas, se o coração estava defendido, não o estava a imaginação fèrvida, e podia, n'um momento de desvario, com uma phrase imprudente, cometter uma infamia— porque infamia seria fazer subir o pejo ao rôsto d'aquella em cuja casa eu tinha sido recebido com a intimidade de um filho.

Além d'isso, o meu devêr era ainda maior. Era preciso evitar a tôdo o custo, que a fama das proêsas que os meus de mim apregoavam; que a posição, um pouco romàntica, em que eu me achava entre aquella familia; não fôssem impressionar a novél imaginação dos desoito annos de uma mulhér.

¿ Poderia eu sustentar durante mezes o papél de uma reserva absoluta, na grande intimidade da vida que ia levar ?

Um dia pensei que era capaz de o fazer, e desde êsse dia tracei a minha conduta futura, de que não arredei um só passo.

Muitos mezes depois eu tinha sido comprehendido por uma mulhér, que soube ler no meu ìntimo com essa fina perspicacia que só ellas possuem para ler nos arcanos da alma os mais recònditos sentimentos; e não hesito em dizer, que fui comprehendido por Madame Coillard, porque, na vèspera da nossa separação, ella escreveu no meu diario um versìculo do Psalmo 37, que me revelou o seu pensamento.

Estava resolvido a ficar com elles, quando más novas chegáram do Quisseque.

Mr. Coillard confirmava, em uma longa carta escrita a sua espôsa, o boato do incendio a que ja me referi.

Tudo quanto elle tinha em casa do chefe Carimuque fôra prêsa das chamas, e isso vinha ainda complicar a situação, diminuindo o seu haver.

Além d'esta, outra noticia veio consternar mais a

bondosa espôsa do missionario. Dizia elle que Eliazar, o homem que estava em Quisseque e de quem ja falei, fôra atacado de um accesso de febre de mao caracter, e estava em perigo.

Madame Coillard muito affeiçoada áquelle Catechista, que fôra outrora seu servidor, ficou desde êsse momento em cuidados extremos.

Dois dias depois, a 6 de Novembro, uma nova carta do missionario veio augmentar a tristeza que reinava no acampamento de *Leshuma*. Eliazar estava peior e receiava-se que não podesse salvar-se.

No dia 7, eu tinha ficado levantado até tarde da noute, por ter a fazer observações astronòmicas; ficando comigo as duas senhoras, em conversa cujo assumpto era o missionario e a doença de Eliazar.

Madame Coillard disse-me, que tinha um forte presentimento de que seu marido chegaria n'aquella noute. Propuz-lhe irmos ao seu encontro, e tendo sido aceite o alvitre pelas duas corajosas damas, pozémos-nos a caminho de Embarira.

A um kilòmetro do acampamento, eu que caminhava adiante d'ellas, preveni-as de que sentia rumor de gente na floresta; mas julgáram ser engano, porque ainda um kilòmetro àlém ninguem encontrámos. Contudo, eu sabia não me enganar, porque mais de uma vez um rumor mal definido e só perceptivel a ouvidos de sertanejo, tinha chegado até mim. Sem isso não teria animado aquellas damas a esperar n'uma floresta povoada de feras, e onde me sentia pouco á vontade pêla responsabilidade que tomava.

Pelas onze e meia, o rumor que por vêzes percebi tornou-se distincto para os meus ouvidos, e não duvidei affirmar que gente calçada caminhava no trilho que seguìamos. Pouco depois alguns vultos aparecêram na sombra, e o missionario, acompanhado de dois ou três prêtos, estava diante de nós.

Madame Coillard procurava em vão alguem junto de seu marido. Esse alguem faltava. Mais uma sepultura tinha sido cavada no alto Zambeze, mais uma lição estava dada aos imprudentes que se arriscam n'aquelle paiz da morte.

Voltámos tristes e silenciosos ao campo de Lexuma.

No dia immediato tive uma larga conversa com Mr. Coillard. O que eu previa ja era realidade. O missionario, falto de recursos, não me podia dar o sufficiente para eu fazer a viagem até ao Zumbo.

Discutímos largamente todos os alvitres, e a ùnica possibilidade de èxito era não nos separarmos e seguirmos juntos até ao Bamanguato, onde eu poderia obter meios de seguir avante. Elle tinha pressa de partir, porque àlém de não sêrem fartos os meios para uma espera qualquér, Lexuma era-lhes fatal. Duas sepulturas de dois dos seus mais fiéis servidôres tinham sido abertas ali.

Contudo, eu queria ir visitar a grande cataracta do Zambeze, e ficou combinado que elle me esperaria até ao regresso, o que importava uma demora de 12 a 15 dias.

Ficou decidido que eu partisse para Mozioatunia no dia 11, e Madame Coillard, com maternal sollicitude, começou logo a tratar dos meus aprestes de viagem.

No dia 10, uma forte tempestade cahio sobre nós, e sobreveio-me um accesso de febre. Verissimo tambem adoeceu com febre. Este estado de tempo e de doença continuou no dia 11, impedindo-me de realisar o projecto de seguir n'esse dia para as cataractas.

No dia 12 eu estava melhor, mas o Verissimo tinha peiorado, sendo necessario renunciar á partida ainda n'esse dia.

Então o missionario propoz-me seguirmos todos a 13 para o kraal de Guejuma, e d'ali seguir eu ao destino projectado.

Effectivamente, ás 10h. e 20m. da noute de 13, deixámos o campo de *Leshuma*. Era difficil o jornadear por entre a floresta com os pesados *wagons*. A cada passo um tronco de àrvore ou um penêdo travava as rodas, e era preciso cortar o tronco ou remover a pedra. O meu Augusto, usando da sua força athlètica, fazia verdadeiros prodìgios.

Só ás 6 horas da tarde do dia 15 podémos alcançar o kraal de Guejuma, tendo jornadeado noute e dia apenas com pequenos descanços, para os bois pastarem e nós repousarmos. Não ha àgua entre estes dous pontos, e ainda que tìnhamos uma escaça provisão para nós, os pobres bôis passáram três dias sem beber. Por isso, logo que chegámos a Guejuma, êlles faziam esforços inauditos para se libertarem dos jugos e correrem ás lagôas de pèssima agua, que abastecem aquelle kraal, estabelecido pêlos sertanejos Inglezes para repousar e têrem os gados, que não podem guardar em *Leshuma* por haver ali a terrivel môsca zê-zê.

O nosso caminho fôi por uma planicie arenosa e hùmida, onde os *wagons* se enterravam dando grande canceira aos bôis.

Apesar do mao estado da minha saúde, determinei seguir no dia immediato para as cataractas, e Madame Coillard não deixou um momento de se occupar das minhas provisões de viagem.

Não me foi possivel encontrar um guia, mas apesar d'isso, não vacillei um instante em partir.

CAPÌTULO II.

MOZIOATUNIA.

Viagem ás cataractas—Tempestades—A grande cataracta do Zambeze—Abusos dos Macalacas—Regresso—Patamatenga—Mr. Gabriel Mayer—Tùmulos de Europêos—Chêgo a Deica—A familia Coillard.

LOGO na manhã do dia 16 fiz os meus preparativos de viagem, e bem pouco trabalho tive, porque Madame Coillard ja tinha preparado a parte mais importante d'elles, a dispensa; tendo eu mesmo de entrevir, para mostrar a impossibilidade de levar tudo o que ella queria que eu levasse, pois que não tinha como carregadores mais do que dois homens, Augusto e Camutombo.

Comigo deveria partir toda a minha gente que eu não quiz deixar em Guejuma, receioso de que algum fizesse disparte na minha ausencia. Ficáram apenas as minhas bagagens, a minha cabrinha Córa e o meu papagaio Calungo.

Para a 'Africa não serve muito o rifão Europêu que diz, "quem tem bôca vai a Roma;" mas sim outro se pode inventar para ali, e é elle, que "quem tem bùssola vai a toda a parte."

Monsieur e Madame Coillard estavam verdadeiramente afflictos por me verem partir sem guia e a pe. Mal sabiam elles quanto me era socia a floresta Africana e como eu sabia andar n'ella.

Outro motivo de afflicção para elles era, a dùvida em que estavam de que me não viesse a faltar àgua no caminho, por eu não ter meio de conduzir nenhuma, e ser o paiz em extremo sêco. Tranquillisei-os como pude, assegurando-lhes, que não contava morrer de sêde.

Como eu devêsse demorar-me de 12 a 15 dias n'aquella excursão, ficou combinado, que elles partiriam para o kraal de Deica, onde eu deveria ir encontral-os.

Finalmente, depois de mil demonstrações da mais afectuosa amizade, parti ás 10 horas, sendo acompanhado durante um kilòmetro por Mr. e Madame Coillard, que então se despedíram de mim, e voltáram ao kraal.

Segui sempre ao Norte na planicie, e uma hora depois encontrei uma emmaranhada floresta, em que me embrenhei, para não alterar o meu rumo. Depois de caminhar por quarenta minutos na mata, deparei com uma pequena lagôa de àgua cristalina, e parei junto d'ella para deixar passar as horas de maior calor. A esse tempo uma trovoada longinqua fuzilava ao norte, deixando mal ouvir o rebombar dos trovões.

Deixei aquelle ponto ás 2 horas, a tempo que se formavam em tôdas as direcções trovoadas ameaçadoras. A's 4 horas, encontrei um trilho de caça muito seguido de frêsco, e indo por elle á descoberta, fui dar a um grande charco lodôso, habitual bebedouro de feras. Acampei ali, e tratámos de construir abrigos contra a chuva que ameaçava cahir em abundancia.

Os pedòmetros annunciavam a marcha de nove milhas geogràphicas.

Na manhã seguinte, parti ás 6 horas, e sustentei marcha de 4 horas, interrompida apenas por uma pequena demora, proveniente de um forte chuveiro que cahio pelas sete horas e meia. Parei para comer junto de uma lagôa que dá nascensa a um riacho correndo a E.S.E.

Ao meio-dia, segui a N.N.E., mas tive que sustar a marcha ás 3 horas, porque os meus ja não podiam dar um passo, tendo os pés despedaçados, pêla pedra miúda e sôlta que encontràvamos desde a 1 hora, no terreno ja bastante accidentado.

Eu mêsmo, doente e fraco, ja não podia soportar as grandes marchas que antes fazia.

Durante a ùltima parte da marcha atravessei três pequenos riachos, que correm a S.E. em leitos basàlticos.

As montanhas pedregosas, mas cobertas de vegetação arbòrea, correm tambem a S.E., e não apresentam elevações, acima dos valles, maiores do que 50 metros.

Acampei junto a um pequeno depòsito de àguas pluviaes.

Na manhã seguinte continuei a jornada, sempre em terreno pedregôso e accidentado. Atravessei florestas muito espêssas, mas onde se não encontram os gigantes vegetaes peculiares á flora intertropical.

Ainda n'essa manhã passei dois còrregos correndo a S.E.

Desde a vèspera caminhava eu em terreno de formação vulcànica. Passou por ali uma revolução enorme, que deixou profundamente assignalada a sua passagem com traços indeleveis, em gigantêscas obras de basalto.

No leito dos ribeiros e na escarpa das montanhas, o sol dardejando os seus raios sôbre a pedra côr de fôgo, faz parecer, que ainda ali correm ondas de lava.

Eu achava-me em bôa saúde, mas os meus difficilmente podiam caminhar descalços, por sôbre a pedra cortante. Fiz apenas marcha de quatro horas, e fui acampar junto de um ribeiro; tratando logo de construir abrigos para nos acolhermos de uma tempestade imminente.

O sitio do meu acampamento era lindissimo. Um ribeiro d'àgua cristalina correndo ao N., ficàva-me por oeste. Um còmoro coberto de frondoso arvorêdo embelezava a leste a paizagem.

No limitado valle, àrvores enormes de muito differentes proporções das que até ali encontrara, cobriam o meu campo formado de quatro pequenas barracas.

Do norte, muito ao longe, o vento trazia um ruido semelhante ao ribombo de mil longinquos trovões. Era Mozioatunia no seu bramir eterno.

Sahi a caçar e encontrei profusão de francolins, de que fiz bôa provisão.

Matei tambem uma lebre, muito differente das da Europa nas côres do pello, menor em tamanho, mas igual em fórmas. Tornàva-se muito distincta, por ter o dôrso e as orêlhas quasi prêtas, e o ventre e cabêça de um amarello d'óchre muito carregado, e pintado de manchas nêgras.

De volta da caça, observei no meu campo um caso muito singular.

Vi milhares de termites trabalhando ao ar livre, e sem o menor cuidado de cobrirem o seu caminho, ja nas àrvores ja na terra. Passei uma òptima noute, depois de um bom jantar de perdizes.

No dia immediato, logo á sahida, passei um pequeno ribeiro que corre a N.O., e depois de se juntar áquelle em cuja margem acampei, corre como elle ao N. Segui sempre o curso d'esse ribeiro n'um valle pedregoso e àrido, e depois de três horas de marcha parei, para descançar e comer o resto das perdizes mortas na vèspera. Segui ao meio-dia, mas, uma hora depois, tive de parar.

Muitas trovoadas, que desde manhã fusilavam perto do horizonte em todas as direcções, subíram aos ares e viéram estacionar sôbre mim. Uma chuva torrencial cahia, ou antes batia, sobre nós, tocada por um vento rijo de N.N.E. Os nimbus espêssos e nêgros, pairavam perto da terra e despediam das suas entranhas carregadas de electricidade, torrentes d'àgua e torrentes de fôgo.

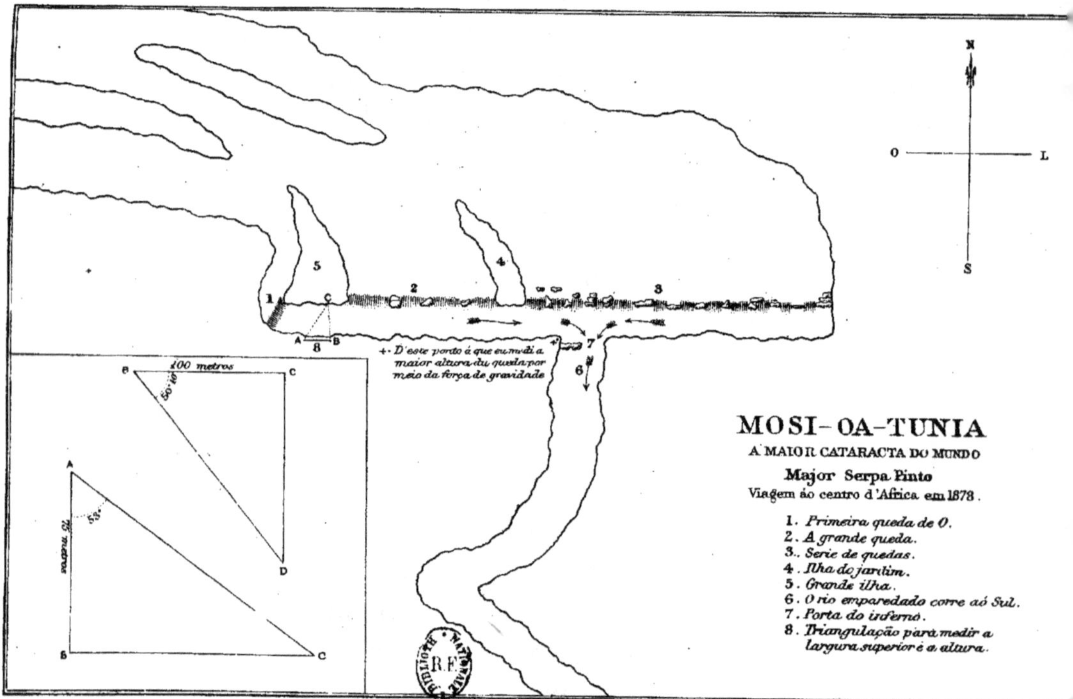

London: Sampson Low, Marston, Searle, & Rivington.

Edwd. We

Como eu disse, o sitio em que caminhava era um valle profundo despovoado de àrvores. Montìculos de rocha terminados por vèrtices ponteagudos, atrahiam o raio que os abrasava com o seu fôgo potente. Uma faísca veio esmigalhar um penêdo a pouca distancia de mim.

Era um espectàculo tremendo e horroroso. Vi ali pêla primeira vez o raio dividir-se. Uma faízca separou-se pròxima da terra em cinco, que partíram quasi horizontalmente a ferir cinco pontos differentes; algumas vi separarem-se em quatro, em duas, e três, quasi tôdas.

Ziguezagues de fôgo cruzavam os ares em todas as direcções, e abrasavam a atmosphera. É preciso ter-se assistido a uma trovoada nos sertões da Africa Austral, para bem se fazer idéa do que seja uma tempestade medonha.

A minha gente prostrada por terra, horrorizada e escorrendo em àgua, estava tranzida de frio e mêdo. Eu gracejava com elles e procurava animal-os, mostrando uma tranquillidade que estava mui longe de ser verdadeira.

Uma hora depois a tormenta, como que fatigada do seu pelejar insano, foi diminuindo de intensidade, e eu pude pôr-me a caminho ás 2 horas e meia.

A's três horas tive de parar, obrigado por uma forte chuva que não se demorou muito em passar.

Pelas 5 horas passava em frente da grande cataracta e acampava a montante d'ella, aproveitando umas barracas que ali encontrei e reconstruí.

Durante a noute uma nova tormenta cahio sôbre o meu campo, e muitas àrvores fôram derrubadas pêlo raio. A chuva torrencial inundou as barracas, apagou os fogos e molhou tudo e a todos. Durou esta tempestade até ás 4 horas da manhã, hora a que cessou quasi de repente.

Foi aquella uma noute cruél. Ali ja ao estampido dos trovões se juntava o bramir da cataracta, e era qual produziria sons mais roucos e medonhos.

O dia amanheceu chuvoso, e até ás 9 horas foi impossivel sahir das barracas.

A essa hora rasgou-se o ceo nublado, e o sol veio illuminar a esplèndida paizagem. Contudo era difficil caminhar n'um terreno encharcadissimo e lodôso.

Uma forte apprehensão me perturbava o espìrito. A chuva da noute estragava o pão e mais provisões dadas por Madame Coillard. Os mantimentos chegariam ainda para dois dias, mas não podiam ir mais àlém. Eu tinha contado com dois recursos, a caça e os Macalacas da outra margem, que me venderiam massango.

Era porem impossivel caçar por tal tempo, e os Macalacas que passáram o rio pediam taes exorbitancias por pequenos pratos de massango, que me não era dado adquiril-os.

Ao meio-dia cheguei á extremidade oeste da grande cataracta. O Zambeze duas milhas a montante da queda corre a E.N.E., e vai encurvando a E., direcção que leva no momento de encontrar o abismo em que se precipita.

¿ *Mozi-oa-tunia*, ou *Mezi-oa-tuna?* Não sei, e ninguem o sabe. No paiz uns dizem um nome, outros o outro.

Antes que os Macololos tivessem invadido o paiz ao norte do Zambeze, os Macalacas chamavam *Chongue* á grande cataracta.

Viéram os Macololos e pozéram-lhe um nome da lìngua Sesuto que elles falavam.

Os Macololos desapparecêram e o nome ficou, como ficou aos povos conquistados a lìngua dos invasores.

Um pouco corrompido, é verdade, mas sempre subsistindo, o Sesuto é a lìngua official do Alto Zambeze.

Mezi-oa-tuna quer dizer em Sesuto "a àgua enorme,"

Fig. 123.— MOZIOATUNIA. A QUEDA DE OESTE.

e ainda que a phrase parêça um pouco disparatada, esta composição é vulgar entre as linguas bàrbaras da Àfrica Austral, para exprimir uma idéa, que a pobrêza das lìnguas só poderia exprimir por uma longa phrase. Assim pois, pode bem ser que seja *Mezi-oa-tuna,* o nome posto pelos Macololos á grande cataracta.

Eu contudo inclino-me á opinião de Madame Coillard, que conhece a fundo a lìngua Sesuto, de que seja *Mozi-oa-tunia*, o nome dado outróra pelos guerreiros de Chebitano á maravilha do Zambeze.

Effectivamente, *Mezi-oa-tuna* era uma phrase nova, uma composição de palavras feita expressamente, ao passo que *Mozi-oa-tunia* é uma phrase ja feita, quotidiana, vulgar na lìngua dos Basutos. Quando o marido volta a casa e pergunta á mulhér se a comida está ao fôgo, ella responde-lhe "mozi-oa-tunia," "o fumo se levanta." Assim pois é mais de supor que fôsse este ùltimo o nome dado pelos estrangeiros á cataracta, por ser phrase vulgar entre elles, e ser bem apropriada á idéa.

Mozi-oa-tunia não é mais do que uma longa cova, um sulco gigantêsco, aquillo para que se inventou a palavra abismo, mas abismo profundo e immenso, onde Zambeze se precipita n'uma extensão de mil e oitocentos metros.

O corte das rochas basàlticas que formam o paredão norte do abismo, é perfeitamente traçado na direcção E.O., e tem uma extensão de mil e oitocentos metros.

Parallelo a elle, outro enorme paredão basàltico distanciado na parte superior, ao mesmo nivel, de cem metros, forma o outro muro do abismo. Os pes d'estas moles enormes de basalto nêgro, formam um canal por onde o rio corre depois de se despenhar, canal que é de certo muito mais estreito do que a abertura superior, mas cuja largura é impossivel medir.

No paredão do sul, proximamente a três quintaspartes d'elle, a Africa foi rasgada por outra fenda gigantêsca perpendicular á primeira; fenda que primeiro se encurva a oeste, e vergando depois pêlo sul a leste, vai conduzindo em caprichôso ziguezague o rio, que ella la no fundo aperta em estreito abraço de rochêdos.

Na cataracta o grande paredão do norte onde o rio se despenha é em partes perfeitamente vertical, apresentando apenas as saliencias e escabrosidades das rochas.

Uma enorme convulsão vulcànica fendeu ali a terra, e produzio aquelle abismo enorme, em que se veio precipitar um dos maiores rios do mundo. De certo o trabalho potente da àgua ja modificou muito a superficie das rochas, mas não é difficil ao ôlho observador, o perceber bem, que aquellas escarpas profundas, distanciadas hôje, fôram despegadas umas das outras.

O Zambeze, encontrando no seu caminho aquella voragem, abìsma-se n'ella em três cataractas grandiosas, porque duas ilhas, que occupam dois grandes espaços no paredão do norte, o dividem em três ramos.

A primeira cataracta é formada por um braço que passa ao sul da primeira ilha, ilha que occupa no rectàngulo que desenha a forma superior da fenda, o extremo oeste.

Este braço precipita-se por isso no pequeno lado oeste do rectàngulo.

Tem sessenta metros de largo e oitenta de queda vertical, cahindo em uma bacia d'onde a àgua vai procurar o fundo do abismo e unir-se ás outras em ràpidos e cascatas quasi invisiveis pêla espêssa nuvem de vapôr que envolve tudo lá em baixo.

A ilha que separa aquelle braço do rio é coberta de vegetação frondosa, vegetação que se estende até ao ponto onde a àgua se despenha, produzindo uma paizagem sorprendente.

, É esta a menor das quedas, mas é a mais bella, ou antes a ùnica que é bella, porque tudo mais em Mozi-oa-tunia é horrivel. Aquella voragem enorme, nêgra como é nêgro o basalto que a forma, escura como é escura a nuvem que a envolve, teria sido escolhida se fôsse conhecida nos tempos bìblicos, para imagem do inferno, inferno d'àgua e trevas, mais terrivel talvez que o inferno de fôgo e luz.

Para augmentar o sentimento de horror que se experimenta diante d'aquelle prodigio, até é preciso arriscar a vida para a poder ver. ¡ Vel-a ! impossivel ; Mozi-oa-tunia nem se deixa ver.

A's vezes, lá no fundo, por entre a bruma eterna, percebem-se formas confusas, semelhando ruinas medonhas.

Sam pontas de rochêdos de enorme altura, onde a àgua, que os açouta, partindo-se em glòbulos se torna nuvem, nuvem eterna, que constantemente alimentada tem de pairar sobre o rochêdo em que se formou, em quanto a àgua cahir e o rochêdo se erguer ali.

Em frente da ilha do jardim, no meio de um arco-iris, concèntrico a outro mais desvanecido, vi eu por vêzes, ao ondular da bruma, desenharem-se confusamente, uma serie de picos, semelhantes aos miranetes de uma cathedral phantàstica, que a um lado lançava aos ares uma frecha de enorme altura.

Continuando a examinar a cataracta, vemos o comêço do paredão N. logo em seguida á queda de oeste, ser occupado em uma extenção de duzentos metros por uma ilha, aquella de que ja falei, que separa o braço do rio que vai formar a primeira queda. Ali é o ùnico ponto em que se vê tôdo o paredão, porque n'aquella extensão de duzentos metros o vapor não chêga completamente a encobrir o fundo.

Foi n'esse ponto onde eu fiz as primeiras medições, e por meio de dois triàngulos, achei para largura superior do corte 100 metros, e 120 para altura vertical do paredão.

Esta altura vertical é superior mais a leste, porque o fundo do sulco desce até ao corte que encana o rio ao sul. N'esse ponto tambem obtive elementos para medir a altura.

Nas primeiras medições eu tinha por base o lado 100 metros, achado para largura superior do sulco, mas era preciso ver o pé do paredão, e tive de arriscar a vida para isso.

Tirei os pannos ao meu Augusto e ao meu muleque Catraio e amarrei-os. Estes pannos de zuarte pintado e ja muito usados, não me offereciam uma grande segurança, mas não tinha outro meio de me suspender no abismo. Passei o fragil amparo em volta do peito, para me ficarem as mãos livres, e tomando o sextante debrucei-me na voragem. Seguravam as extremidades o meu Augusto e um Macalaca da povoação das quedas. Elles tremiam com mêdo e faziam-me tremer, levando eu por isso muito tempo a medir o àngulo. Quando lhes disse que me puxassem, e me pude equilibrar sôbre as rochas, foi como se tivesse acordado de um pesadêlo horrivel.

Li no nonio 50° 10′, e logo que registei a medida, comecei a horrorizar-me do que tinha feito. Um excesso de vaidade mal-cabida, o querer apresentar com a maior aproximação a altura da cataracta, acabava de me fazer commetter a maior imprudencia que commetti em tôda a viagem.

Medir e triangular ali é difficilimo, e começa por faltar terreno onde se possa medir uma base com algum rigor.

Eu apenas pude medir 75 metros, e isso com trabalho enorme.

Só posso suppor que os triàngulos feitos pêlo Dor. Livingstone da ilha do Jardim, fôram resolvidos só com

Fig 124.—MOZIOATUNIA. MANEIRA POUCO CÒMMODA DE MEDIR ÀNGULOS.

os àngulos; porque lados não podia d'aquelle ponto medir nenhum. Pena é que não ficasse a fòrmula. A medição da altura com um cordél e uma pedra atada na ponta, acho-a tambem extraordinaria; porque as escabrosidades da rocha deveriam soster o prumo, e àlém d'isso, da ilha do Jardim apenas se vê, na voragem profunda, uma espêssa nuvem que tudo encobre, sendo impossivel divisar nada lá em baixo, ainda que o Doutor atasse á pedra tôda uma peça de algodão branco, em logar de um farrapo de 60 centìmetros, como elle diz que fez. Fôsse como fôsse, elle foi mais feliz e mais esperto do que eu, que pouco fiz, dispondo para isso de melhores instrumentos e mais recursos.

Em seguida á primeira ilha onde fiz as medições, vem a parte principal da cataracta, e é ella comprehendida entre essa ilha e a do Jardim. Ali é que a maior porção d'àgua se despenha n'uma compacta massa de quatrocentos metros de extensão, e ali é que o abismo atinge tôda a sua profundidade. Vem, em seguida, a ilha do Jardim, de quarenta metros de face sôbre a fenda; e depois a terceira queda, formada por dezenas de quedas, que occupam tôdo o espaço entre a ilha do Jardim e a extremidade leste do paredão. Esta terceira queda deve ser a mais importante no tempo das cheias, logo que as pedras que na estiagem lhe dividem as àguas fôrem cobertas, e não existir mais do que uma ùnica e enorme cataracta.

A àgua que cae das duas primeiras quedas e parte da terceira junto da ilha do Jardim, correm a leste, o resto da terceira a oeste, e encontrando-se, unem-se em choque immenso, e voltam ao sul n'um referver medonho, correndo ràpidas no fundo do abismo, em canal pedregôso, que as entala nos seus caprichosos ziguezagues.

No ponto onde as àguas, ja em um canal ùnico, se dirigem ao sul, fiz uma experiencia que narrarei em capìtulo separado d'este, e que me permittio obter uma altura muito aproximada da maior profundidade do abismo. Não me foi possivel fazer mais, e duvido mesmo que mais se possa fazer, a menos de se ir expressamente preparado para estudar a cataracta; e creio que para isso será possivel inventar algums meios apropriados para trabalhar ali, debaixo de uma chuva eterna, e no meio de um vapôr denso que nada deixa ver.

Fig. 125.—O Rio depois da Cataracta.

Ilhas, bordas da cataracta, rochêdos mêsmos, tudo é coberto de uma vegetação esplèndida, mas de um verde-nêgro triste e monòtono, embora um ou outro grupo de palmeiras tente quebrar a melancolia do quadro, fazendo sobressahir as suas palmas elegantes ás copas dos arvorêdos que as cercam.

Uma chuva eterna molha sem cessar as proximidades do abismo, onde rola como que uma trovoada sem fim.

Mozia-oa-tunia não se pode desenhar, e excepto a sua extremidade oeste, tudo ali é nuvem de vapôr, que encobre uma paizagem medonha.

Não é dado visitar esta sobêrba maravilha sem que um sentimento de terror e de tristeza se aposse de nós.

¡ Que differenca entre a cataracta de Gonha e Mozi-oa-tunia !

Em Gonha tudo é risonho e bello; ali tudo é soturno e triste!

Ambas sam attrahentes, ambas sam verdadeiramente grandiosas; mas Gonha é attrahente e bella como a virgem formosa coroada das flores da innocencia, arrastando o alvo vestido nas ruas do jardim, embalsamadas pelas auras perfumadas da manhã de estio: Mozi-oa-tunia é grandiosa e imponente como o salteador requeimado pêlo sol de verão e pêlo gêlo do inverno, o trabuco na mão, o crime na idéa, entre os fraguêdos da serra, por noite escura e triste.

Gonha é bella como a manhã bonançosa da primavera; Mozi-oa-tunia é imponente como a noute tempestuosa do inverno.

Gonha é bella como o primeiro sorrir da criança nos braços da mãe; Mozi-oa-tunia é imponente como o ùltimo arquejar do ancião nos braços da morte.

Gonha é o bello na sua mais sublime expressão da formosura; Mozia-oa-tunia é o bello na sua mais expressiva revelação da grandeza e magestade.

Depois da contemplação da mais prodigiosa maravilha natural do continente Africano, voltei ao meu campo fortemente impressionado pêlo que acabava de ver. O tempo melhorara, mas conservava-se encoberto. N'essa noute fui assaltado por nuvem de mosquitos, que não me deixáram um momento de repouso.

Logo de manhã, parti para a cataracta, que visitei de nôvo, concluindo os trabalhos começados na vèspera, e que me entretivéram o dia tôdo. De volta ao campo, apparecêram ali uns Macalacas com massango, pedindo-me quatro jardas de fazenda por um prato d'elle, que não continha meio litro de grão.*

Ainda que muito necessitado de adquirir vìveres, não quiz abrir um tal exemplo, e recusei comprar.

Então o Macalaca disse-me, que a fazenda e a missanga não se comia, que eu teria fome, e então lhe daria tudo o que elle quizesse por um prato de comida.

Fui-lhe dando logo dois pontapés. Chegou o dia 22 de Novembro, dia que eu tinha fixado para o regresso, mas a minha posição era crìtica. Tìnhamos apenas comida para dois dias, e não lograriamos alcançar Deica antes de seis.

Era impossivel partir sem ter feito provisões de mantimentos.

Não esperando ja obter nada dos Macalacas, fui caçar apesar do mao tempo.

Pouco distante do acampamento, pude atirar a uma malanca, e voltava ás barracas para a mandar esquartejar e trazer ali; quando chegou o chefe das povoações das quedas, que pêla primeira vez eu via, e me vinha visitar.

Com elle vinham muitos prêtos, que fôram ajudar a conduzir a malanca que eu havia môrto. Uma tão importante peça de caça fez logo diminuir no mercado o prêço dos vìveres. O chefe foi á sua povoação d'onde trouxe quantidade de mantimentos e duas gallinhas, pedindo-me por tudo a pelle da malanca e o meu cobertor. Necessitado de partir, e não querendo fazer questões, aceitei o contracto, e elle retirou-se satisfeito.

Lá foi o meu cobertor! socio de tantas noutes mal dormidas n'aquelles sertões Africanos.

Pude enfim deixar Mozi-oa-tunia, e fui pernoitar nas

* Quatro jardas de fazenda ali valem 8 xelins, pois sam reputadas a 2 xelins a jarda.

mêsmas barracas que tinha construido na tarde do dia 18.

No dia immediato deixei o caminho que seguira até ali quando demandava a cataracta, e endireitei ao sul. Não me tinha sido difficil encontrar a grande cataracta do Zambeze que de longe se annuncia; mas encontrar um ponto que não existe nas cartas e cuja posição eu tinha calculado por informações vagas, não me era facil.

N'um paiz como aquelle, despovoado e virgem, eu poderia bem passar perto do kraal de Patamatenga sem o ver, nem dar d'elle conta. Contudo, pelos meus càlculos, Patamatenga devia-me ficar ao Sul verdadeiro, e eu endireitei para la, dispôsto a não alterar aquelle rumo por nenhum motivo que fôsse.

Depois de marcha de quatro horas, fui acampar junto de um còrrego em sitio medonho. Nem uma àrvore, nem uma herva. Só penedias nêgras formavam a paizagem, escurecida ainda por um ceo carregado de pesados nimbus.

Um silencio profundo reinava n'aquelle pequeno valle da tristeza.

No caminho d'êsse dia encontrei alguns leões, que evitei com cautela.

Vem a propòsito falar aqui de certa mania louca que ataca quasi sempre o explorador noviço. É tal o seu enthusiasmo por afrontar os perigos, que chêga a crealos onde elles não existem.

A Africa offerece cada dia, a cada passo, taes estôrvos ao viajante, taes perigos ao caminheiro, que sam elles de sobra para fazer abortar a maior parte das expedições que tentam devassar os seus segrêdos.

A prudencia deve ser o guia de tôdas as acções do exploradôr; o que não quer dizer, que ella mesma não aconsêlhe, em outra dada circunstancia, um excesso de temeridade, quando essa temeridade fôr precisa á salvação commum.

Uma das maiores loucuras em 'Africa é caçar feras. A pòlvora vale no sertão tanto como o ouro, e o tiro dado em uma fera é um tiro desperdiçado, é o resultado de uma expedição arriscado, é ás vêzes a salvação de tôda uma caravana, que será perdida sem chefe, posta na balança do acaso, unicamente por satisfação de uma vaidade pessoal.

Em quasi tôda a minha viagem, obrigado a caçar para viver, tive muitas vêzes de affrontar as feras; o que não me teria acontecido se, dispondo de recursos sufficientes, me podesse ter dispensado da caça. Uma fera morta em defensa propria e em encontro fortuïto, é um obstàculo destruido; um leão procurado e môrto por o exploradôr geògrapho é um obstàculo creado, é uma imprudencia commettida, é e deve ser um remôrso na sua existencia.

Eu commetti algumas faltas d'essas, e sempre depois tive o arrependimento sincero.

Hôje se voltasse á 'Africa em viagem de exploração ou encarregado de outra qualquer missão importante, não arriscaria o fim principal, para me dar um prazer que é fumo, porque apenas vem um momento lisongear o amor-proprio.

Ja pensava assim, quando de volta da cataracta evitava os leões, que fugiam de mim como eu fugia d'elles.

Não havia lenha perto do sitio onde decidi ficar, e o meu Augusto foi procural-a longe. Trouxe alguns troncos de àrvores sêcos, que, ao partir, deixavam apparecer nas rachas escorpiões enormes. No caminho mesmo, e ainda ali, haviam innùmeros dos repugnantes articulados.

N'esse dia, uma violenta tempestade vinda do S.S.E. passou sôbre nós, e durante duas horas despejou copiosa chuva.

Durante a noute, soprou rijo o vento S.E., que muito nos incommodou, tendo por abrigos, como tìnhamos, apenas um ceo nebuloso. A 24 de Novembro, segui sempre ao Sul por caminho difficil.

As montanhas corriam a S.E. e por isso nós subìamos e decìamos continuamente, em terreno pedregoso, e àrido. Depois de cinco horas de fatigante caminhar, encontrei um pequeno charco, junto ao qual acampei.

Subindo a um outeiro que me ficava pròximo, avistei ao sul uma planicie enorme, onde não pude divisar os menores signaes de àgua, por mais que a perscrutei com o meu òculo potente.

Receei muito que me faltasse a àgua d'ali em diante. É verdade que n'aquelle paiz abunda o *Mucuri*, e onde elle existe não se morre á sêde. O *Mucuri* é um grande auxilio do viajante nas florestas ressequidas da Àfrica Austral. É elle um arbusto de 60 a 80 centìmetros de altura, que produz na extremidade das suas radìculas, uns tubèrculos esponjosos, ensopados de um lìquido insìpido que saeia a sêde.

Não é facil porem encontrar os tubèrculos logo que se encontra a planta.

Crescem êlles nas pontas de pequenas radìculas que, irradiando das raizes principaes, vam muito longe do caule alimentar e desenvolver aquellas excrescencias extraordinarias. O melhor meio de os encontrar é o empregado pêlo gentio Africano, de se collocarem junto á planta e ir descrevendo cìrculos concèntricos a passos lentos, batendo o terreno com um pao. Onde a terra dá um som ôco e surdo ahi estam os tubèrculos, que têm de 10 a 20 centìmetros de diàmetro e affectam a forma pròximamente esphèrica. Fiz bôa provisão d'elles no dia immediato antes de deixar o sitio em que passei uma pèssima noute.

Sustentei marcha de sete horas, ja em planicie coberta de àrvorêdo e altas gramìneas. De àgua nem signaes.

Pêla tarde parámos extenuados de fadiga, e resolvia acampar, quando sôbre a minha cabêça, na àrvore à que estava encostado, ouvi o arrullar das rôlas Africanas.

A àgua devia estar perto, porque aquella era a hora das avezinhas bebêrem, e sem bebedouros pròximos as rôlas não estariam ali. A rôla em 'Africa é indicio de haver àgua perto do sitio onde se mostra de manhã e á tarde, porque aquella ave não passa sem beber duas vêzes ao dia.

Mandei logo Verissimo e Augusto explorar os arredores, e uma hora depois voltava Verissimo tendo encontrado uma pequena nascente um kilòmetro ao N.O.

Fui acampar ali jà por noute escura.

Pêlos mêus càlculos no dia immediato deverìamos chegar a Patamatenga.

Amanheceu o dia 26 de Novembro, e puz-me em marcha. Logo á sahida do ponto em que acampei, encontrei uma espêssa mata que me levou 20 minutos a transpôr.

Ao sahir d'ella, um ribeiro bastante volumoso corria em leito de pedra, e àlém d'elle um kraal magnìficamente construido, mostrou-me, por sôbre a sua forte palissada o tecto ponteagudo de muitas casas.

Eu tinha dôrmido junto a Patamatenga sem o saber, e tinha passado uma pèssima noute ao relento, quando poderia ter dormido em òptima cama e no conchêgo de uma bem construida casa.

Um Inglez, cujo nome ignorava, veio buscar-me ao rio e levou-me ao kraal, principiando logo, antes de mais conversa, a dar-me de comer. A's onze horas ja eu tinha comido não sei quantas vêzes, e êlle veio annunciar-me que se estava fazendo um petisco. Tinha ali um òptimo cosinheiro Europêu. Não consentio que eu seguisse para Deica, sendo o seu argumento, que deveria passar o dia com elle, porque o devia passar.

Escrevi um bilhete a M^r^. Coillard, a participar-lhe

que estava de bôa saúde, e que chegaria a Deica no dia immediato.

O Inglez, logo que vio a minha resolução em ficar, mandou matar o seu melhor carneiro, e convidou-me a ir ver o seu quintal. Fomos, e elle começou a fazer barbaridades. Destruio um batatal nôvo, só para tirar umas seis batatas.

Apanhou quantos tomates, cebolas, e pimentos ali haviam.

Não pude impedir aquelle furor de destruição para me dar a comer de tudo quanto tinha, e até creio que tudo quanto tinha se eu me demorasse em sua casa. O quintal era magnìfico e muito bem tratado, mas n'aquella èpocha do anno pouco podia offerecer. Ainda assim o meu Inglez voltou triumphante com seis batatas, dezaseis tomates, alguns pimentos e muitas cebollinhas que foi entregar ao cozinheiro para o jantar. ¡ Jantar!... Eu não sei que nome deverei dar áquella comida! Pelo nùmero devia ser muito mais do que ceia, pêla hora menos do que *lunch!*

Pude soster o furor do meu hospedeiro em dar-me de comer, e consegui ir com elle dar um passeio nos arredores do kraal.

Encontrámos no caminho cinco montìculos de pedras que marcam as sepulturas de cinco Europêos, adormecidos ali para sempre, e deitados ao lado uns dos outros á sombra do arvorêdo, n'essa mesma terra que lhes infiltrou no organismo, pêlo ar que deu a respirar, o veneno que lhes deveria cortar as existencias, com prematuro passamento.

¡ Quantos tùmulos como aquelles não têm um logar incerto, no meio d'êsse continente enorme, e não escondem o segrêdo da sepultura de homens, que deixáram longe affeições e ternuras, que nem podem ter o amargo prazer de derramar uma làgrima sôbre a terra que occulta um ente estremecido!

Os cinco tùmulos de Patamatenga encerram os despojos de cinco homens cujos nômes vou citar, e se algum amigo ainda se lembrar d'elles, terá ao menos o conhecimento do canto da terra onde repousam para sempre.

O primeiro tùmulo encerra Jolly, môrto em 1875; o segundo Frank Cowley, o terceiro Robert Bairn, ambos mortos em 1875; o quarto Baldwin, e o quinto Walter Carre Lowe, mortos em 1876. Em Abril do anno de 1878, morreu tambem ali perto o Sueco Oswald Bagger, que está enterrado em Lexuma.

Fig. 126.—Os Tumulos em Patamatenga.

Depois de visitar aquelle cemiterio improvisado no meio do sertão longìnquo, voltei ao kraal de Patamatenga, onde fui obrigado a comer vàrias ceias.

Na conversação com Gabriel Mayer, o meu hospedeiro, eu fugia de narrar qualquer episòdio passado da minha viagem em que figurasse a falta de vìveres, porque ao ouvir taes narrativas, o bom Inglez entrava em furor e mandava logo pôr a mêsa, mêsa que ja me mettia tanto mêdo como por vêzes me tinha mettido a fome.

No dia seguinte, depois de ter almoçado duas vêzes, antes das 7 horas da manhã, parti a essa hora, tendo de levar vàrios petiscos para o caminho, porque Gabriel Mayer não consentio que eu partisse sem essa condição.

Depois de cinco horas de marcha a leste, alcancei o acampamento de Deica, onde a familia Coillard me esperava, e onde fui recebido com as maiores demonstrações de simpathia.

D'aquelle lado não tinha chovido como em Mozi-oatunia, e ficámos em grande embaraço para partir, porque encontrariamos o deserto sêco, e impossivel nos seria atravessal-o antes de cahirem as chuvas necessarias para encher os charcos onde deverìamos encontrar a àgua precisa.

Nos dias 28 e 29 de Novembro, percebemos que haviam trovoadas muito ao longe ao Sul e S.S.E., e isso animou-nos a partir, esperando que ellas tivessem despejado alguma chuva no deserto.

No dia 28 improvisei, com anzóes que trazia, uns pequenos aparêlhos de pesca, e fui com as damas Coillard pescar a uma lagôa que nos ficava uns duzentos metros a oeste do campo. Conseguímos pescar muitos peixes miudos, e eu tive um verdadeiro prazer por ver o gôsto que gozavam aquellas senhoras n'um divertimento nôvo para ellas, quando sentiam a ligeira canna vergar ao pêso de um peixe que se estorcia na ponta da linha, prêso ao anzol que a sua imprudente voracidade lhe fizera morder.

No dia 30 resolvémos partir a 2 de Dezembro, ainda que corriamos o risco de não encontrar àgua logo nos primeiros dias de viagem, mas uma importante consideração nos levava a não differir a partida. Èramos quinze pessôas, e a provisão de mantimentos pequena. D'ali ao Bamanguato não poderìamos obter vìveres, e em Deica mêsmo nenhuns podìamos haver.

Era pois preciso caminhar sôbre Xoxom (*Shoshong*)

o mais depressa possivel, para alcançar a cidade do rei Khama antes que viesse a fome.

Ficou por isso resolvido que partìssemos no dia dois, resolução que foi apoiada pêla chuva que cahio nos dias 30 do mez e 1 de Dezembro.

Antes de emprehender a narrativa d'essa aventurosa viagem atravez do deserto, preciso dizer duas palavras á cerca dos meus companheiros.

Que elles me perdôem pêlo que vou escrever, se a sua modestia for ferida pelas minhas palavras; mas é preciso que se saiba o nome e os feitos de alguns d'esses obscuros trabalhadores Africanos, que deixam a Europa e a vida civilizada, para irem longe da patria trabalhar tenazmente na grande obra da civilização do Continente Nêgro.

No paiz do Basuto, paiz que confina ao sul e leste com as colonias do Cabo e Natal, e ao norte e oeste com o estado livre de Orange, fôram, ha cincoenta annos, estabelecer-se alguns missionarios protestantes Francezes. Estes homens, cujo nùmero augmentava de anno para anno, conseguíram domar um pôvo bàrbaro de canibaes, e eleval-o a um estado de civilização e de instrucção a que ainda não chegou pôvo algum da 'Africa Austral.

Hôje as escolas Christãs do Basuto contam os discìpulos por milhares, e uma grande parte da população sendo Christã, abandonou a polygamia e os costumes bàrbaros dos seus antepassados.

Os missionarios achàram o campo ja pequeno para o seu nùmero, sentíram a necessidade de expansão, e fôram estabelecer os seus cathechistas para o norte do Transvaal junto ao Limpôpo.

Quizéram ir mais longe, e uma expedição foi organizada, tendo por chefe um joven missionario, com destino ao paiz do Baniais ou Machonas, situado entre o Matabele e as terras Natuas. Esta expedição foi infeliz. Entrando no Transvaal, soffreu insultos dos Boers, que a impossibilitáram de seguir ávante, chegando até a serem prêsos em Pretoria o missionario e seus homens de cathechese.

Foi então que M^r. François Coillard, director da Missão de Leribé, foi encarregado de dirigir a expedição que falhara. Partio de Leribé, ponto situado perto do rio Caledon, affluente do Orange e a oeste do Mont-aux-sources, e com sua espôsa e sua sobrinha e seus cathechistas, caminhou ao Norte, e por entre innùmeras difficuldades, que só uma vontade tenaz pode vencer, conseguio alcançar o paiz a que se destinava.

Muito bem recebido pelos Machonas, deu comêço aos seus trabalhos, quando foi atacado por uma fôrça de Matebeles, que o fizéram prisioneiro e o conduzíram com tôda a expedição perante o seu chefe, Lo-Bengula.

O que o missionario e aquellas pobres damas soffrêram durante o tempo que estivéram em poder do terrivel chefe dos Matebeles é uma historia triste e compungente.

O chefe, que pretende ter direitos sôbre o paiz dos Machonas, exprobou-lhes o terem ido ali sem a sua prèvia licença, e não lhes permitio voltar lá.

Retrogradou pois até Xoxon, capital do Manguato, e não querendo deixar sem resultado tão dispendiosa e fadigosa jornada, deliberou fazer uma tentativa sôbre o Barôze. Tinha a vantagem de falar a lingua do paiz, bem como os seus cathechistas, que, Basutos de origem, podiam trabalhar facilmente em um paiz onde se falava a sua propria lìngua.

Não foi feliz no Barôze, e ainda que bem recebido e cheio de promessas do astuto Gambela, não lhe consentíram o accesso àlém de Quisseque.

Fôram estes, que exponho muito resumidamente, os motivos que levâram a familia Coillard ao Alto Zambeze, e que occasionáram o nosso encontro n'aquellas remotas paragens.

Mr. Coillard e sua espôsa, á èpocha do nosso encontro, estavam em Africa havia ja vinte annos!

Mr. Coillard é homem de quarenta annos, sua espôsa tem a idade que tem tôdas as damas casadas logo que passam dos vinte e cinco, não tem idade.

O missionario nutre uma grande paixão pelos indìgenas, á civilização dos quaes votou a sua vida.

Sempre tranquillo em gesto e palavra, não se altera nunca, e só tem na bôca o perdão para todas as faltas que vê commetter.

François Coillard é o melhor e o mais bondoso dos homens que eu tenho conhecido.

A uma intelligencia superior reune uma vontade inquebrantavel, e a teimosia precisa para levar a cabo qualquer emprehendimento difficil.

Muito instruido, o missionario Francez tem uma alma moldada para comprehender os mais sublimes sentimentos, e é mesmo poéta.

Procurando e glorificando-se de encontrar qualidades bôas nos indìgenas Africanos, não vê ou não quer ver as más.

É um grande defeito êsse, mas tem elle ampla escusa na sublimidade dos sentimentos que o dictam.

Madame Coillard, como seu marido, é de uma bondade extrema.

Não se chêga a ella o necessitado sem ir satisfeito, o triste sem ir consolado.

Para elles tudo sam irmãos, e tanto estendem a mão ao indìgena como ao Europêu, ao pobre como ao rico, logo que indìgena, Europêu, pobre e rico precisam d'elles.

Eu, por mim, não lhes poderei nunca agradecer os serviços que me fizéram, serviços que me obrigáram tanto mais, quanto maior foi a delicadeza com que fôram feitos.

O correr da narrativa mostrará quem sam estas gentes de quem falo agora muito lacònicamente, e que deviam ser meus socios na longa viagem que ìamos emprehender a traves de um deserto desconhecido, porque, deixando o caminho das caravanas, ìamos traçar uma nova estrada.

CAPÌTULO III.

TRINTA DIAS NO DESERTO.

O Deserto—Florestas—Planicies—Os Macaricaris—Os Massaruas—O grande Macaricari—Os rios no deserto—Morte da Córa—Falta de àgua—O ùltimo chá de Madame Coillard—Xoxom (*Shoshong*).

A 2 DE DEZEMBRO, começáram logo de manhã os preparativos de partida.

Um vagom de viagem em Àfrica do Sul é uma pesada construcção de madeira e ferro, de 6 a 7 metros de comprido por 1,8 a 2 de largo, assente sobre 4 fortes rodas de madeira, e tirado por 24 a 30 bôis, junguidos a fortes cangas, prêsas a uma corrente longa e grossa, fixa á ponta do cabeçalho no carro.

Esta especie de casa ambulante, é carregada com as bagagens e fazendas do viajante, e disposta de modo a offerecer-lhe tôdas as comodidades caseiras.

O vagom de Mr. Coillard era uma verdadeira maravilha.

Construido expressamente para aquella viagem sôb as suas vistas e com a sua experiencia de viajeiro, tinha commodidades que nunca vi em outro.

A minha bagagem foi arrumada com a da familia Coillard no fundo do vagom, ficando apenas á mão aquillo de que eu poderia precisar a miúdo.

Elles faziam prodigios para darem logar a todos os meus volumes de carga, como, durante a viagem, se encolhiam para me dar logar a mim mêsmo.

Uma partida depois de 15 dias de descanço é sempre muito demorada.

Ha muita cousa que arrumar, e no momento de partir

descobre-se sempre, que ha uma canga quebrada, que faltam as pitas aos chicotes, que os cubos das rodas precisam ser untados, mil cousas emfim que fazem retardar de algumas horas o momento prefixo.

Depois de essas precauções tomadas por Mr. Coillard, e dictadas por uma longa experiencia de tal modo de viajar, conseguímos deixar Deica pelas 2 horas da tarde, e endireitámos ao sul.

O nosso comboio compunha-se de quatro vagons, dous pertencentes a Mr. Coillard, e dous outros de Mr. Frederick Phillips, de quem falarei mais tarde.

Depois de uma jornada de três horas e meia, encontrámos àgua em uma pequena lagôa, recentemente cheia pêla chuva dos dias anteriores, e pernoitámos junto d'ella.

No dia immediato seguímos a S.S.E., e depois de duas horas de viagem parámos hora e meia, para dar descanço aos bôis.

Foi de três horas a segunda parte da jornada, e ainda fizémos uma terceira tirada das 7 ás 9 da noute.

Sendo explorados os arredores do sitio em que acampámos, encontrou-se àgua um kilòmetro a E.N.E.

No dia 4 só podémos partir ás 4 e meia horas da tarde, para darmos tempo aos bôis de bebêrem durante tôda a manhã: e n'esse dia a nossa jornada foi apenas de duas horas e meia, porque, encontrando uma lagôa de òptima àgua, acampámos junto d'ella, ainda que os prêtos de Mr. Phillips diziam haver ali a terrivel môsca zê-zê, o que me parece precisa confirmação.

Contudo, por prudencia, no seguinte dia partímos logo de madrugada, e viajámos por sete horas e meia, em três andadas, a ùltima das quaes findou ás 9 da noute. Junto do ponto onde pernoitámos não appareceu àgua. A viagem d'êsse dia foi difficil, por entre emmaranhada floresta, onde os vagons corrêram grande perigo de partir as rodas de encontro aos troncos de àrvores colossaes.

A 6, de manhã, jornadeámos por duas horas a S.E., encontrando no fim d'ellas uma lagôa de àgua permanente, a ùnica àgua que no tempo sêco se encontra de Deica até ali. Chama-se Tamazêze.

Descansámos por sete horas, e seguímos ás 3 da tarde; indo acampar, ás 6, junto de outra bella lagôa tambem permanente, a que os Massaruas chamam Tamafupa.

A jornada d'aquêlle dia foi por entre florestas lindissimas, onde abundam espinheiros brancos. O solo é coberto por uma espêssa camada de arêa. Junto á lagôa um formôso tapête de relva cobre o terreno, levemente accidentado.

Mas no meio d'aquella relva viçosa cresce uma planta herbàcea de que os bôis sam àvidos, e da qual é preciso desvial-os com cuidado, porque é mortal peçonha para êlles.

Estive n'essa noute até tarde levantado, para fazer observações astronòmicas, e talvez ahi tivesse origem o violento accesso de febre que me atacou no dia immediato.

Por algumas horas o delirio tirou-me a consciencia, e só ao recuperar a razão pude dar tino dos cuidadosos desvelos que me eram dispensados pêla familia Coillard.

O dia seguinte foi ainda passado no mais angustiôso soffrimento, e só ao terceiro dia nos pozémos em viagem, indo eu em deploravel estado. Foi-me arranjada uma cama no vagom de Mr. Coillard, e rodeado da familia, que redobrava em affectuosos cuidados, cercando-me de tôdas as commodidades que a si tiravam, fiz uma jornada que pouca consciencia tenho de ter feito. Sei que a 10 de Dezembro estàvamos acampados em um logar que uns chamam Muacha e outros Nguja.

Ali, com o caminho seguido pêlos negociantes Inglezes, devìamos deixar um d'elles, que, como ja disse, era nosso companheiro de viagem desde Deica.

Mr. Frederick Phillips, o companheiro de viagem que

ìamos deixar, é um *Inglez de Inglaterra.* Homem de fina educação, affecta uns modos grosseiros e semi-selvagens, que não podem encubrir as suas bôas maneiras originaes.

É este um dos seus fracos.

O outro elle mesmo o define em algumas palavras que lhe ouvi. "Quizera, me disse elle, que tudo o que existe no mundo, que tudo o que cobre a terra, fôsse marfim, e eu só senhor d'elle."

Se eu não tivesse a certeza de que Mr. Phillips era Inglez, pêla fòrmula do desejo julgàra-o nascido em Tarbes.

Mr. Phillips, de elevada estatura e robusto em proporção, tem um rôsto enèrgico e sympàthico, que dizem ter feito uma profunda impressão na irmã do terrivel Lo-Bengula, o rei do Matabelle, que tem feito as mais altas diligencias para o desposar. É no Matabelle que êlle tem a sua principal residencia Africana, e se eu o encontrei no Zambeze, foi porque a ausencia ali de Mr. Westbeech seu socio, o obrigou áquella viagem por interesses commerciaes.

Mr. Phillips, que encontrei em Lexuma, fêz-me offerecimentos, pondo á minha disposição um dos seus vagons, para eu continuar a minha viagem para o sul, e se os não devi aceitar, não deixo por isso de lhe tributar muita gratidão.

Depois de nos despedirmos de Mr. Phillips em Nguja, partímos ao Sul, e jornadeámos por três horas e meia, indo acampar, ás 7 e meia, em sìtio onde não havia àgua.

No dia seguinte, depois de duas horas e meia de caminho, parámos em um logar chamado em lìngua Massarua Motlamagjanane, palavra que quer dizer, muitas cousas que se succedem umas ás outras, e isto por se dar êsse caso com uma sèrie de pequenas lagôas que encontrámos estanques.

A floresta toma ali um nôvo aspecto, e ás àrvores meãs succedem ja verdadeiros colossos vegetaes, assombrando com as elevadas copas um mato denso de emaranhados arbustos, difficìlimo de transpôr.

Seguímos ás 4 horas, e duas horas depois, atravessàvamos a mais sobêrba e bella floresta virgem que encontrei em 'Africa.

Logo ao anoutecer, tivémos de parar, porque era impossivel proseguir em tão densa floresta sem arriscar os vagons a um accidente sèrio.

N'essa noute eu começava a achar-me completamente restabelecido, e a febre tinha cedido a doses diàrias de quatro grammas de quinino.

Meia hora depois de partir, no dia immediato, atingìamos a orla da floresta, e encontràvamos àgua n'um pequeno charco lodôso. Diante de nós estava a planicie descoberta, àrida e sêca; essa planicie, que foi pêla primeira vez atravessada dois graos a Oeste por Livingstone, ainda um a oeste do meu ponto por Baines, e um grao e mais leste por Baldwin, Chapman, Ed. Mohr e outros; essa planicie arenosa e inhòspita, o Saara do sul, o Calaari emfim.

Ainda jornadeámos por espaço de duas horas, indo dar descanço aos bôis ás 11 e meia, junto a uns rachìticos e pequenos espinheiros, que com a sua vegetação mesquinha faziam sentir mais a nudêz do deserto.

Algumas trovoadas formávam-se pelo Norte, e ás duas horas aproximávam-se de nós, deixando cahir de nêgros nimbos grossas gôtas de chuva tèpida.

Desde o Zambeze até ali o terreno é arenôso, sendo o sub-solo formado por uma camada argilosa muito plàstica de côr castanho-escura. A espessura da camada de arêa branca e fina que forma o solo varia entre 10 e 50 centìmetros.

'Agua apenas aparece aqui e àlém na estação das chuvas, nas depressões de terreno. Algumas vêzes, como n'aquelle dia ao sahir da floresta, era ella uma lama espêssa e fètida. Tôdo o paiz até ao ponto em que o deixámos n'aquella manhã, é coberto por uma floresta, que vai progressivamente augmentando em espessura e no pompôso da vegetação, ao passo que se afasta do Norte.

O que mais se vê sam ainda leguminosas, e uma immensa variedade de acacia cobre o solo. Flôres do mais variado e brilhante colorido, das formas mais mimosas e delicadas, ao passo que encantam a vista, embalsamam o ar com os seus suaves perfumes. Viajar ali é difficilimo.

Abrir caminho para o carro, de machado em punho; ás vêzes, durante 10 e mais kilòmetros, haver um solo de cincoenta centimetros de area, onde as rodas dos vagons se enterram profundamente; fazer uma milha em quarenta minutos, tal é o viajar n'aquellas brenhas, quando se viaja bem.

A esse enorme terreno, comprehendido entre o Zambeze e o Calaari, chamei eu nas minhas cartas o Deserto de Baines.

Foi uma homenagem ao trabalhador infatigavel, o primeiro que devassou aquellas paragens inhòspitas, e cuja vida foi tão deserta de gôsos e de glòrias, como aquêlle paiz é deserto de gentes.

Do ponto em que parámos de manhã, seguímos ás 4 horas da tarde, logo que a tormenta passou, e jornadeámos até ás 8 da noute, parando n'um matagal de espinheiros baixos, onde foi difficil acampar no meio das hervas e entre os abrolhos.

Durante a noute, chacaes e hyenas déram-nos um concêrto infernal, vindo vocalizar um côro orpheònico, em tôrno do sitio onde chegava a claridade dos fogos do campo.

De manhã choveu, e nós seguímos ás 5 horas e meia, sahindo logo dos espinheiros, que poderìamos ter evitado sem umas trevas profundas que na vèspera nos tinham impossibilitado de escolher outro caminho.

Sustentámos uma caminhada de cinco horas, apenas com um pequeno descanço, encontrando uns charcos produzidos pêla chuva da manhã, que de nenhum proveito nos fôram a nós, por serem de àgua salgada, mas que, ainda assim, servíram aos bôis sedentos, que os esgotáram em pouco tempo.

Era preciso encontrar àgua, e seguímos ainda por quatro horas, parando no fim d'ellas sem termos logrado o nosso intento. Pude fazer n'essa noute uma bôa observação do reapparecimento do primeiro satèlite de Jùpiter.

Logo ao alvorecer, caminhámos por hora e meia no deserto arenoso e àrido, onde as rodas dos vagons se enterravam profundamente.

No fim d'este tempo de jornada, encontrámos o leito sêco de um rio cuja margem direita seguímos por uma hora, passando-o no momento em que elle encurvava a S.O., e por isso nos desviava do rumo a seguir. As escarpas do sulco arenôso eram de três metros e muito inclinadas. Foi medonho o precipitar dos vagons n'aquelle fôsso, e compungente o trabalho dos bôis para desenterrarem aquellas enormes màchinas de transporte, e fazèrem-n-as subir nas contra-escarpas.

Acampámos logo.

No leito arenôso do rio algumas lagôas deixavam ver pequenas massas d'àgua lìmpida e cristallina, que alegrava os olhos cançados da aridez e secura do deserto. Corrémos pressurosos a ellas, mas aos primeiros tragos bebidos a alegria converteu-se em angustia cruciante. Aquella àgua era tão salgada como a do mar.

Contudo, alguns poços cavados muito fundo, longe das lagôas, déram uma àgua quasi potavel. Era preciso tiral-a a baldes para a dar aos pobres bôis ja sedentos e cançados. Aquelle rio, ou antes aquelle leito sêco, era o do Nata, que no seu curso inferior, quando corre, toma o nome de Xua (*Shua*).

Foi decidido que ficàssemos ali dois dias, por ser o immediato ao da nossa chegada um domingo, e a familia Coillard não gostar de fazer viagem em tal dia. Preparou-se para isso um melhor acampamento, podendo obter-se ramos de àrvores nas margens do rio, ja povoadas da vegetação que o paiz carece ao Norte.

Pêlo meio-dia estava prompto um kiosque, e estabelecido o campo.

As damas Coillard andavam n'uma labutação activa. Faziam o pão e preparavam tudo o que os poucos elementos de que dispunham lhes permittiam, para a festa do Domingo.

Depois da minha ùltima febre, e dos mil cuidados e carinhos de que eu tinha sido alvo, o contacto ìntimo com aquellas damas a que a doença me tinha obrigado, modificou profundamente o meu espìrito, e senti em mim uma alteração profunda.

Até ao momento de as encontrar, eu havia esquècido, no meio dos selvagens com quem só vivia, o que fôssem carinhos e afagos.

O viver entre aquellas damas veio trazer-me á memoria que no mundo ha anjos, rosas perfumadas que embalsamam o caminho espinhôso da vida, frêscos oasis em que o caminheiro repousa das fadigas do deserto àrido.

A lembrança de uma espôsa estremecida, e de uma filha adorada, veio estar sempre presente ao meu pensamento, avivada pêla vista constante d'aquellas duas senhôras, instrumentos innocentes e inconscientes de um soffrimento atroz que me causavam.

Quantas vêzes, fatigado e doente, eu me sentava ao pé d'ellas, e por um momento era feliz, não pensando que eram para mim dois entes estranhos, lançados no meu caminho por o mais extraordinario dos acasos!

Quantas vêzes inconsciente não ia curvando a cabêça aturdida, em busca de um regaço de mulhér adorada, e cahia em mim, e levantava-me e fugia!

Ah! como eu as odiava então!!

Este soffrimento constante, sempre alimentado pêla vista d'ellas, e exacerbado pêlos seus carinhos, traduzio-se n'um mao humor que me não deixava um momento.

Perdi tôdas as formas sociaes de delicadêza, e transformei-me na imagem da mais brutal grosseria.

Bastava Madame Coillard dizer uma palavra, para ser logo grosseiramente contrariada. Um dia em que eu tinha subido para o vagom bastante fatigado, ellas priváram-se de quantas almofadas tinham para se encostarem e amortecer os choques violentos de um carro sem molas, para me fazêrem um leito commodissimo.

Achei-me tão bem que adormeci em caminho, velando ellas pêlo meu sono, e não cessando de arranjarem uma ou outra almofada desaconchegada pelos solavancos do carro.

Madame Coillard estava contente com a sua obra. Tinha de certo tido uma viagem tormentosa, mas eu tinha estado bem, tinha dormido.

Era tal a sua satisfação que não pôde deixar de me perguntar se eu havia estado còmmodamente, certa de que eu só lhe poderia responder com um agradecimento expressivo. Pois não foi assim. Disse-lhe, que o seu vagom era um vagom infernal, que eu nem mesmo havia podido dormir um momento, e que tinha passado o dia incommodadissimo.

Depois d'esta brutalidade insòlita, encarei com ella, e vi làgrimas a querer marejar-lhe nos olhos. Fiquei tão furiôso que fugi para longe.

Casos idènticos repetiam-se a miüdo, e no correr da narràtiva apparecerám ainda.

Hôje custa-me a comprehender como no meu espìrito

se pôde fazer uma tal alteração, e como eu cheguei a commetter taes barbaridades.

Os dois dias passados na margem do Nata não fôram dos peiores para mim.

Tinha observações a fazer, trabalhos atrazados a completar, e um paiz curiôso a estudar; e isso era agradavel diversão ao meu viver monòtono do deserto.

Creio que n'êsses dois dias não fui tão grosseiro como de costume.

O Deserto do Calaari, nas partes em que tem àgua, é frequentado por uma população nòmada. Sam os Massaruas, a que os Inglezes dam o nome genèrico de *Bushmen*. Os Massaruas sam selvagens, mas muito menos do que os Mucassequeres, que encontrei junto aos confluentes do Cuando, por 15 de latitude Sul e 19 de longitude E. Greenw. Os Massaruas sam muito prêtos, têm os ossos molares muito salientes, olhos pequenos e vivos, e cabêllo pouco.

Viéram alguns ver-nos, e eu dei-lhes tabaco e pòlvora. O seu contentamento foi grande. Voltáram de tarde, a offerecer-me um cabaz de peixe frêsco, que tinham ido pescar nas lagôas para mim.

No dia seguinte, em uma excursão que fiz, visitei o seu acampamento.

Vi que tinham panellas em que cozinhavam, e outros, ainda que poucos, indicios de uma civilização rudimentar.

Vi uma vasta provisão de tartarugas terrestres, que elles muito apreciam como manjar. As mulheres cubriam a sua nudez com algumas pelles, e enfeitavam-se de missangas, bem como os pequenos.

Têm por armas azagaias e pequenos escudos ogivaes. Usam ao pescôço um sem-nùmero de amulêtos, e trazem nos braços e pernas manilhas de couro.

Rapam o cabêllo junto das orêlhas, deixando no alto um cìrculo que vem tangente á testa. Falam uma lìngua bàrbara muito notavel pêlo modo porque nos fere o ouvido, dividindo as palavras com um estalo dado com o lìngua, a que chamam *cliques*.

A 16 de Dezembro partímos, seguindo a margem esquêrda do rio, e parámos junto d'ella, depois de cinco horas de jornada.

Os Massaruas, que chamavam Nata ao rio no ponto em que passámos o Domingo, ja lhe chamam Xua (*Shua*) ali onde acampámos, a cinco horas de caminho.

Andámos sempre na margem d'êlle com os rumos de S.O., S.E., S.S.E., S.S.O. e S., o que deu um rumo medio de sul, e não resta a menor dùvida, que o Nata e o Xua sam um e o mesmo rio, que, como quasi todos os rios de 'Africa, tem diversos nomes em diversos trôços do seu curso.

Esta parte do deserto é coberta de uma herva curta e rachìtica, e só aqui e àlém se vê uma ou outra àrvore solitaria.

Com tudo, nas bordas do rio ha alguma vegetação, e de espaço a espaço não deixa de ser amena esta ou aquella païsagem que se nos apresenta á vista.

A àgua dos poços cavados no leito do rio nem sempre é potavel, e a das lagôas é completamente saturada de saes.

O terreno do deserto apresenta pequenas clareiras onde nada vegeta, e onde o solo é coberto por uma espêssa camada de saes, depòsitos de àguas evaporadas.

As informações dos Massaruas a respeito de falta de àgua eram assustadoras, e nós resolvemos não avançar mais n'aquêlle dia, para aproveitarmos o mais tempo possivel alguma bôa que ali se encontrou em poços cavados profundamente.

Desde que percorrìamos aquelle bôrdo do Calaari, notava eu que um fortissimo vento de leste soprava rijo nas primeiras horas da manhã; sendo que do meio dia para a tarde uma brisa suave de oeste durava algumas horas.

Eu atribuo aquêlle phenòmeno constante, á influencia na atmosphera do enorme deserto arenôso que nos ficava a oeste.

A arêa reflectindo o calor solar, deveria produzir uma dilatação atmosphèrica, que determinaria durante o calor a corrente branda para leste; ao passo que êsse ar lentamente dilatado de dia, seria ràpidamente retrahido pêlo frio intenso da noute, e produziria um desiquilìbrio, que originara a fortissima corrente nas primeiras horas do dia.

Mr. Coillard achou prudente partir só na tarde do dia immediato, para saciar bem os bôis, antes de ir procurar àguas muito problemàticas; mas eu decidi seguir só com o meu Pépéca, e combinámos encontrar-nos nas margens do Simoane.

O meu fim era sôbre tudo visitar os lagos a que os Massaruas chamam os *Macaricáris*.

Depois de atravessar sete milhas de Macaricáris, entrei n'uma floresta, que percorri n'uma extensão de três milhas até encontrar um leito de rio, com alguma àgua encharcada, que eu suppuz devia ser o Simoane.

Desci por elle até ao Grande Macaricari. Depois de um longo passeio nas cercanias, fui procurar um sitio onde calculei que os vagons deveriam passar e esperei.

Só ás nove da noute, e noute de trevas profundas, o meu ouvido exercitado pôde perceber ao longe a bulha dos vagons, e caminhando para ali fui sahir-lhes ao encontro. Madame Coillard estava em cuidados, por me ver ausente tôdo o dia só com uma criança, e a primeira cousa que fez, ao parar dos vagons, foi preparar-me chá, bebida de que ella sabia eu ser àvido, e n'essa noute diz o meu diario que tomei a seguir seis grandes chàvenas d'êlle.

Effectivamente, o gasto que eu fazia na provisão de chá de Madame Coillard era enorme.

O ribeiro Simoane, que então era apenas uma serie de pequenas lagôas de três metros de largo, corre a Oeste no tempo das grandes chuvas, e vai entrar directamente no Grande Macaricari.

Tôdo aquelle paiz, e sôbre tudo a floresta entre a qual corre o Simoane, apresentava indicios de ter chovido muito ali, e por isso as lagôas do Simoane tinham àgua, e esta era quasi bôa.

No tempo sêco ellas secam, e em alguma que conserva pouca àgua, é esta tão saturada de saes que não se pode aproveitar.

Desde que chegámos ás margens do Nata, em tôdos os pontos onde paràvamos, appareciam os Massaruas sempre a pedir alguma cousa.

O que valia era fugirem se nos zangàvamos com êlles.

Aquêlles Massaruas que sam valorosos e combatem o elephante e o leão, sam cobardes diante do homem, e sôbre tudo do branco.

Só ás 4 horas da tarde deixámos aquelle ponto, onde os bôis encontravam um viçoso pasto e abundante àgua; e caminhando a S.O. fomos acampar, ás 8 horas e meia, em sitio sêco.

No dia 19, depois de quatro horas de jornada a S.S.E., costeando sempre o terreno que se eleva para o Este, deparámos com o leito sêco de um rio cujas margens alimentam uma vegetação luxuriante. Os Massaruas que apparecêram logo, disséram chamarem-lhe Lilutela, e ser o mesmo que outros chamam Xuani (*Shuani*) ou pequeno Xua. Este nome de Xuani deve ter sido dado áquelle rio por gentes do sul, que falassem a lìngua Sesuto ou algum dos seus dialectos, porque n'aquella lìngua os substantivos formam o diminuitivo com a terminação *ani*.

O Lilutela, nome que eu lhe conservo, por ser o

empregado pelos povos nòmadas do deserto, tem o seu leito cavado entre uma floresta formada de àrvores gigantes, mas limpa de arbustos. Esta floresta, que começou umas nove milhas ao N. do Simoane, parece ser a orla de uma densa mata que em terreno mais elevado corre Norte-Sul poucas milhas a leste do nosso caminho.

O terreno desde a margem esquêrda do rio Nata é consistente, e não arenoso como até ali. O solo é formado por uma funda camada de argila muito plàstica, e no tempo das grandes chuvas deve ser um atoleiro enorme.

Um dos Massaruas que appareceu ali foi mostrar uma lagôa um kilòmetro a oeste, onde os bôis podéram matar a sêde e nós fazer provisão d'àgua.

As margens do Lilutela sam cobertas por uma espêssa camada de guano, e na estação em que o rio leva àgua devem ser habitadas por milhões de aves.

Seguímos no mesmo dia ás 5 da tarde, debaixo da má impressão de que não encontrarìamos àgua no dia immediato, facto que nos foi affirmado pelos Massaruas. Jornadeámos até ás 11 e meia da noute, sempre por entre a floresta pomposa.

Partímos no dia 20 ás 8 da manhã, e meia hora depois, passàvamos o leito sêco do rio Cualiba, que vai ao Grande Macaricari, correndo a Oeste.

A floresta ali é cheia de calhaos roliços trabalhados pêla àgua, e povoada de caracoes enormes, e buzios de grandes dimensões.

Fômos acampar àlém do leito do Cualiba, para procurarmos àgua.

Aparecêram alguns Massaruas, mas não nos quizéram indicar onde faziam provisão d'ella, coisa que elles usam com os forasteiros. Depois de vàrias tentativas feitas no leito do rio, pudémos obter àgua n'um pôço que cavámos um kilòmetro a jusante do nosso campo.

Partímos ás 4.25 minutos, parando logo ás 5. e 10, para dar de beber aos bôis em um charco que encontrámos, formado pêla chuva, que cahia torrencial desde as duas horas.

Ainda n'esse dia jornadeámos por duas horas, indo acampar ás 8, depois de termos atravessado uma parte do grande Macaricari.

O Grande Macaricari.

N'aquelle deserto do Calaari, paiz tão notavel, onde a natureza se comprazeu a juntar os mais disparatados elementos, onde a floresta pomposa toca a planicie àrida e sêca, onde a arêa sôlta é continuação do terreno argiloso ao mesmo nivel, onde a secura está, muitas vêzes, perto da àgua; n'aquelle deserto, que por vêzes quér imitar o Saara, outras a Pampa da Amèrica, outras os Stepes da Russia; n'aquelle deserto elevado três mil pes ao mar, uma das cousas mais notaveis é o Grande Macaricari.

O Grande Macaricari é uma bacia enorme, bacia onde o terreno se deprime de 3 a 5 metros, e que deve ter no seu maior eixo de 120 a 150 milhas, e no menor de 80 a 100.

Como tôdos os *Macaricaris*, afecta a forma pròximamente ellìptica, e tem como todos o seu maior eixo no sentido leste-oeste.

Macaricaris sam, em lìngua Massarua, bacias cobertas de saes, onde a àgua das chuvas se conserva por algum tempo; desapparecendo na estação estiva, por a evaporação, e deixando ali outra vez depositados os saes que dissolvêra. Sam abundantissimos os *Macaricaris* n'aquella parte do deserto, e eu visitei muitos, cujos eixos maiores, sempre no sentido leste-oeste, tinham três milhas, e mais.

As bacias sam de areia grossa, coberta por uma

camada cristallina de saes, que atinge a espessura de um a dois centìmetros.

Creio que não é so chlorurêto de sòdio o sal que forma aquella camada, ainda que é aquelle que predomina.

Os depòsitos calcàreos que aquellas àguas deixam pêla ebullição, evidenceiam que os saes de cal tambem se contẽm na camada crystallina dissolvida n'ellas, em proporção notavel.

Fiz collecção de muitos pedaços d'aquella camada que reveste o interior das bacias dos *Macaricaris*, mas, infelizmente, n'uma caixa que cahio ao mar ao embarcar no vapor *Danubio*, em Durbam, se perdêram êlles, com outros exemplares preciosos que trazia para a Europa.

O grande lago recebe na estação chuvosa um volume enorme d'àguas pelos rios Nata, Simoane, Cualiba e outros; sendo que todas as àguas que n'aquellas latitudes cahem desde a fronteira do paiz dos Matebeles, vẽm a elle, porque o terreno elèva-se progressivamente a leste até ao meridiano 28° ou 28° e 30′ de Greenwich.

Estas àguas, que formam torrentes enormes, devem encher o Grande Macaricari em pouco tempo.

Este enorme charco communica com o Lago Ngami pêla Botletle, e o seu nivel é o mesmo d'aquelle Lago; dando esta circunstancia logar a um phenòmeno muito notavel. Estando os dois lagos distanciados de alguns graos, muitas vêzes as grandes chuvas caem a leste, e o Macaricari transborda, sem que as fontes que alimentam o Ngami tenham augmentado de volume. Então a Botletle corre a oeste do Macaricari para o Ngami. Outras vezes dá-se o caso inverso, e o Ngami envia as suas àguas ao Macaricari. Este é o seu curso natural, sendo o Ngami alimentado por um rio permanente e volumoso.

¿ Mas o que succede a tôda essa àgua que de tôdos os lados corre ao grande charco? Desapparecerá só pêla evaporação?

¿ Não haverá tambem ali uma grande infiltração que por conductos misteriosos e subterràneos vá dar nascença a êsses innumeros riachos, que em plano inferior correm ao mar de uma e outra costa ?

¿ O que é feito das àguas do Cubango, rio volumoso e permanente, que desapparece n'êsse deserto insondavel? As àguas do Cubango, na minha opinião, chêgam ao Grande Macaricari e desapparecem ali.

A Botletle não é mais do que o Cubango, que tem um alargamento a que chamáram o Ngami.

Sem o Grande Macaricari, a parte da 'Africa Austral comprehendida entre o parallelo 18 e o rio Orange, seria um paiz fertilissimo, e nas condições climatològicas e meteorològicas que a protegem, seria um paiz de grande futuro.

Bastava o Cubango para a fertilizar. Mas o Cubango, bem como tôdos os rios que quizéram entrar no Calaari, encontrou no seu caminho um paiz arenoso e perfeitamente horizontal, que lhe dispersou as àguas, como que dizendo: "Não passareis d'aqui;" e a pouca que encontrou um esgôto, e pensou salvar-se, foi cahir no Grande Macaricari, que a bebeu àvido, sem que ainda assim podesse matar a sua sêde insaciavel.

Os rios que têm as suas nascentes ao sul do parallelo 18, e a oeste do meridiano 27, ao norte do Orange, e a oeste do Limpôpo, não sam permanentes; e, caudalosas torrentes na estação das chuvas, não sam mais do que sulcos arenosos na estação estiva.

As àguas de quasi tôdos vam a essa linha que une o Ngami ao Grande Macaricari onde se perdem, talvez para volverem de nôvo n'uma nova estação das chuvas.

Algumas vêzes, como n'aquelle anno, até a Botletle mostrou aos habitantes dos juncaes das suas margens o seu fundo arenoso e branco.

É bem digna de estudo esta parte d'Africa, ainda hôje envolvida em misterioso véo, mas tão inhòspita é ella, que por muito tempo saberá occultar os seus segrêdos aos olhos dos investigadôres scientìficos.

No dia 21 seguímos ao Sul, deixando o Macaricari ás 5 horas da manhã, e fomos parar, quatro horas depois, junto de uma pequena lagôa de bôa àgua, produzida pêla chuva que cahio copiosa na vèspera.

O paiz que atravessámos era coberto de vegetação arborescente, sendo o mato formado de espinheiros que difficultavam o viajar.

Partímos ao meio-dia, alcançando pêlas duas horas o ribeiro Tlapam, que, ao contrario do que esperàvamos, não nos offereceu uma gôta d'àgua potavel; e por isso continuámos jornada até ás 9 horas da noute, hora em que encontrámos uma pequena lagôa permanente, a que os Massaruas chamam Linocanim (*o pequeno ribeiro*), porque esta lagôa dá nascença a um pequeno ribeiro que corre a leste, provavelmente ao rio Tati.

Das 6 ás 8 horas cahio sobre nós uma horrorosa tempestade, com copiosa chuva, que encharcou o terreno, tornando difficilimo o rodar dos carros.

Algumas cabras de Mr. Coillard e a minha Córa, querendo refugiar-se da tormenta, procuráram abrigar-se debaixo dos vagons, que rodavam, e uma foi logo esmagada pelas rodas.

A minha Córa foi a segunda vìctima. A roda passou-lhe sobre os ilìacos, e eu, ainda que ella chegou viva a Lino Canin, supuz logo que não podia viver muitas horas.

N'aquella noute foi morta no nosso campo uma cobra venenosissima.

Desde o rio Nata até ali, vi mais cobras venenosas do que em tôdo o resto da viagem. Na vèspera um asqueroso e enorme sapo veio meter-se nas peles da minha cama, e ao acordar achei-me cara a cara com tão amavel companheiro. Escorpiões, centopeias e os mais repugnantes insectos, eram meus socios de cama, vindo procurar junto ao meu côrpo o calor que tão apreciado é pelos animaes de sangue frio.

É preciso um hàbito constante do deserto para se poder dormir sobre umas pelles na terra dura em companhia de taes animalejos.

Deve comprehender-se, que estas insignificantes bagatellas, reunidas a todas as outras causas, mantivessem o meu mao humor a uma altura constante. O tempo chuvoso continuava persistente, e o ceo sempre encoberto não me permittia fazer observações astronòmicas, o que contribuia para acirrar o meu espìrito ja muito iracundo.

N'aquelle dia tôdos os meus cuidados, tôdos os meus momentos, fôram dedicados a tratar da minha pobre Córa, que morreu pêla tarde.

¡ Pobre animal ! Perdi em ti a ùnica grande affeição que encontrei nas terras Africanas, antes de conhecer a familia Europea que me recebeu no seu seio. Perdi em ti a companheira constante dos meus dias de tristeza, a amiga dilecta dos meus poucos momentos de alegria !

¡ Pobre Córa ! A sepultura que te cavei junto a Linocanim será sempre um pensamento triste na minha lembrança, e as poucas linhas que aqui te consagro, dictadas por a saudade que me deixaste, sam a expressão sincera do muito que eu te queria, pêlo muito que me eras dedicada.

Agora, leitor endurecido e crìtico severo, trata-me de frìvolo pêlo pouco que acabo de escrever de assumpto que taxarás de futil, trata-me como quizeres de mal, que só me darás o direito a lastimar-te. Ha bagatellas na vida que sam verdadeiros acontecimentos para o homem que sente, meras puerilidades para aquelle a quem as paixões ja mirráram o coração.

Se és dos ùltimos, ri-te de mim e deixa-me que te lastime.

Não contesto que me leves grande superioridade, mas eu sou de outro feitio, e estou bem assim.

Córa morrendo deixou-me uma recordação viva n'um filho que tinha, a que os Basutos de Mr. Coillard déram o nome Coranhana.

A tarde do dia 22 foi tormentosa, e das 3 horas ás 6 e meia a chuva cahia torrencial.

No dia immediato partímos ás 6 horas, indo parar ás 9 em um logar onde os Massaruas caváram um grande pôço, logar a que elles chamam Tlala Mabelli (*fome de mabelli*).* No fundo do pôço apenas encontrámos uma lama fètida inaproveitavel.

Ainda n'esse dia fizémos uma jornada de cinco horas e meia, sempre debaixo de chuva copiosa.

A 24 seguímos viagem, e depois de quatro horas e meia de caminho, encontrámos um pôsto de Massaruas, sujeitos ao rei Cama do Manguato. Chamam aquelle pôsto a Morralana, do nome de uma àrvore que abunda ali.

Disséram-nos os Massaruas que podìamos seguir em linha recta, porque a muita chuva cahida nos dias anteriores nos faria encontrar àgua no caminho, sem o quê terìamos de fazer um grande desvio por leste para não morrermos á sêde.

A's 11 horas começou uma chuva forte que só moderou ás 2; seguímos então, mas logo ás 4 parámos, por termos encontrado uma lagôa cheia de àgua magnìfica, e sabermos pelos Massaruas, que só três dias depois poderìamos encontrar de nôvo àgua aproveitavel.

¡Triste vèspera de Natal! Eu estava n'esse dia de um mao humor atroz. Sentado dentro do vagom para me abrigar da chuva, estavam junto a mim Mr. Coillard e as damas.

Elles conversavam, eu estava calado; furioso. Não

* Mabelli é massambala, ou *Sorghum*.

sei a que propòsito Madame Coillard falou de George Eliot.

Foi como o fôgo chegado á pòlvora aquelle nome que ouvi.

Voltando-me para Madame Coillard, disse-lhe, que George Eliot não escrevia senão disparates, porque era uma mulhér o seu George Eliot, e que uma mulhér só podia escrever disparates.

Madame Coillard, ferida por esta minha brutal aggressão, quiz discutir, mas eu só lhe respondia, que as mulheres não nascêram para escritôras, que logo que se metiam a isso não podiam deixar de escrever tolices; que o seu mistér era governar casas, e não fazer livros.

Chegou a discussão ao ponto de eu ver a bôa dama commovida, e de fugir d'ali.

Momentos depois cahia em mim, e avaliava tôda a extensão do meu arrebatamento, sem poder explicar como se produziam no meu espìrito taes alterações, logo que eu me dirigia a ella.

Eu, o maior admirador de George Eliot; eu, que reli *Romola* e *Adam Bede*, ficando ainda com desejo de ler aquellas obras primas da cèlebre romancista Ingleza; eu que presto um verdadeiro tributo ao mèrito de Staël e Sand; eu que me ufano de ter entre os primeiros literatos do meu paiz Maria Amalia Vaz de Carvalho, a mulhér que escreveu um dos melhores livros que modernamente se tem escrito ali; eu fazendo violencia ao que pensava e ao que sentia, sustentava, contra a minha convicção, uma idéa estùpida, só e só para contrariar aquella bôa dama, que me pagava as aggressões insòlitas com mais cuidados e com mais desvelos!

Amanheceu 25 de Dezembro, dia de Natal, que, sendo dia festivo e de descanço em tôdo o mundo Christão, para nós foi dia de trabalho rude, porque jornadeámos por trêze horas, em três caminhadas, e só á uma hora da noute acampámos.

Era a secura do paiz que nos forçava a alargar as jornadas, e mêsmo assim, só contàvamos ter àgua três dias depois. N'êsse dia encontràmos um bando de Bamanguatos, que o rei Cama mandava a Mr. Coillard com bôis frêscos para os vagons. Por elles soubémos a nova das mortes do Capitão Paterson, Mr. Sergeant e Mr. Thomas, e alguns serviçaes, que tinham ido ao Matebelli em serviço do govêrno Inglez, e que se dizia têrem sido assassinados por Lo Bengula.

A chuva tinha cessado, mas o ceo continuava sempre completamente coberto. Eu fui n'esse dia atacado de um ligeiro accesso de febre, que me quebrou as fôrças. Havia um anno que, em Quillengues, eu luctava com a morte n'aquelle mesmo dia. Estavam então junto a mim Capello e Ivens.

¡ Quanto me lembrei d'elles !

¿ Onde estariam ? ¿ Qual teria sido o seu destino no meio d'aquelles paizes inhòspitos ? N'êsse triste dia de Natal, fatigado da jornada, abatido da febre, quanto me lembrei tambem dos meus ! De minha filha, que fazia annos, e da festa de familia, que se fazia sem mim !

Quantas familias no mundo, n'esse dia, sentadas ás mêsas que vergavam ao pêso das iguarias, desperdiçando vinhos e desprezando a àgua, estavam longe de pensar, que no sêco deserto quatro Europêos fatigados seriam felizes com alguma d'essa àgua, que por tôda a parte era desprezada !

A não ser alguns d'esses entes que de perto nos tocam e que nos não podem esquècer, ¿ quem se lembraria de nós em tal dia ?

¡ Ha momentos bem tristes entre tôdos os momentos sempre tristes da vida do explorador !

No dia 26, logo de madrugada, fizémos uma primeira marcha de quatro horas, andando em uma planicie que se eleva um pouco para o sul, coberta de herva e apresentando aqui e àlém algumas pequenas matas. O terreno de areia amarello-avermelhada deixava enterrar as rodas dos vagons quasi até aos eixos, e tornava difficilima a tracção d'elles.

Ainda n'esse dia fizémos duas jornadas, uma de cinco outra de quatro horas, sem percebermos o menor signal de àgua. Acampámos ás onze e meia da noute, á entrada de um valle, onde o terreno nos pareceu difficil e perigoso de transpor no meio das trevas.

Ao despertar, uma formosa paizagem, formosa para olhos cançados da monotonia e aridez do deserto, nos veio alegrar a vista.

O pequeno valle á entrada do qual passámos a noute era verdejante e bello. As colinas que o formavam não tinham mais elevação de 20 metros, mas eram pintorescas.

Até meia altura deixavam ver a nu um agglomerado de pedras basàlticas cheias de furos, e cujas arestas puidas mostram que houve ali um persistente trabalho da àgua.

Apesar da viçosa herva que cobria o fundo do vale àgua nenhuma encontrámos, ainda que ella deve correr ali em profusão no tempo das grandes chuvas.

Disséram-nos as gentes Bamanguatas que se chamava aquelle sitio Setlequane.

Os bôis dos vagons fugíram durante a noite, e sequiosos fôram ao longe procurar àgua, que não encontráram, sendo reconduzidos ao campo por gente que despachámos em sua busca, so ás 11 do dia.

Partímos a essa hora, e três horas depois encontràvamos o leito sêco do rio Luale. Este rio, como quasi tôdos os d'aquelle paiz, só tem àgua corrente na estação das grandes chuvas, mas em tôdo o tempo pode encontrar-se alguma estagnada em alguns poços mais profundos. Todavia, ali ha àgua permanente, e sendo a primeira permanente que lhe fica ao N. em Linocanim, ha entre estes dous pontos uma distancia de 128 kilòmetros, distancia impossivel de transpor na estação estiva.

Homens e bôis matáram ali a sêde, e nós decidímos seguir logo avante.

Quando ìamos a partir percebémos que faltavam cinco cabras de Mr. Coillard.

Fizémos seguir os vagons e as damas, ficando eu e Mr. Coillard com alguns prêtos para procurar as cabras.

Eu pude por muito tempo seguir o rasto, mas perdi-o depois; e ás 6 e meia da tarde, ja noute, decidímos ir encontrar os vagons, deixando ali alguns prêtos para continuar as buscas no dia immediato. Partímos sòzinhos por noute de trevas profundas. Mr. Coillard, sempre descuidoso, e crente na protecção de Deos, ia desarmado, levando na mão uma ligeira *badine*; eu, que creio em Deos, mas que tambem creio em feras no continente Africano, levava a minha melhor carabina.

Uma hora depois de deixarmos o Luale, ouvímos pròximo de nós á nossa esquêrda, um desagradavel côro de hyenas e chacaes, que não podémos enxergar.

Este Mr. Coillard produzia ás vêzes em mim uma impressão estranha.

Ha coisas n'aquelle homem que me não é dado comprehender.

Um dia, narrando-me com tôdo o calor que o seu espìrito de poeta lhe dava, um dos mais commoventes episòdios da sua viagem, me disse elle: "¡ Estivémos quasi perdidos!" "Mas," retroqui eu, "o senhor tinha armas, tinha dez homens dedicados e armados com-sigo, podia, nas circunstancias que me pinta, sahir da difficuldade fàcilmente."

"Não podia," me disse elle; "não podia sem matar um homem; e eu não mato um homem, nem mêsmo para me salvar e aos meus."

Fiquei pasmado a olhar para aquelle homem, typo nôvo para mim, sem poder comprehender que n'aquella organização meridional e ardente podesse existir uma coragem de gêlo, uma coragem que não acha explicação no meu espìrito.

Era a coragem filha d'aquellas *flôres d'alma* que um dos maiores poetas Portuguezes soube diffinir e descrever em phrase espressiva e bella. Era a coragem dos martyres, que a poucos é dado entender e sentir. Eu, por mim, declaro que a não entendo, e posso quando muito admiral-a.

Por vêzes, na minha viagem, me encontrei no meio da floresta desarmado, ou melhor falando, sem carabina, que alguma outra arma sempre trazia; e todas as vêzes que isso aconteceu, uma inquietação vaga, uma perturbação ligeira me atribulava o espìrito.

Não posso, por isso, comprehender o homem que passeia nos sertões Africanos de *badine* na mão, vergastando as hervas do caminho. Deve ser sublime aquella coragem, e pena tenho de a não possuir.

O caminho que eu e Mr. Coillard seguìamos é povoado de feras, e o valoroso Francez dispunha-se a passal-o sòzinho e desarmado, se eu não teimasse em o acompanhar.

Madame Coillard, em cuidados por nos ter deixado atrás, fez parar os vagons e esperou por nós, que a encontrámos depois de três horas de marcha.

Seguímos logo, indo acampar, á uma hora da noute, junto do ribeiro Cane.

Logo de manhã, appareceu o meu Augusto com as cabras perdidas, que elle encontrara de noute. Seguímos ás 7 horas, a travez de um paiz montanhoso e coberto de luxuriante vegetação, offerecendo a cada passo panoramas lindos.

As montanhas correm a S.O., e todas as àguas, se as houvesse, deviam correr a leste.

Depois de duas grandes jornadas, fomos acampar junto do leito sêco de um ribeiro chamado Letlotze, onde podémos encontrar àgua n'um pequeno pôço. Foi decidido que passarìamos ali o dia immediato, que era Domingo, dia em que a familia Coillard não viajava.

Logo na madrugada seguinte, fomos sobresaltados por uma desagradavel noticia.

Os bôis tinham ido de noute ao charco encontrado na vèspera, e tinham esgotado completamente a provisão d'àgua com que contàvamos.

Fig. 127.—Os Desfiladeiros de Letlotze.

Mandou-se á descoberta, e foi o meu Catraio quem, depois de longas e demoradas pesquizas, encontrou alguma àgua muito longe do acampamento.

O sitio em que estàvamos era lindissimo, e passámos ali um agradavel dia.

A 30 de Dezembro, posémo-nos a caminho ao alvorecer.

Eu, que acordei n'êsse dia de pèssimo humor, estava

possuido de uma verdadeira raiva, e nunca cheguei a sentir tanto òdio a alguem como então senti por aquellas damas, pelo missionario, por tôdos que me rodeavam.

Aquelle estado do meu espìrito atribulado exacerbou-se ao ouvir, que Mr. Coillard desejava fazer uma grande jornada n'aquelle dia.

Effectivamente, entestámos com os desfiladeiros de Letlôtze, e caminhámos 25 kilòmetros sem parar.

Parámos emfim, e procurei logo afastar-me do acampamento, para não fazer alguma loucura. Depois de um passeio nos arredores, voltei, e ao aproximar-me do campo por entre os arbustos, vi Madame Coillard, que falava com Mademoiselle Elise com modo contristado.

Não podia ouvir o que diziam, mas o que vi foi bastante para perceber do que se tratava.

Mademoiselle Elise tinha na mão a lata do chá, Madame Coillard um pires. Foi despejado no pires tôdo o contendo da lata, e divido em duas partes, uma das quaes volveu para a lata, outra entrou no bule.

Era o ùltimo chá de Madame Coillard. Compungio-me tanto o ver o sentimento que se lia no rosto de uma dama Escoceza ao servir o seu ultimo chá, que o meu mao humor cahio por terra, e cahio para sempre, porque não mais volveu.

Ainda n'êsse dia jornadeámos por três horas, indo acampar ás 7 e meia em sitio sêco.

A nossa viajem foi sempre pêlos desfiladeiros de Letlôtze, onde um sulco profundo serpea em apertadas curvas, mostrando o leito sêco de um rio do mesmo nome. Sete vêzes atravessámos aquelle sulco, com grande risco dos vagons que se precipitavam das suas escarpas profundas e inclinadas.

As montanhas que corôam aquelle desfiladeiro sam bellas, e a serra apresenta um dentado original.

A 31 de Dezembro, depois de uma jornada de duas

horas, entràvamos em Xoxom (*Shoshong*); a grande capital do Manguato.

A's 8 horas eu comprava um saco de batatas e outro de cebôlas; encontrava um Stanley (que não é H. M. Stanley, mas de quem terei que falar muito); e ás 11 horas comia um òptimo almôço de batatas com presunto, um magnìfico *beef-steak*, e apertava a mão do règulo Càma, o indìgena mais notavel da 'Africa Austral.

Madame Coillard ja tinha nova provisão de chá.

CAPÌTULO IV.

NO MANGUATO.

Doença grave—Um Stanley que não é o Stanley—O Rei Cama—Os Inglezes em 'Africa—A libra esterlina—Mr. Taylor—Os Bamanguatos a cavallo—Cavallos e cavalleiros—Despedidas—Parto para Pretoria—Acontecimentos nocturnos—Volto a Xoxom—¿ Pararám os chronòmetros ?

Com o alvorecer do dia primeiro de Janeiro vi eu começar em 'Africa um nôvo anno.

Havia dôze mêzes que n'êsse mesmo dia eu tinha deixado Quilengues, e feito uma grande marcha para o interior, ainda convalescente da primeira grave doença que tive em 'Africa. Em Xoxom, um anno depois, o Dia de Anno-Bom devia ser para mim um dia de descanço, e a vèspera da ùltima perigosa enfermidade que me ameaçou a vida n'aquella longa e fadigosa jornada.

Passei entre a familia Coillard aquelle dia festivo, na casa meia arruinada que pertencêra ao missionario Mackenzie, e que nós fomos occupar.

No dia 2, fui á cidade, ao bairro Europeo, e em uma das casas Inglezas déram-me um magnìfico xaruto, um *puro Londres*. Ha quanto tempo eu não via um xaruto, e com que prazer aspirei o cheiro delicioso do tabaco Havano ! !

N'êsse dia apparecêram-me os simptomas de uma febre perigosa.

A doença tomou um caracter assustador, e até ao dia 7 estive entre a vida e a morte. Os carinhos e desvelos que me dispensou Madame Coillard não se podem descrever, e de certo a ella devi outra vez o não ter morrido n'aquellas inhòspitas paragens.

A 7 melhorei bastante, e pude receber a visita de Stanley. Stanley é um fazendeiro do Transvaal. E Inglez, mas casou em Marico com uma Böer.

Viera a Xoxom vender batatas e cebôlas, eu comprei-lhe um saco de cada coisa, e aluguei-lhe o vagom para continuar a minha viagem.

N'aquelle dia pude falar largamente com elle e concluímos o contrato.

Por esse contrato o vagom ficava ao meu serviço, bem como elle, que seria apenas o *driver* (conductor), devendo obedecer-me em tudo e por tudo.

O homem tambem impoz uma condição que aceitei, e foi, a de passarmos por sua casa, para que a mulhér o não julgasse comido pelos leões.

Stanley disse-me logo, que não iria àlém de Pretoria, porque tinha um filho pequenino longe do qual não podia viver. Tive de transigir no contrato com os affectos paternaes do fazendeiro Transvaaliano.

Stanley é homem de trinta annos, alto, barba e cabello muito louro, physionomia vulgar e nada enèrgica, um typo completamente opposto ao seu homònymo o grande Stanley. Não era sem um certo acanhamento que eu o tratava por aquelle nome.

Depois de longa conferencia, ficou decidido que elle estivesse prompto a partir no dia 13, retirando-se em seguida tão satisfeito comigo como eu ficara com elle.

O Manguato, ou paiz dos Bamanguatos, occupa na Àfrica Austral uma àrea que se não pode precisar bem, tão vasta é ella.

Ao Sul do Zambeze e ao Norte do parallelo 24, a Àfrica é dividida, de mar a mar, em três grandes raças superiores e distinctas.

A leste, os Vatuas ou Landins, cujo chefe é Muzila.

Em seguida, os Matebeles ou Zulos, cujo chefe é Lo-Bengula.

A oeste, os Bamanguatos, cujo chefe e Cama.

Muitos, grandes e pequenos grupos, de raças inferiores, estam sujeitos a estas três raças dominantes, e incontestavelmente superiôres ás outras.

Taes sam entre os Matebeles os Macalacas, entre os Bamanguatos os Massaruas.

Além d'estas, outras castas formam aqui e àlém pequenos grupos, e as povoações dos juncaes da Botletle, e do Ngami, sujeitas ao rei Cama, e os Baniaes e outros povos de leste sujeitos a Lo-Bengula, sam de differente origem.

Estes três grandes potentados sam inimigos,* e usam bem differente polìtica.

Cumpre-me aqui só falar de Cama, e por isso deixarei em silencio o que poderia dizer dos outros dois poderosos règulos, cujos paizes não visitei.

O Manguato era, ha poucos annos, governado por um velho imbecil e bàrbaro.

Era o pai de Cama.

Cama, Christão convicto, educado pelos Inglezes, homem civilizado, de elevada intelligencia e superior bom-senso, não podia ter as bôas graças de seu pai, e ainda que primogènito, e por isso herdeiro legal do poder, soffria uma guerra sem trègua do velho imbecil, que trabalhava para fazer seu successor a seu filho segundo Camanhane.

Cama, querendo evitar as intrigas que em Shoshong (*Xoxom*) lhe moviam os inimigos, retirou-se prudentemente para a Botletle; mas em caminho tôdo o seu gado foi disperso pela sêde, e reunido pelos Massaruas foi levado a seu pai.

* Consta hoje que Lo-Bengula esposou uma irmã de Muzila, e que por esse facto se tornáram alliados. Esta alliança pode trazer graves complicações ao futuro desenvolvimento colonial da Africa do Sul.

Cama reclamou o que era seu e lhe foi negado, tendo por ùnica resposta, que o fôsse elle mesmo buscar a *Shoshong*, que ali lhe cortariam a cabêça.

Elle replicou, que iria, e marcou o comêço da primavera seguinte para isso, avisando que estivessem preparados para o receber. Effectivamente, apresentou-se no Manguato á frente de uma respeitavel fôrça reunida na Botletle e no Ngami, e tendo batido em differentes combates a gente de seu pai, tomou a cidade de Xoxom pouco depois.

Foi acclamado règulo, e seu pai depôsto. Entregou a seu pai tôdo o gado e riquêzas que lhe pertenciam; deu bôa esmola a seu irmão Camanhane, mandando-os viver para o sul junto de Corumane.

Um anno depois, Cama chamava seu pai e seu irmão para junto de si, e fazia-lhes os maiores beneficios.

Todavia o pai e o irmão, logo que se achàram vivendo na capital, conspiráram contra o generoso règulo, que, desgostoso por se ver envolvido em novas intrigas, entregou o govêrno a seu pai, e retirou-se para o Norte.

Os Bamanguatos porem tinham apreciado o govêrno sabio de Cama, e não podiam aturar outro règulo; o que deu logar a que fôssem em massa buscar o filho e de nôvo deposessem o pai. Este quiz retirar-se para Corumane e levou Camanhane comsigo, mas Cama, sabendo da pobreza em que estavam, ainda os encheu de beneficios.

Esta ùltima scena da historia do Manguato passou-se sete annos antes da minha estada ali, e desde então o poder de Cama consolidou-se completamente.

Cama, nas guerras que sustentou com os seus e com estranhos, adquirio reputação de grande capitão.

No tempo em que estive em *Shoshong*, Camanhane ja vivia ali, ainda que não tem a menor ingerencia nos negocios pùblicos. Cama perdoou-lhe, chamou-o para junto de si e enriqueceu-o.

Ao contrario de tôdos os governos indìgenas d'Africa, o de Cama não é egoista. Antes de pensar em si mesmo pensa elle primeiro no seu pôvo.

Uma grande parte d'êsse pôvo é Christã, e tôdos andam vestidos á Europea.

Nem um só Bamanguato deixa de ter espingarda, mas não se vê nunca um homem armado n'aquelle paiz, fora das florestas.

Cama nunca traz armas. Vai repetidas vêzes ao bairro missionario, que fica a dois kilòmetros da cidade, e volta por noite fora, só e desarmado.

Não ha outro chefe em Africa que o faça.

Tem este règulo 40 annos, ainda que parece muito mais nôvo. É alto e robusto, mas a sua physionomia inculca pouco.

Tem modos distinctos, e o seu trajar á Europea é apurado e de um aceio exquisito. Como tôdos os Bamanguatos, é destro cavalleiro, bom atirador e afamado caçador.

Quasi tôdos os dias Cama almoçava comigo em casa de Madame Coillard, e sentava-se á mesa com os modos e distincção de um cavalheiro Europeu.

Cama é muito rico, mas a sua riqueza é partilhada pêlo seu pôvo.

Ha annos, veio um flagello aos campos Bamanguatos, e sobreveio a fome, mas o pôvo de *Shoshong* não a sentio.

Cama comprou cereaes em tôda a parte, só em uma semana gastou cinco mil libras esterlinas, mas a sua gente têve de comer.

É bello ver a respeitosa amizade com que tôdos o saudam quando passa nas ruas. Não é o cortejar a um rei, é o saudar a um pai.

Elle visita as casas dos pobres e as dos ricos, e a tôdos anima ao trabalho.

Os Bamanguatos trabalham muito.

Nos campos ajudam as mulheres no amanho das terras, e ja empregam a charrua importada de Inglaterra.

'Além de grandes cultivadôres, sam pastôres e têm muitos gados.

Em casa trabalham a curtir pelles e a cosel-as com nêrvos de antìlopes, fazendo ricas coberturas que usam no inverno.

No tempo da caça sam caçadores, e as abestruzes e os elephantes sam perseguidos por elles.

Em tôdos êstes misteres sam animados pêlo seu chefe, que os visita, ja nos campos, ja no labutar domèstico.

Sam muito amigos dos Européos, e aquelle que chêga ao Manguato está tão seguro como na Europa.

Cama anda sempre só, e quando, muito é seguido por dois criados acavallo. Elle anda sempre acavallo.

¿ Como no meio de tantos povos bàrbaros se acha um tão differente d'elles ?

Deve-se isso aos missionarios Inglezes, e não posso deixar no escuro os seus nomes. Três homens trabalháram n'aquella grande obra.

Com a mesma imparcialidade com que até aqui tenho falado dos prêtos, vou agora falar dos brancos, e se não deixo de convir que muitos missionarios, e muitas missões Africanas, sam estereis, ou antes contraproducentes, preciso admittir, por factos que vi, que outras dam verdadeiros resultados, pêlo menos apparentes.

O homem é fallivel, e tirado do meio social em que foi creado, privado dos confôrtos que lhe couchegáram a infancia, perdido, por assim dizer, no meio dos povos ignaros da 'Africa, habitando um clima inhòspito, comprehènde-se que sôffra uma profunda modificação no seu espìrito.

Esta deve ser a regra geral que tem excepções. As excepções sam os homens verdadeiramente fortes, aquelles que apoiam a sua moral n'aquellas *flôres d'alma* que tão bem descriptas fôram pêlo grande poeta da Beira, aquellas *flôres d'alma* que dam o olvido ao mesquinho pêlo amor trahido, que dam confôrto ao nàufrago quando a esperança de alcançar a terra se perde, ás quaes se encommenda o monje ao soffrer o martyrio dado pelos bàrbaros onde foi levar a civilização.*

Os homens que as possuem, podem, entregues a si mesmos, caminhar ávante e attingir um fim sublime; mas estes homens sam verdadeiras excepções. A materia é fraca, e mais fraco ainda é o espìrito humano.

Se assim não fôra, dispensavam-se as leis e os govêrnos, e a sociedade estaria constituida em outras bases.

Bastavam as *flôres d'alma* para governarem o mundo.

As paixões a que está sujeito o homem levam muitas vêzes o missionario, que é homem e fraco por ser homem, a seguir um caminho errado.

A luta entre cathòlicos e protestantes nas missões Africanas sam um exemplo d'isso, sam a demonstração incontestavel de que as paixões más podem actuar no missionario como em qualquer outro mortal.

Os missionarios protestantes (os maos ja se entende) dizem ao prêto, que "o missionario cathòlico é tão

* O autor, n'este perìodo, refere-se a um trecho de poesia do Poema "D. Jayme," de Thomas Ribeiro, intitulado "*As Flôres d'Alma,*" e particularmente ás tres seguintes quadras:

> "Embora ao êrmo, a divagar sòzinho,
> Côrra o mesquinho por amor trahido;
> Quando o remorso lhe não turbe a calma,
> Nas *flôres d'alma* hade encontrar olvido.
>
> Naufrago, lasso, a sossobrar nas vagas,
> Sem ver as plagas, ônde almeja um pôrto,
> Embora o matem cruciantes dôres,
> D'*alma nas flôres* achará confôrto.
>
> O pobre monje, que de pé descalço
> De um mundo falso os areáes percorre,
> Quando lhe entregam do martyrio a palma,
> Ás *flôres d'alma* se encomenda e morre."

pobre que nem tem com que comprar uma mulhér!" aviltando assim o homem; que tão aviltado é o pobre entre os povos Africanos como entre os Europeus.

Por outro lado, os cathòlicos empregam toda a sorte de traça para desvirtuar os protestantes. D'essa luta nasce a revolta, e produz-se a esterilidade de muitas missões, onde concorrem missionarios de crenças diversas. Falei n'isto incidentalmente para mostrar, que os missionarios tem paixões e erram. Essa é até a regra geral.

Ao sul do tròpico o paiz está coberto de missionarios, e ao sul do tròpico a Inglaterra sustenta uma guerra constante com as populações indìgenas.

É porque o mao trabalho de muitos desfaz o que alguns construem de bom.

Deixemos porem em paz os maos, e falemos dos bons.

Dizia eu, que três homens trabalháram na obra da civilização relativa (e para mim apparente) do Manguato.

Digo apparente, porque estou convencido de que o règulo que substituir Cama, se não quizér admittir o missionario, levará com-sigo a população inteira, que não hesitará entre a doutrina de Christo, que não entende, e o serralho que lhe delicía a lascivia; que não hesitará entre o padre e o règulo.

Mas essa civilização do Manguato é hôje notavel a tôdos os respeitos, e o primeiro homem que trabalhou n'ella foi o Rev. Price, creio que o mesmo que ultimamente foi encarregado da missão de Udjidji no Tanganika, e que tão infeliz foi na primeira viagem. O segundo foi o Rev. Mackenzie, o actual missionario de Corumane; e o terceiro aquelle que ainda hôje prega o Evangelho aos Bamanguatos, o Rev. Eburn; que eu não tive a honra de conhecer, por estar ausente em viagem de missão, mas cujas qualidades pude apreciar pelas suas obras que vi, como pêlo respeito que lhe tributam indìgenas e Europêos.

É com o maior prazer que cito estes nomes dignos, e merecedores de serem apontados como exemplos aos trabalhadores da civilização Africana; é tanto maior a minha satisfação fazendo-o, que não conheço pessoalmente nenhum d'estes distinctos cavalheiros.

Shoshong (*Xoxom*) é a capital do Manguato.

O valle de Letlotze alarga para o sul, tomando uma largura de três milhas, e continuando a ser enquadrado por altas montanhas. É no valle encostada ás montanhas do Norte que assenta a cidade dos Bamanguatos, cidade populosa de 15 mil almas, e que em tempos do pai de Cama chegou a contar trinta mil.

As montanhas rasgam-se ali para deixar passar uma torrente que se forma nos tempos chuvosos, e que divide um bairro da cidade. É no fundo d'essa garganta, mesmo, por baixo das altas montanhas de rochas àridas cortadas a pique, que os missionarios estabelecêram as suas vivendas.

O sitio foi pessimamente escolhido, porque é hùmido e insalubre.

Provavelmente, a falta d'àgua (falta d'agua, que se faz cruelmente sentir em Shoshong) determinou aquella escôlha, fazendo aproximar os missionarios ao leito do ribeiro, onde na estação estiva alguns poços fornecem àgua á população sedenta da cidade de Cama.

As casas em Shoshong sam construidas de caniço e côlmo, sam cilìndricas com tectos cònicos. Estam divididas por bairros, e um labyrintho de ruas estreitas e tortuosas lhes dá accesso.

No bairro missionario existem as ruinas da casa do Rev. Price, a casa do Rev. Mackenzie muito deteriorada, onde eu habitei, e a igreja abandonada, por ser pequena para conter a multidão que concorre aos officios divinos.

Isto a oeste, ou na margem direita do córrego. A leste, ou na margem esquêrda, uma edificação nova, melhor situada do que as outras, é a residencia do actual

Fig. 128.—RUINAS DA CASA DO REV. PRICE (XOXON).

missionario. Todas estas edificações sam de tijolos com tecto de ferro estanhado.

Do lado oppôsto da cidade, em planicie livre, está situado o bairro Europêo, e as casas de tijolos mostram as moradas dos negociantes Inglezes.

N'uma d'essas casas, a de Mr. Francis, ha um pôço que fornece àgua á colonia Britànica.

Os Inglezes em Àfrica não sam como os povos dos outros paizes, e por isso vam mais longe do que elles, ainda que o seu temperamento e a sua ìndole estam muito longe de igualar a dos povos da raça Latina, em bôas condições para resistir ao clima e associar com o gentio.

Um Inglez decide ir negociar para o sertão, mete em um vagom tôda a familia e tôdos os havêres, e parte.

Chêga, edifica logo uma casa, rodea-se de tôdas as commodidades que pode ter, e diz com-sigo: "Eu vim aqui para fazer fortuna, e se a não fizér em tôda a minha vida, tenho de passar aqui essa vida. Procuremos pois passal-a bem."

Não pensa mais na Inglaterra, esquece o passado e olha só para o presente e para o futuro. Nostalgia nenhum tem.

Outros ha, e muitos, de classe inferior, que não querem mesmo voltar á patria, e que se estabelecem logo para sempre.

N'isto consiste a sua fôrça colonizadôra. Outra cousa que os Inglezes fazem logo é introduzir a libra esterlina em toda a parte.

Chêga um indìgena com marfim, pelles, pennas, ou outro gènero do commercio, e quer pòlvora, armas, etc. Os Inglezes não entendem permutações directas. Dam-lhe o valor em libras, e vam vender-lhe ao outro lado do armazem o que o gentio carece.

Ao principio custa; mas o indìgena vai-se habituando, vai conhecendo a vantagem do dinheiro, e depois ja não quer outra cousa. O negociante assim sabe bem o negocio que faz. Ha no Manguato um negociante Inglez, de que terei que falar muito ao diante, Mr. Taylor, que ja chegou a introduzir em Shoshong o papel de crèdito.

Lêtra passada por elle é recebida pêlo chefe Cama e por muitos gentios ricos.

Depois d'êste ràpido esbôço que acabo de fazer do Manguato, não posso deixar de falar na minha posição em *Shoshong*, que era verdadeiramente crìtica.

Tinha a fazer uma grande viagem para alcançar Pretoria, o ponto mais pròximo onde poderia alcançar meios de uma autoridade Europea; tinha de pagar dìvidas ja feitas com a sustentação da minha gente, estava sem roupa; os meus prêtos, cobertos de andrajos, pediam-me algumas jardas de panno para se vestirem, e eu não tinha dinheiro algum.

Mr. Coillard offerecia-me a sua bôlça, mas bem precisa lhe era ella para que eu ousasse aceital-a. Queria mesmo saldar algumas dìvidas que com elle contrahira, por saber que elle tinha a fazer ainda uma longa viagem, e não lhe sobejarem os meios.

O meu embaraço era grande, e tristissima a minha posição.

Eram estas as minhas circunstancias, quando, no dia 8, acompanhei Madame Coillard a fazer uma visita á familia Taylor.

Mr. Taylor tem sido um grande viajante, ja estêve no Zambeze, conhece tôdo o Transvaal, a Colonia do Cabo e todos os paizes do sul d'Africa.

Estabelecido definitivamente no Manguato, a sua casa é uma das primeiras casas commerciaes de *Shoshong*. Só em marfim a sua exportação orça por trinta mil libras por anno. Mr. Taylor é homem sèrio e de grande crèdito.

Mr. Taylor era casado, havia três annos, com uma joven e formosa Ingleza, de cabellos e olhos prêtos.

Dotada de uma educação esmeradissima, Madame Taylor embalsama o ambiente que a cerca com esse perfume que envolve toda a mulher de sociedade.

Junto d'ella, n'esse dia, cheguei a esquècer-me de que estava no remoto sertão Africano, para me julgar transportado a um salão do West-End em Londres.

A conversação estabeleceu-se entre mim, Madame Taylor, Madame e Mademoiselle Coillard, e veio a pello falar-se da minha pròxima viagem.

Disse-se, que me era impossivel viajar n'aquelle paiz sem um cavallo, e a propòsito d'isso, Mr. Taylor convidou-me a ir ver os seus. Chegados á cavallariça, elle apontou-me para um magnìfico corredor do deserto, castanho claro com cabos prêtos, e disse-me: " Eis o cavallo que lhe convem para viajar e caçar."

Eu conheci logo o grande valor do animal, que pêlas cicatrizes miúdas e redondas assignaladas sôbre os curvilhões, me mostrava ter tido a *horse-sickness*, e estar por isso á prova, sendo o que ali se chama um cavallo *salé*. As outras qualidades eram reveladas pelas pernas finas e nervosas, apresentando uma musculatura desproporcional, pescôço longo e pouco guarnecido de clinas, olhar vivo e intelligente, cabêça sêca e elegante, e abundantissima cauda. Ficáram me os olhos n'aquelle bello animal, e triste disse a Mr. Taylor, que não tinha dinheiro para lh'o pagar. " *Yes*, me disse elle, *it is a valuable horse*" (Effectivamente, é um cavallo de grande valor).

Voltámos á sala, e eu não pude deixar de falar ás damas do formoso animal que acabava de examinar.

Pouco depois voltàvamos a casa, e pêlo caminho Madame Coillard mostrava a maior afflicção pêla minha falta de recursos, em quanto Mr. Coillard redobrava de offerecimentos sinceros da sua ja magra bôlça.

As noutes que passàvamos na casa do Rev. Mackenzie eram horriveis. Aquella casa deshabitada ha muito, estava cheia de insectos asquerosos, que nos sugavam o sangue, roubavam o sono, deformavam as feições e atormentavam a paciencia. Eram milhões de carrapatos e milhões de persovejos.

Umas carraças semelhantes ás dos cães no sul da Europa, castanhas e chatas, mas que depois de saciadas tomavam a forma esphèrica e uma côr esbranquiçada, produziam inflammações horriveis no sitio onde mordiam. Era um supplicio indescriptivel aquelle. Depois de uma d'estas pèssimas noutes, Madame Coillard tinha-me mandado chamar para o almôço, e ja ìamos para a mêsa, quando se fez annunciar Mr. Taylor.

Dirigio-se a mim, e com esse ar frio e seriedade de tôdo o legitimo Inglez, disse-me, que me vinha trazer o cavallo castanho que eu tinha admirado na vèspera, duzentas libras que eram tôdo o ouro que n'aquelle momento tinha em caixa, e me offerecia ainda o seu crèdito, tanto junto dos outros negociantes do Manguato, como em Pretoria, se eu carecêsse d'elle.

Declaro que cahi das nuvens com tal offerecimento nem de leve sollicitado, e que apenas pude balbuciar algumas palavras banaes de agradecimento ; de tal modo fiquei commovido.

Mr. Taylor almoçou com-nôsco, e em seguida eu acompanhei-o a sua casa.

Montava ja o sobêrbo cavallo, e sentia essa sensação de prazer que tôdo o cavalleiro sente ao montar um formoso animal, sôbre tudo quando está privado d'esse prazer ha muito tempo.

Falámos largamente dos meus negocios, e eu não aceitei o dinheiro, contentando-me com o cavallo que me era muito preciso, e admittindo que elle pagasse as minhas dìvidas ja contrahidas em despêsas de viagem, que montavam a cento e oito libras, e sacasse sôbre mim em Pretoria, onde contava haver dinheiro do govêrno Inglez.

Mr. Taylor, por um requinte de delicadeza, sacou a dois mêzes de vista sôbre o meu aceite que devia ter logar em Pretoria.

A 10 de Janeiro acabava eu de pôr em dia os meus trabalhos, e preparàva-me para a partida.

Não posso deixar de citar aqui os nomes de Mr. Benniens, Mr. Clark, e Mr. Musson, que me dispensáram os maiores favôres e coadjuváram a minha partida; estando eu certo de que, sem o anticipado cavalheirismo de Mr. Taylor, teria encontrado n'elles o apoio monetario de que carecia.

Em vista dos favôres que ali recebi de estranhas gentes, não pude deixar de lançar um golpe de vista ao passado, e recordar-me de Caconda e do Bihé.

O parallelo que estabeleci entre o apoio que encontrei nos sertões concorridos por Portuguezes e Inglezes, veio mais uma vez confirmar a minha opinião, sôbre a qualidade das gentes que de Portugal vam aos sertões Africanos.

Tenho viajado muito e conhêço muitos povos. Nenhum vi ainda tão hospitaleiro e tão bondoso como o Portuguez.

Quantas vêzes, nas minhas caçadas, eu tenho ido bater ás portas dos aldeões das nossas serras, e sempre as tenho visto abrir de par em par ao forasteiro que pede um abrigo. O pobre aldeão reparte com o hòspede o melhor da sua ceia, e da enorme caixa enfumada sahe o melhor do seu bragal para a cama do desconhecido. Subindo da cabana do pôvo rude ás casarias do lavrador abastado, e d'ahi ás habitações solarengas, em tôdas vemos revelada a hospitalidade Portugueza n'uma simples indicação. Tôdas têm os quartos para hòspedes. Quando um Portuguez edifica uma casa, não pensa só na familia e nos seus, pensa tambem no forasteiro que lhe pode vir pedir abrigo, e edifica para elle. É que para o Portuguez o estranho que chêga é recebido como familia, na choupana do pobre e no palacio do rico. Este traço na vida material de um pôvo que edifica contando com o hòspede, define a sua hospitalidade. E por isso que grito bem alto, que não sam Portuguezes os homens que me recebêram mal em Caconda e no Bihé. É por isso que eu verbero acerbamente o systema de mandar para as colonias o que ha de mais baixo, vil e ignobil entre os criminosos da Metròpoli. É ali que está uma das causas mais determinantes do atraso de muitas das nossas ricas possessões. Ali está o escolho em que esbarra muitas vêzes a acção do govêrno.

Em Caconda só encontrei estôrvos á minha viagem. No Bihé êsses estôrvos recrescêram, e não se limitáram a exercer uma acção local; acompanháram-me até ao Zambeze. Ali no Manguato só encontrei bôa vontade, só encontrei auxílio, e era quem mais podia fazer por mim.

Isto não se commenta.

Durante a minha estada em *Shoshong*, era ali a ordem do dia a morte do Capitão Paterson e dos seus companheiros no paiz do Matebeli.

Corriam versões differentes, mas todas concordes em que elles fôram assassinados por ordem de Lo-Bengula.

O Capitão Paterson sahira de Pretoria encarregado de uma missão official junto de varios règulos Africanos; missão de que involuntariamente tive conhecimento por um d'estes com quem elle tratou, e sôbre a qual guardo a maior reserva, pêlo respeito que me merecem todas as missões particulares dos governos. Acompanhava-o Mr. Sergeant e alguns serviçaes, e no Matebeli reunìra-se Mr. Thomas, joven Inglez, filho de um missionario ha muito residente no Matebeli, e elle mesmo nascido ali. O Capitão Paterson, depois de tratar o que tinha a tratar com Lo-Bengula, decidio ir ver a maravilha Africana, a cataracta de Mozioatunia.

O joven Thomas pedio licença ao règulo para acompanhar aquella expedição, licença que lhe foi concedida.

Na vèspera da partida porem, um dos favoritos do règulo foi procurar o môço Inglez, e disse-lhe em nome do seu chefe, que não acompanhasse o Capitão Paterson.

Mr. Thomas foi procurar Lo-Bengula, e perguntar-lhe porque lhe negava a permissão antes concedida.

Lo-Bengula respondeu-lhe, que elle tinha sido criado pelos Matebelis, e por isso era querido como um filho da tribu.

Que tinha um presentimento de que alguma desgraça poderia acontecer áquelles Inglezes, e por isso o aconselhava a ficar ali e a deixal-os seguir sós.

Mr. Thomas disse-lhe, que não se importava com os presentimentos, e foi.

Não devia voltar como os outros dous Inglezes. ¿O que se passou? ¿Quem o saberá? Só o terrivel Lo-Bengula.

Uns, diziam, que fôram envenenados, outros mortos a tiro; mas eu, que conheço o systema dos grandes potentados Africanos, duvido de que alguma cousa certa se possa saber nunca; porque elles matam logo os executôres das suas sinistras ordens, e fêcham o segrêdo dos seus crimes em novas sepulturas.

Tudo quanto se dizia para provar uma ou outra opinião eram razões, talvez plausiveis, para quem não conhecesse a Africa, mas para mim não.

Diziam, por ex., que os Macalacas que, por ordem de Lo-Bengula, os tinham acompanhado, apparecêram depois com galões e outros objectos furtados aos Inglezes, o que provava que houvera assassinio e roubo.

Isto não provava nada; porque, se êlles tivessem

morrido de morte natural, as suas bagagens seriam logo saqueadas.

Diziam outros, que, faltando a àgua, o chefe da caravana Matebeli fôra explorar terreno sòzinho, e voltando muito tempo depois, indicara um pequeno charco pouco distante, e que o Capitão Paterson ao beber d'aquella àgua dissera, "*estou envenenado.*" ¿ Quem veio contar isto, se ninguem da gente d'elles escapou ?

Noticias de origem Matebeli diziam, que elles tinham bebido àgua de uma lagôa naturalmente envenenada, e por isso tinham morrido tôdos. Isto é outro absurdo.

Tôda a àgua das lagôas Africanas é veneno, mas não é veneno que mate n'um dia como o arsènico e os saes de mercurio, ou como muitos alcaloides vegetaes.

O veneno d'aquellas àguas infiltra-se no organismo, deteriora-o lentamente, pode matar com o tempo, porque é o miasma palustre e não outra cousa ; mas não destroe a vida algumas horas depois de absorvido, e caso produzisse esse effeito em uma organização especial, não o produzia de certo em tanta gente.

Assim, pois, é tambem inverosimil a versão do envenenamento natural.

Outros affirmavam, que elles fôram traiçoeiramente fusilados ; alguns diziam, que fôram mortos a azagaias. ¿ Quem trouxe a nova ?

Parece que houve crime, porque não é possivel que a febre matasse n'um dia tanta gente, e entre ella, gente aclimada no paiz, como o joven Thomas e os indìgenas ; parece que houve crime, mas se o houve o segrêdo ficará entre Deos e Lo-Bengula.

Um dos viajantes Africanos que me merece mais crèdito, Mr. François Coillard, que ainda se demorou muito em *Shoshong* depois da minha partida d'ali, assegurou-me na Europa, muito tempo depois, que o rei Cama conhecia o segrêdo da morte d'aquelles infelizes, e deixou-me perceber, que um crime horroroso fôra praticado por ordem do malvado Zulo.*

A 11 de Janeiro, havia na casa derrocada que habitàvamos um labutar incessante. Eram Madame e Mademoiselle Coillard a preparar-me provisões para a viagem. Faziam biscoutos com pròdiga largueza.

¿Como poderei eu jàmais agradecer tantos favôres? N'aquelle dia tambem recebi presentes de Madame Taylor. Um grande açafate de *cakes* e um cestinho de ovos, cousa bastante rara em *Shoshong*.

No dia immediato estava prompto a partir, mas decidí seguir viagem no dia 14, não querendo deixar *Shoshong* a 13.

Eu não tenho preconceitos, nem antipathias com nùmeros, mas d'essa vez o embirrar com o 13 foi desculpa dada a mim mesmo, para me demorar mais um dia com essa bôa familia a quem tanto devia.

Pude ali alcançar alguns cobertôres de pelles, d'aquelles que os Bamanguatos fazem para seu uso, e que sam cosidos com nêrvos de antìlopes.

Pêlas minhas observações achei uma differença enorme na posição de *Shoshong*, marcada em uma carta de Marenski que possuia Mr. Coillard.

No dia 13 fiz as minhas despedidas aos negociantes Inglezes, exceptuando Mr. Taylor, que estava ausente a seis milhas de Shoshong, no seu pôsto de gado.

Apesar d'o meu caminho ser ao sul, e o pôsto de gado de Mr. Taylor ao norte, decidi ir la no dia 14 fazer as despedidas a quem tanto me obrigara.

Effectivamente, n'êsse dia de manhã, segui para la. As damas Coillard e Madame Clark partíram adiante em uma carriola puxada por dois cavallos.

Eu sahi muito depois, em companhia do règulo Cama e de Mr. Coillard.

* Os Matebelles sam Zulos.

Eu, n'esse dia, tinha de fazer a primeira jornada no caminho de Pretoria, e essa jornada era de dôze milhas, para poder alcançar àgua potavel, o que, com outras dôze que eu ia andar de manhã, perfazia um total de 24, o que é um pouco forçado n'aquelle clima.

Seguímos pois acompanhados de dôze cavalleiros Bamanguatos.

Logo que deixámos as ruas da cidade, o chefe Cama deu de esporas ao cavallo e partio, mão baixa. Depois de uma corrida vertiginosa de meia hora, passou elle ao galope. Perguntei-lhe ¿para que era aquella pressa? e elle respondeu-me, que era assim que se andava no Manguato, e que os cavallos descançavam bem no galope, para darem outra corrida. Disse-lhe, que tinha razão, mas que o meu cavallo tendo de fazer uma grande marcha n'esse dia, talvez não entendêsse isso como elle. Que não queria ir de encontro aos hàbitos dos cavalleiros Bamanguatos, mas que me desse elle um dos seus cavallos, e mandasse o meu para *Shoshong*, onde eu o encontraria frêsco para a jornada d'esse dia.

Mandou Cama logo apear um dos seus que voltou á cidade com o meu *Fly*, em quanto eu montava uma êgua magnìfica que elle deixava.

Seguímos a toda a brida, e d'ahi a pouco estàvamos no pôsto de Mr. Taylor.

¡Tìnhamos gasto cincoenta e cinco minutos! Madame Taylor fez-nos servir um magnìfico lunch, e depois das mais cordiaes despedidas voltámos a *Shoshong*.

O systema da volta foi o mesmo da ida, brida e descançar no galope!

Os Bamanguatos não usam freios nos cavallos, e apenas os dirigem com um bridão Inglez. Dizem elles que os freios e as barbellas não deixam correr os cavallos.

Chegámos em um momento a *Shoshong*.

Stanley estava prompto a partir, e só esperava o meu signal. Dei-lhe esse signal, e elle fez estalar o longo chicote por sôbre as cabêças dos bôis, que se poséram lentamente a caminho, arrastando o pesado vagom. Com elle fôram os meus prêtos, á excepção de Augusto e Pépéca, que ficáram comigo. Passei ainda algumas horas com as damas Coillard, mas era forçôso deixal-as, e fazendo soberanos esforços para occultar a minha commoção, disse-lhes um ùltimo adeos, saltei sôbre o cavallo e parti.

Tive a coragem de não me voltar em quanto as podia ver!

O sol desapparecia ja no horizonte quando deixei *Shoshong*.

Segui o caminho que me foi indicado, e três horas depois, entendi que estava no ponto onde devia pernoitar, mas o vagom não apparecia. Era tarde da noite, e noite de trevas profundas.

Chamei, gritei, e ninguem respondeu.. Poucos momentos depois, apparecêram-me dois indìgenas. Eram vedêtas de Cama, que receioso de um ataque nocturno dos Matebelles, guarda a sua cidade com uma linha contìnua de sentinellas a muitas milhas de distancia. Estam estas atalaias tão bem dispostas, que podem soccorrer-se, e fazer um momento face ao inimigo, em quanto alguns homens correm á cidade nos ligeiros cavallos a dar o alarme.

Os dois homens que me apparecêram acabavam de rondar os postos do sul, e afiançáram-me, que, havia muitos dias, nem um só vagom tinha tomado aquelle caminho; asseverando, que eu devia ter passado pêlo meu antes de chegar ali.

Estava muito habituado á vida das florestas para que passasse, mesmo nas trevas, pêlo vagom sem o ver, e se me escapasse a mim, não escaparia ao meu Pépéca, que tem olhos de lince.

Os dois Bamanguatos proposéram-me o acompanhar-me a buscar o vagom e partíram comigo.

Depois de explorarmos uma grande parte do valle sem encontrarmos vestigios da carroça, cahimos de nôvo em *Shoshong*, desesperados, acabrunhados de fadiga, e sem poder explicar o caso.

Eram altas horas, ¿ e que fazer ? Resolvi ir bater á porta de Mr. Coillard, e esperar o dia.

Mr. e Mme. Coillard levantáram-se logo, e em quanto eu narrava o acontecido ao missionario, Madame Coillard só pensava em me dar de comer e em me preparar bôa cama.

Eu até ali, como depois, dormia sôbre a terra em umas pelles, a despeito dos esforços de Madame Coillard em me querer dar uma cama; como as minhas pelles tinham partido no vagom, ella n'essa noite aproveitou o ensejo de se vingar da minha reluctancia, e fêz-me uma cama Europea.

Não podémos decifrar o enigma, e reservámos para o dia seguinte o desvendar o misterio do desapparecimento do meu Stanley.

Eu, quebrado de fadiga, fui dar bôa ração ao cavallo, e cahi extenuado no leito.

Apesar do cançaço, não pude conciliar o sono, porque uma anciedade horrivel me confrangia o coração.

Como ja disse, encontrei uma grande differença na posição de *Shoshong* em longitude, e tôdas as minhas observações eram chronomètricas e referidas á ùltima observação que fiz do eclipse do primeiro satèlite de Jùpiter. Essa posição nova só me podia ser confirmada, por uma nova cotisação dos chronòmetros em longitude determinada, e esses chronòmetros, que eu não sabia onde estavam por ignorar onde estava o vagom, iam parar no dia seguinte por falta de corda.

A poucos será dado comprehender o que eu soffri com esta idéa.

CAPÌTULO V.

DE SHOSHONG A PRETORIA.

Catraio—Apparece o vagom—Despedida de Mr. Coillard—Tempestades—O vagom tombado—Trabalhos de nôvo gènero—Chuvas—O Limpôpo—Fly—Caçadas—No Ntuani—Um Stanley que não presta—Augusto furioso—Adicul—Os leões—Stanley desanima—Os Böers nomadas—Nôvo vagom—Peripècias—Doenças graves—Um Christophe de mil diabos—Madame Gonin—O ùltimo tùmulo—Magalies-berg—Pretoria.

Mal se adivinhava o alvorecer da manhã, e ja eu estava a pe e vestido.

Os chronòmetros não se me tiravam da idéa, e a preoccupação era grande e motivada.

Mr. Coillard participava do meu sobresalto, e não me quiz deixar partir sòzinho. Mandou pedir um cavallo ao rei Cama, e seguio comigo no rasto do vagom.

Tive de fazer novas despedidas ás damas Coillard, e novamente senti os desgôstos d'aquella separação.

Em breve eu e Mr. Coillard deixàvamos *Shoshong*, e nos internàvamos no esteval que cobre os campos ao sul da cidade.

Seguìamos o rasto do pesado carro, quando mui pròximo divisámos um nêgro sentado junto ao caminho. Ao acercar-nos d'elle eu conheci-o. Era o meu muleque Catraio. Caminhou para mim, trazendo nas mãos um objecto volumoso, e ao abeirar-me, disse-me, "*Sinhô*, dê cá as chaves para tirar os relogios da mala, que sam horas de dar corda."

Exultei ao ver a mala dos instrumentos onde estavam os chronòmetros, e sem pedir ao muleque explicações do desapparecimento do vagom, saltei do cavallo, e entreguei-me ás minhas observações matinaes quotidianas. Estava escrito que durante a minha longa jornada os meus chronòmetros não teriam nunca de parar!

Catraio, sempre vigilante por aquella obrigação, velava por elles.

O missionario ficou sorprendido com o cuidado do prêto.

Ali, como em Embarira, Catraio tinha impedido os chronòmetros de pararem, como durante as minhas mais graves doenças o tinha feito.

Catraio fôra educado por um Portuguez, que desde pequeno lhe conheceu a bossa da velhacaria, e que têve o cuidado de lh'-a desenvolver á pancada.

O muleque, perdida a vergonha, que talvez nunca têve, em breve perdeu o mêdo ao castigo, e fêz-se bêbado e ladrão.

Seu amo, a quem elle chegou a fazer um roubo importante com arrombamento de um cofre, isto aos dôze annos, decidio desfazer-se d'elle para sempre, e mandou-o deitar á margem em Nôvo-Redondo.

Quando em Benguella eu procurava um muleque intelligente e ladino para o meu serviço particular, mais de uma pessôa me falou em Catraio, que a fama das tratantadas tornara conhecido.

Dirigi-me ao que fôra seu amo, e consegui que elle o mandasse buscar a Nôvo-Redondo. Ao ver a physionomia expressiva e intelligente do prêto, fiquei satisfeito com o passo que dera chamando-o a mim. Catraio até ali tinha sido levado á pancada, eu resolvi tratal-o por bons modos, nunca lhe falei na sua vida passada, nunca lhe fiz uma recriminação.

Sendo elle o prêto mais intelligente de todos aquelles que me cercavam, eu incumbi-o de me ajudar nos meus trabalhos scientìficos. Catraio, que não sabia ler ou escrever, conheceu em poucos tempos todos os meus instrumentos e todos os meus livros. Quando, separado dos meus companheiros, me vi sòzinho em Africa, tive uma grande apprehensão, lembràndo-me que, durante uma doença, os meus chronòmetros poderiam parar. Chamei o Catraio e fiz-lhe o seguinte discurso edificante:

"Fica sabendo que de hôje em diante, tôdos os dias, logo de madrugada, tu tens de te apresentar diante de mim com os chronòmetros, thermòmetros, baròmetro e caderno diario, isto esteja eu são ou muito doente, longe ou perto, ficando tu na intelligencia, de que não tens desculpa nas circunstancias mais extraordinarias, se o não fizeres. Agora escutá-me bem. Nunca te bati como nunca te ralhei, mas, se os chronòmetros pararem por falta de corda, eu espèto-te n'um enorme espêto de pao, e asso-te vivo nas brazas de uma enorme fogueira."

Catraio, que não acreditava muito que um branco fôsse bom, e que desconfiava mais da brandura do meu trato do que das pancadas habituaes, julgou ter descoberto a minha maneira de castigar uma falta, e o espêto de pao e a fogueira aterráram-n-o.

Começou a trazer tôdas as manhãs os instrumentos, a coisa foi passando a hàbito, e eis a razão porque, ainda nas minhas mais graves doenças, os chronòmetros tivéram corda e fôram comparados; eis a razão porque em Embarira Catraio, com risco de vida, os foi empalmar aos Macalacas; eis a razão porque ainda n'aquelle dia fôram salvos de parar, porque elle, vendo que eu não chegara na vèspera, mesmo de noute se pôz a caminho e me veio encontrar á hora propria.

Livre da apprehensão que me torturava, tratei de interrogar o muleque sôbre o facto do desapparecimento do vagom, e soube que o Inglez se tinha enganado, e tinha tomado um caminho transversal pêlo bom caminho, mas que, logo ao alvorecer, partiria, e iria esperar-me no logar ajustado para o encontro na vèspera.

Eu e Mr. Coillard seguímos no bom caminho, e ás 9 horas encontrámos o vagom.

Mandei fazer o almôço, e ao meio-dia separei-me d'êsse homem a quem devia tanta gratidão, e cujos favôres sam d'aquelles que não se podem retribuir nunca, porque tudo que por elle eu fizesse pesaria, em uma balança justa, muito menos do que tudo o que recebi d'elle.

Parti immediatamente, e fui acampar ás quatro horas, em sitio sem àgua.

N'essa noute, quando ia a deitar-me, senti o galope de um cavallo, que me chamou a attenção. O meu Fly rinchava, e os cães ladravam e arremettiam para o lado de *Shoshong*.

Pouco depois, chegava ao meu campo um cavalleiro Bamanguato, e entregava-me uma carta e um embrulho.

A carta dizia, que fôra encontrada em casa a minha espingarda Devisme, e Mr. Coillard apressava-se em mandar-m'a.

Escrevi-lhe algumas palavras de agradecimento, e remunerei o portador, que voltou logo a tôda a brida.

No dia immediato, 16 de Janeiro, parti á uma hora da madrugada, alcançando ás três horas uma lagôa, ùnica àgua permanente que existe entre o Limpôpo e *Shoshong*.

N'esse dia ainda fiz duas jornadas, uma de três outra de quatro horas, acampando pelas cinco da tarde. Das quatro ás dez da noute a chuva cahio torrencial, inundou-me o vagom, cuja cobertura velha e esburacada nada abrigava, e causou-me perdas sensiveis, sendo a maior, tôdo o pão e biscoutos preparados por Madame Coillard, que ensopados n'àgua se tornáram em massa não aproveitavel.

Na marcha ùltima d'esse dia tive de alterar o meu rumo que era Sul, e meti a S.E., para evitar os accidentes do terreno, que tornavam difficilimo o rodar do

Fig. 129.—NO DESERTO.

vagom, e ameaçavam despedaçal-o a cada momento. O vagom de Stanley era uma velha carriola, meio apodrecida e desconjuntada, e que a cada passo parecia querer desfazer-se.

Só ás 8 horas do dia seguinte, depois de uma jornada de três horas, entrei no meu rumo, entrando no caminho abandonado na vèspera. O terreno continuava accidentado, mas era preciso seguir n'elle.

Ao descer uma eminencia, as rodas de um lado do vagom entráram n'um sulco profundo, e o vagom tombou, ficando encostado a duas àrvores que lhe amparáram a queda. Eu ja desconfiava que o meu Stanley não prestava para nada, mas tive a convicção d'isso no primeiro embaraço que encontrámos. O homem, ao ver o vagom tombado, sentou-se, fechou as mãos na cabêça e julgou-se perdido.

Mandei dejungir os bôis, e fui estudar a maneira de levantar o carro sem o despedaçar. Augusto, Verissimo e Camutombo fôram cortar três fortes e compridas estacas, que amarrei ao vagom e por meio de cordas dadas ás àrvores do outro lado, consegui sustental-o na sua posição natural, empregando para isso apenas uma junta de bôis.

Em seguida, enchi o sulco com paos e folhagem, para que as rodas d'aquelle lado podessem descançar ao mesmo nivel das do outro lado. Este trabalho durou mais de quatro horas, e quando consegui pôr o vagom em estado de rodar e mandei jungir os bôis, ao primeiro esfôrço que elles fizéram, a corrente tirante partio-se em bocados.

Nova demora, nôvo trabalho a ligar os elos da corrente partida com tiras de couro de girafa, isto debaixo de uma chuva torrencial, e o meu Stanley sempre pasmado e sem saber o que havia de fazer.

Consegui partir ás três horas e meia, mas tive que parar logo depois, porque o temporal recresceu, e o terreno argiloso encharcado não permittia o rodar do vagom, que, muito abalado pêla queda, se desfazia em pedaços. A tempestade foi horrivel até ás 10 horas da noute, e durante duas horas, os raios cahiam muito pròximos, lascando as àrvores da floresta. O terreno, sempre accidentado, é coberto de mata espêssa, que vegeta n'um solo de argila muito plàstica.

Fig. 130.—Fly, o meu Cavallo do deserto.

(De uma photo. feita em Pretoria.)

No dia 18, parti ás seis da manhã, e meia hora depois entrava n'uma planicie completamente encharcada, e onde as rodas do carro se enterravam na argila até aos cubos. Fazia-se um kilòmetro por hora n'aquelle terreno difficil.

A's 10 horas pude alcançar uma pequena eminencia, mais enxuta, onde parei.

Estava junto á margem esquêrda do Limpôpo, conhecido ali pêlo nome de rio dos crocodilos.

Fui logo ao rio, que tem ali 50 metros de largo, com

uma corrente de 30 metros por minuto. Não tinha meio de lhe avaliar a profundidade.

O tempo tinha melhorado, e eu, ao deixar o rio, segui parallelamente á margem, deixando Fly ir a passo, as rèdeas largas e pendentes.

De repente, o meu fino cavallo fitou as orêlhas, rinchou e precipitou-se de um salto no meio do esteval, começando em uma carreira desenfreada. Sem saber explicar o caso, sobresaltei-me e tentei sostel-o, mas elle não queria obedecer ao freio.

Nada tranquillo e pensando que o nobre animal fugia por evitar um perigo, estava perplexo, quando percebi diante de mim um rumorejar nas estêvas, e vi os cornos retrocidos de alguns *ongiris.*

Percebi tudo ; eu não fugia, perseguia. Desde esse momento comecei a ajudar o cavallo, que ganhava terreno sôbre os ligeiros antìlopes.

Quanto tempo durou aquella corrida vertiginosa não sei. Passei matas, onde ficáram os restos dos meus andrajos, com alguma pelle do meu côrpo, passei clareiras e planicies, onde os antìlopes e cavallo se atascavam em lôdo. O cavallo ganhava terreno, mas lentamente, só tarde me acerquei dos ongiris e pude atirar-lhes. Um cahio, e os outros seguíram mais ligeiros ainda, instigados pêlo mêdo que lhes causou o estampido do tiro.

Fly parou, e foi cheirar o animal, que se estorcía nas vascas da morte, com o mesmo prazer com que o faria um cão de caça.

¿ Onde estava eu ? ¿ Onde me ficava o vagom ? Não o sabia ; porque não sabia a que rumos tinha andado.

Isso preoccupava-me um pouco, mas eu lembrei-me de caminhar a leste até encontrar o Limpôpo.

A esse tempo, um enorme temporal cahio sobre mim. Era-me impossivel carregar o antìlope sôbre o cavallo, porque não tinha fôrça para isso. Decidi abril-o, e tirar-lhe os intestinos, a ver se então o poderia elevar do solo.

Bastante pràtico no serviço de magarefe, em breve concluí aquelle trabalho.

A minha esperança não foi perdida, e pude, ainda que a custo, guindar o animal sôbre o arção, onde o amarrei.

Fig. 131.—Fly perseguindo os Ongiris.

Puz-me a caminho para leste, mas Fly embirrou em querer caminhar ao norte, e comecei a pensar que talvez o cavallo tivesse mais razão do que eu, e deixei-o tomar aquelle rumo. Uma hora depois, avistava o vagom, onde a minha gente não estava sem receios, pêla demorada ausencia que tive.

Era ja tarde, e estava extenuado de fadiga; por isso decidi ficar n'aquelle ponto. Ao anoutecer, apparecêram ali uns prêtos do règulo *Sesheli* que iam a *Shoshong*, e por elles escrevi ao missionario Coillard, a prevenil-o do mao estado dos caminhos, e a dizer-lhe, que não seguisse o meu rumo.

Durante a noute cahio uma horrorosa tempestade, e de nôvo ficámos encharcados. Apesar d'isso, a fadiga do dia trouxe o sono e dormi profundamente, para acordar com uma dôr horrivel no sangradouro do braço direito. Levantei a manga da camisa, e fiquei trèmulo ao ver um enorme escorpião nêgro que me picara o braço n'aquelle ponto mesmo, sôbre a artèria brachial. Era impossivel sarjar sem ferir a artèria, empregando para isso a mão esquêrda, com a qual sou pouco geitoso, e o receio de aggravar a situação fazendo algum disparate, levou-me a decidir não fazer nada. Em poucos minutos a inchação era enorme e as dôres violentissimas.

No maior desespêro, tomei três grammas de hydrato de chloral e cahi em modôrra.

Era alto dia quando sahi d'aquelle sono, provocado pêlo poderoso anesthèsico.

As dôres tinham abrandado, e só existia uma inflammação local, com um tumor do tamanho de uma ervilha no sìtio do ferimento, tumor que só desappareceu mêzes depois.

O engorgitamento dos tecidos era grande, e tolhia-me os movimentos.

Apesar d'isso, ainda fui caçar n'êsse dia, e tanta caça encontrei que resolvi ficar ali. Matei dois leopardos.

A noute foi de tempestade, e os insectos torturáram-me.

Alguns leões rondáram o campo, e fizéram-nos estremecer com os seus rugidos estridentes.

Seguímos ás 8 horas do dia 20, mas o terreno argiloso, encharcado da chuva, pegava-se ás rodas do vagom, e formava blocos que as impediam de girar, sendo a câda momento preciso tirar-lh'-os a machado.

Foi um fadigante labutar, e ás 10 horas parei, porque estàvamos todos extenuados de fadiga. A chuva caiha forte, e só podémos de nôvo por a caminho o vagom ás 2 horas, parando ás 4 e meia junto do rio Ntuani.

Ao chegar ali, uma triste decepção nos esperava. O rio Ntuani, que é um riacho sem importancia, e quasi sempre sêco, tinha 60 metros de largo, e deu-me, nas sondagens que fiz junto á terra, 7 metros d'àgua.

Impossivel era atravessal-o com um vagom, antes de muito tempo.

Tratei, pois, de acampar ali, e construí para isso um bom acampamento, de barracas cobertas de herva.

Havia muitos dias que eu andava completamente molhado, mas felizmente a minha saude não se ressentia d'isso.

A nossa posição era melindrosa, porque tìnhamos falta de vìveres, e havia ja dois dias que estàvamos reduzidos a uma alimentação puramente animal, e so tìnhamos para comer a carne da caça que eu matava.

Não havia perigo da fome, e eu não reciava d'ella em paiz de caça como aquelle; mas comer só carne assada, sem sal nem outro condimento, é duro e pouco hygiènico.

O tempo melhorou um pouco, e eu pude continuar caçando. Um Inglez, em *Shoshong*, dèra-me muitos cartuxos das armas Martini-Henry, que serviam perfeitamente na Carabina d'El-Rei, e eram os que eu então empregava com grande resultado.

Tìnhamos carne em abundancia, mas eu ja não a podia soportar.

Fazia uma nova collecção de pelles, e a facilidade que me offerecia o vagom para o transporte d'ellas, como a nenhuma necessidade que teria de as vender, deixàva-me a esperança de que estas chegariam á Europa.*

Na manhã de 21, vi com prazer que o rio baixara trinta centìmetros durante a noute.

* Effectivamente, a maior parte das pelles da innùmera caça que matei então, chegou a Portugal, e só perdi algumas que cahiram ao mar, em Durban.

Comi uma perna de puti (*Cephalophus mergens*), saltei sôbre o meu Fly, e parti para a caça. Na orla de uma mata marginal do Ntuani, o meu nobre cavallo começou n'um correr desenfreado. Eu ja sabia que ia em perseguição de caça, mas não via nada.

Corri assim por meia hora, e só então avistei por sôbre os arbustos do matagal uns pequenos pontos nêgros que se moviam com rapidez prodigiosa.

Era nôvo para mim o animal que perseguia, e só n'uma clareira me pôde ser a verdade revelada. Quatro abestruzes fugiam diante do meu Fly, que nem um só momento lhe perdia a pista, apesar das voltas furtadas que davam.

Entrámos em planicie descoberta, e ali comecei a tomar um verdadeiro interesse n'aquella caçada de nôvo gènero.

Fly era o meu mestre. Abandonei-lhe o freio, tomei as rèdeas do bridão, e deixei-o ir. O valente animal agradeceu-me o alìvio que lhe dava com um relinchar de alegria, e seguio mais ràpido.

As abestruzes, ainda que podendo produzir uma carreira mais veloz do que o cavallo, não a podem sustentar como este, e param a miúdo. Era isso que me fazia ganhar terreno sôbre as ligeiras aves.

Algum tempo depois ja não era preciso mais do que o galope para as acompanhar, e chegáram a parar a sessenta metros de mim. Estavam alcançadas, e na primeira corrida poderia atirar-lhes.

Assim foi, e pouco depois a Carabina d'El-Rei fazia ecoar na planicie o estampido da sua dupla descarga.

Junto das enormes aves estava eu perplexo, e sem saber o que fizesse, deixava pastar o meu nobre cavallo; quando me apparecêram Augusto, Verissimo e Camutombo, que andavam caçando tambem e ouviram os meus tiros. Disséram-me elles estar perto o acampamento, e por isso mandei depenar cuidadosamente as abestruzes, e esperei o fim d'aquelle trabalho para voltar com elles ao vagom.*

Ao chegar ali, verifiquei que o rio tinha descido setenta centìmetros.

Ainda n'esse dia até á noute o nivel da àgua baixou de quarenta centìmetros, o que perfazia desde a vèspera 1 metro e 40 centìmetros.

Eu punha as minhas marcas n'um ponto onde a escarpa vertical me permittia medir as differenças de nivel, mas o meu Stanley não entendia assim, e espetava paos n'um sitio em que a barreira descia com inclinação suave, o que dava em resultado elle contar jardas quando eu contava centìmetros. A cada momento elle vinha muito contente dizer-me que o rio tinha baixado dois pés.

O dia 23 amanheceu bonançoso e lìmpido, promettendo muito, porque o rio baixou dous metros e meio durante a noute. Senti logo de manhã uma grande gritaria, e indagando o caso, sube que haviam desapparecido as botas do meu Inglez, que se achava descalço. Depois de varias conjecturas sôbre aquelle importante facto, elle chegou á conclusão, de que os chacáes lhe tinham furtado as botas e os haviam comido. Eu nunca pude explicar o caso, mas elle explicava-o assim.

O facto era que o pobre homem tinha de continuar descalço e, eu nada lhe podia fazer, porque àlém de as minhas botas serem pequenas para o seu enorme pé, só tinha umas tambem.

Passei o dia caçando, e á noute pude fazer observações astronòmicas, e determinar a posição da confluencia do Ntuani com o Limpôpo.

Durante êsse dia o nivel da àgua baixou de 1 metro e 60, mas durante a noute conservou-se estacionario, e tendo chovido na madrugada de 24, recéei nova en-

* Muitas d'estas pennas fôram offerecidas por o autôr a Sua Magestade El-Rei D. Luiz.

chente. Muitas vêzes ouvi a Mr. Coillard narrativas de casos idènticos ao meu, em que um vagom tinha de estacionar junto a um miseravel ribeiro (tornado sobêrbo com as chuvas), por um mez e mais.

Essa idéa aterrava-me, e resolvi estudar o rio, a ver se seria possivel a passagem do vagom. Achei effectivamente um ponto onde a àgua me dava pêlo pescôço em tôda a largura, e determinei passar ali.

Stanley, ja habituado com o meu modo de decidir questões, começava a não achar nada extraordinario.

Assou-se muita carne, e almoçámos. Quando estàvamos a terminar o almôço, ouvímos grande alarido na margem opposta, e vimos que chegavam um comboio de vagons e dois homens brancos.

Puz-me a observar o que elles faziam, e vi que depois de mandarem um muleque metter-se no rio, muleque que voltou á margem logo que a àgua lhe cobrio a cintura, contentáram-se de espetar pauzinhos para marcar o nivel d'àgua, dejungíram os bôis, e acampáram.

Olhei para as minhas marcas e vi-as cobertas com um centìmetro de àgua. O Ntuani crescia de nôvo.

Descarreguei immediatamente o meu vagom, e mandei Augusto e Camutombo passar as cargas, á cabêça, no sitio onde eu reconhecêra o vao.

Os meus dois prêtos pêla sua fôrça hercùlea, e pêla destreza adquirida no hàbito de superar difficuldades, faziam a admiração dos dois brancos e dos nêgros que os acompanhavam.

Uma hora depois, estavam tôdas as cargas na margem direita, e eu dava ordem a Stanley, espantado d'aquillo tudo, para jungir o gado.

Logo que tudo estêve prompto, fiz que Augusto se metêsse a través do rio, levando a soga dos bôis da frente, que nadáram sem difficuldade, seguidos dos outros, sendo que três juntas tomáram pé na outra margem antes de que o vagom entrasse na àgua.

Era o que eu queria. Então gritei a Augusto e Camutombo para tanger, e n'um momento o vagom precipitou-se nas àguas do rio. Stanley, agarrado ao carro, têve um momento de enthusiasmo, e ajudou a manobra.

Eu, logo que vi o vagom salvo na outra margem, atirei-me vestido ao rio, e nadei para la.

Chegado que fui, disse ao Catraio que me desse roupa enxuta, isto é, as ùnicas camisa e meias que eu tinha fora do côrpo, e fiz a mudança. Os dois Europeos, que ao ver-me chegar a terra caminháram para mim, suspendêram-se a dez passos, vendo que comecei logo a despir-me. Depois de mudar de roupa, penteei os meus longos cabellos e barba, que estavam encharcados.

Logo que terminei o meu *toilet*, os dois sujeitos acercáram-se e disséram-me os dois mais sonoros "*Good morning, sir*," que tenho ouvido.

Correspondi ao comprimento, e perguntei-lhes d'onde vinham. Disseram-me sêrem dois negociantes Inglezes, Mr. Watley e Mr. Davis, e irem para *Shoshong*, tendo deixado Marico havia um mez.

Eu disse-lhes tambem quem era, e d'onde vinha. Ao saberem que eu chegava de Benguella, os dois sertanejos não podéram conter a sua admiração, e disséram-me, que ja se não espantavam com o que me víram fazer ali n'aquella manhã.

Fôram êstes os primeiros comprimentos que recebi pêla minha viagem, e é-me grato o recordal-os, porque fôram aquelles que mais impressão me fizéram, pêla rudeza com que fôram formulados, e por virem de homens endurecidos nas lides Africanas.

Dei-lhes caça, e elles déram-me uns biscoutos, chá, assucar e sal.

Passámos o dia no mais agradavel convìvio, e a 25 de manhã, depois de se têrem encarregado de uma carta para Mr. Coillard, deixei-os, seguindo no meu caminho.

O rio tinha de nôvo tomado àgua, e por isso deviam ter ali ainda muita demora; motivo porque Mr. Davis decidio seguir só com alguns prêtos para *Shoshong*, deixando com os vagons a Mr. Watley. Mr. Davis, no momento em que eu ia a partir, fez o que eu tinha feito na vèspera e atravessou o Ntuani a nado.

Parei junto ao Limpôpo; ao meio-dia, depois de marcha de três horas.

Fig. 132.—Uma Vista do Alto Limpôpo.

Muito fatigado, e precisando de pôr em ordem alguns trabalhos, não sahi a caçar. Estava sentado junto á margem do rio desenhando a paizagem, quando senti perto um tiro, e um *steinbok* passou correndo junto a mim, e precipitando-se no rio começou a nadar para a outra margem.

A àgua, que em volta d'elle se tingia de sangue, e o esforço que empregava ao nadar, mostravam-me que ia mal ferido. Augusto appareceu correndo e chegou ainda a tempo de ver o resultado do seu tiro. O antìlope ia quasi attingir a outra margem, quando a àgua se revolveu em tôrno d'elle, uma cauda verde-nêgra e dentada espadanou as ondas, e steinbok e crocodilo desapparecêram no pego. Estava destinado que eu não provasse da saborosa carne do pequeno herbìvoro.

Augusto, tão valente como bruto, queria por fôrça ir matar o crocodilo, "que roubou minha caça," dizia elle.

O bom do prêto estava furioso.

Ainda n'esse dia fiz uma jornada de uma hora, não indo mais àlém, por encontrar muita caça.

Ja caçava mais para obter pelles do que alimentação, porque ja abandonàvamos a carne, tanta era ella.

Fig. 133.—Montes termìticos junto ao Limpôpo.

O meu Stanley, depois que se vio sem botas, não sahia de dentro do vagom, e passava o tempo a comer e a dormir.

A 26, fiz, logo de manhã, uma jornada de cinco horas, subindo sempre a margem esquêrda do Limpôpo.

Mal tìnhamos parado, Augusto veio dizer-me, que andava pastando perto um enorme *chucurro* (rhinoceronte).

Passei ràpidamente o freio ao cavallo, que ainda não tinha desaparelhado, montei e segui Augusto.

O enorme pachiderme ja sentira o rumor do campo, e puzera-se ao largo.

Avistei-o a quinhentos metros, e ainda que Fly fez o seu dever, tive em breve de renunciar á perseguição da fera, que se internou em mato tão emmaranhado que impossivel me era seguil-a.

É notavel que, tendo eu atravessado de Benguella até ali, visse o primeiro rhinoceronte junto ao Limpôpo, onde hôje sam raros, pêla grande caça que lhe fazem os Böers.

Outro animal que abunda no Calaari, de que por vêzes avistei bandos, e que nunca pude matar, fôram as girafas.

É tão ligeiro e sustentado o seu correr, tão penetrante a sua vista, tão fino o seu ouvido, que difficil é chegar ao alcance de tiro, quando uma grande demora no paiz não permitte ao caçador empregar a astucia.

Depois de ter desistido da perseguição do chucurro, voltei ao campo, quando encontrei Augusto que vinha no meu seguimento. Elle poz-se ao lado do cavallo e veio conversando comigo.

De repente, junto a uns arbustos, vi-o apontar a arma e fazer fôgo.

Acavallo, e por isso tendo a cabêça muito mais alta do que elle, eu não vi a que tinha atirado o meu prêto, quando deveria ser o primeiro a avistar a caça. Perguntei-lhe o que fôra aquillo, e elle respondeu-me, entrando no mato, e arrastando um leopardo que não estava a mais de seis metros de nós.

Voltei ao vagom, em quanto Augusto ficou a esfolar o bicho.

De tarde ainda fiz uma jornada de três horas, por terreno muito accidentado e coberto de floresta densa.

Ao passar um cómoro, avistei o *Zoutpansberg*, que marquei a leste.

O sìtio onde acampei para passar a noute é conhecido dos Böers, e tem o nome de *Adicul*. Não havia lua, mas o ceo estava lìmpido, e resolvi fazer observações, para determinar aquella posição.

Esta circunstancia foi causa de evitar uma grande desgraça.

Eu tinha obtido no Manguato uma lanterna para magnesio, que ali fôra deixada por Mohr, ou outro, e que não servia, por falta do combustivel.

A mim servia ella, porque eu tinha muito fio de magnesio.

Empregava-a eu para ler de noute os nonios dos instrumentos.

N'essa noute, tinha acabado de ler no nonio do meu sextante Casella, a altura da *Canopus* (α do Argus) no momento da sua passagem meridiana, e fazia horarios pêla *Aldebaran* (α do Touro), quando a dez passos de mim, rebentou um trovão medonho.

O meu Fly, preso a uma das rodas do vagom, deu tal puxão á corrente que fez mover o pesado carro, e os bôis entráram de golpe no recinto onde estàvamos, tremendo em convulções de mêdo.

Larguei o sextante e peguei na carabina, sempre pousada junto a mim.

Augusto virou o foco da luz para a brenha d'onde sahira o rugido feroz, e alumiou as cabêças sobêrbas de dois enormes leões.

As feras fascinadas pêla luz deslumbrante da combustão do magnesio, n'um momento de hesitação que tivéram, déram-me o tempo de apontar firme ; os dois tiros succedêram-se com o intervallo de poucos segundos, e ambas cahíram fulminadas.

Voltei-me para o vagom, onde senti um barulho infernal, e vi que Camutombo fazia esforços inauditos para segurar o meu Fly, que se levantava, e assustado forcejava por partir a corrente. O meu Inglez estava mettido no vagom de espingarda na mão, e ameaçava

Fig. 134.—OS MEUS BÔIS FÔRAM SALVOS.

matar todas as feras do continente Africano se ellas se atrevêssem a atacar os seus bôis.

Deixei aos prêtos o prazer de esfolarem os leões, e era bello ouvir o que cada um dizia de si mesmo n'aquella conjunctura. Não havia um só que se tivesse assustado, e para o fim creio mesmo que cada um ja contava aos outros que os leões haviam sido esganados por elle.

Creio que só dois homens ali não tivéram mêdo, e esses fôram Augusto e Verissimo.

Augusto, que me allumiou firme, e Verissimo, que me disse muito descançado: "Eu nem peguei na espingarda, porque o $S^{nr.}$ ia atirar, e eu sabia que os leões estavam mortos."

Larguei a carabina para pegar de nôvo no sextante, e tomar as minhas alturas da *Aldebaran*; occupação de que tinha sido distrahido por tão importunos hòspedes.

Ia-me deitar, quando novos rugidos de leão se fizéram ouvir.

Sem termos um campo fechado, eu receei pêlo que pudesse succeder, e passei a noute velando com tôda a gente junto ás fogueiras. Os rugidos duráram tôda a noute, e a elles respondia com o ressonar sonoro o meu Stanley, que estendido dentro do vagom, sonhava talvez com aquêlle filho pequenino de que se não podia separar, ou quiçá com as botas que não tinha.

Parti ás 6 da manhã, para parar ás 9, sempre junto á margem do rio.

Ao acampar, todos pensáram mais em dormir do que em comer, e Stanley, que não tinha velado a noute, offereceu-se obsequioso para vigiar pêlos seus bôis.

A's 4 da tarde, depois de uma bôa refeição de carne assada (a carne n'esta parte da viagem occupa o logar do massango de alguns mêzes antes), partímos de nôvo, indo acampar, ás 8 e meia da noute, junto ao rio Marico.

O alvorecer do dia 28 veio mostrar-me que eu estava n'um sitio baixo e pantanoso, pouco arborizado e deserto.

Mal tinha acabado de fazer o meu *toilet*, quando Stanley se acercou de mim e começou a dizer-me, que as saudades do filho pequenino e a falta de botas, o impediam de continuar ao meu serviço.

"Que d'aquelle ponto sahia um caminho transversal, que o levaria em oito dias a sua casa, e que, por isso, elle, os seus bôis, e o seu vagom, deixariam de estar ás minhas ordens desde esse dia."

Declarei-lhe, que se enganava, que elle tinha feito um contrato comigo diante de Mr. Coillard, e que esse contrato era para me servir até Pretoria. O homem recusou-se terminantemente a passar d'ali.

Mostrei-lhe que a razão estava do meu lado, por tanto não cedia, uma vez que eu tinha a felicidade de juntar á minha justiça a fôrça.

Este ùltimo argumento foi efficaz, e o homem vio que eu não recuaria ante o empregar a força, e por isso acommodou-se, protestando a favor dos bôis e do vagom, sua propriedade.

O Augusto, que logo de madrugada tinha ido caçar, voltou pêlo meio-dia, e disse-me, que perto havia encontrado um acampamento de Böers.

Disse-lhe, que me guiasse para lá, montei a cavallo e segui o meu fiél prêto.

Um quarto de hora depois, entrava no campo dos Böers.

Muitos vagons collocados parallelamente, entre elles algumas cubatas de caniço e palha; montes de despojos de caça; um alpendre com um tôrno de tornear madeira; um cercado com bôis e muitos cavallos—eis o aspecto do acampamento de Böers nòmadas que encontrei.

Algumas mulheres, de vestido de chita e toucas brancas, acarretavam àgua de um pôço. A uma porta, duas, que não tinham nada de feias, descascavam enormes cebôlas. Uma porção de pequenos, sujos e esfarrapados, brincavam sôbre um chão enlodado.

A minha entrada fez sensação, e uma mulhér velha, e ainda mais feia do que velha, veio arengar-me. Não entendi uma só palavra das que me disse aquelle estafermo, e só percebi, ao abeirar-me d'ella, que era ainda mais porca do que feia e velha.

Para responder á fala da mulhèrzinha, que tinha empregado o Hollandez corrompido dos Böers, escolhi o Hambundo, e respondi em lìngua do Bihé.

Estàvamos pagos e entendidos. Ella não percebeu uma só das minhas palavras, como eu não entendi uma só das suas.

Eu, sempre perseguido pêla velha, fui-me approximando das raparigas das cebôlas, que eram ao menos novas e bonitas, e falei-lhes em Inglez, Francez, Portuguez e Hambundo, sem poder fazer-me comprehender.

Chamei o meu Augusto, que ja arranhava algumas palavras de Sesuto, aprendidas no Barôze e no convìvio das gentes de Mr. Coillard, e disse-lhe, que perguntasse áquellas meninas, se não haviam homens ali. Elle dirigio-se a ellas, mas foi logo interpellado pêla velha. Com custo, por meio d'aquelle intèrprete, sube, que os homens andavam á caça.

A velha, sabendo pêlo Augusto que eu não era Inglez, mudou de modos para comigo, e creio que começou a tratar-me melhor.

As raparigas mettiam as cebôlas em um panellão enorme, e punham-n-as ao fôgo nadando em àgua.

Pouco depois, chegavam uns sete homens a cavallo.

Havia um velho de longa barba branca, cinco entre trinta e quarenta annos, e um rapazola de dezoito ou dezanove. Apeáram-se e viéram cercar-me.

O velho falava bem Inglez, e um dos outros falava um pouco.

Pudémos entender-nos. Expliquei-lhe quem era e d'onde vinha, duas cousas que elles não entendêram muito bem, e disse-lhes, que era Portuguez, e não Inglez, porque ja tinha percebido que elles não gostavam dos Inglezes. Contei-lhes o caso do meu Stanley me querer deixar, e o velho disse-me logo, que mandasse descarregar o vagom e despedisse o homem, porque elles me dariam meios de continuar a viagem.

Não quiz ouvir aquillo duas vêzes, e mandei logo o Augusto buscar o vagom para ali.

No entanto, os Böers recebiam-me com franca hospitalidade, e até a velha ja se sorria para mim. ¡ Que hediondo sorriso ! Pouco depois comia cebôlas cosidas e carne assada. Aquelles Böers, em quanto a provisões, só tinham mais do que eu cebôlas.

Chegou o vagom que mandei descarregar, despedindo logo o seu dono, que se retirou satisfeito, como eu fiquei satisfeito por me ver livre d'elle.

Falei aos Böers, mostrando-lhes a necessidade que tinha de seguir o mais depressa possivel, e elles promettêram-me, que no dia immediato teria um vagom e bôis.

A' noute, elles contáram-me, que tinham feito parte d'essa immensa leva de emigrantes, que, logo depois da annexação do Transvaal, tinham fugido ao jugo estrangeiro, e caminhado ao norte, inconscientes do que faziam, e ignorantes dos perigos do Calaari. Seiscentas familias que se internáram no inhòspito deserto víram os seus gados mortos ou dispersos pêla sêde, e fôram vìctimas do passo precipitado e inconsciente que déram. A vanguarda, em nùmero de vinte-e-tres pessôas, podéram alcançar o Ngami, mas os seus gados iam esgotando os pequenos charcos, e aquelles que os seguiam encontravam a morte junto ás lagôas deseccadas. Ao nùmero dos poucos que ainda conseguíram voltar, pertenciam aquelles que me davam a hospitalidade franca dos Böers. Encontráram, ali junto ao Limpôpo, tanta caça, que decidíram ficar n'aquelle sitio, e viviam uma vida nòmada, acampando nos logares mais proprios ás suas explorações venatorias.

No dia seguinte, em quanto as raparigas me serviam um almôço de carne e cebôlas, regado com òptimo leite, os homens preparavam um vagom ao qual jungiam apenas quatro juntas de bôis.

O velho disse-me, que iria para tomar conta do vagom seu neto, um rapaz de 16 annos chamado Low, levando com-sigo um seu irmão, pequeno de 12 annos, de nome Christophe.

Os bôis dos Böers fôram-me passar o vagom para àlém do Marico, o que foi difficil, por o rio ir bastante cheio; e depois das melhores despedidas, fiz a primeira jornada em caminho de Pretoria.

Os Böers sabiam que havia Pretoria, mas nunca la tinham ido, e por isso o meu Low ignorava o caminho.

Eu incumbi-me de lh'o ensinar, e para isso deixei o ùnico caminho seguido, aquelle de Marico e Rustemberg; e dando um traço com uma règua na carta de Marenski, tirei um rumo em perfeita linha recta, e segui n'elle a través da planicie.

Desde que passámos o rio Ntuani andàvamos cobertos de carrapatos, e bastava pasarmos um pouco entre a herva para ficarmos cheios dos repugnantes insectos.

Quatro pessôas na minha gente apparecêram com uma febre que se apresentou logo de mao caracter. As duas mulheres, Moero e Pépéca.

Tive de lhes preparar o vagom a modo de as poder deitar n'elle, porque era impossivel caminharem.

Tôdos nós estàvamos extenuados pêlas fadigas de uma tão longa jornada qual a de Benguella até ali; e sempre mal alimentados, sentiamos a fadiga a degenerar em doença, e exaustos de fôrças sentìamos a doença a terminar na morte.

A insalubridade das margens do Limpôpo, e sôbre tudo a do rio Marico, veio profundamente affectar as nossas saudes, ja vacillantes em corpos derrancados, e tôdos em geral nos sentímos doentes.

Ainda assim, eu, dotado de uma organização especial, era quem mais resistia á extraordinaria canceira que nos acabunhava. E felizmente para tôdos, que eu resistia mais do que elles!

A noute do ùltimo de Janeiro foi tormentosa de chuva e trovoada.

Eu não me entendia com as duas crianças Böers que me acompanhavam, e que só falavam o Hollandez; mas ainda assim, fazia-lhes dirigir o vagom á minha vontade.

No primeiro de Fevereiro, tôda a gente estava peior, e sôbre tudo o estado das duas mulheres e dos dois pequenos assustava-me. Eu mesmo ardia em febre.

Resolvi forçar as marchas o quanto possivel, para no mais curto espaço alcançar o paiz habitado e alguns recursos.

Apesar do meu estado, logo que puz o vagom a caminho, afastei-me d'elle e fui caçar, conseguindo matar um sebseb. Fui encontrar o vagom, e fiz com Augusto, Verissimo e Camutombo fôssem buscar o antìlope môrto.

Em seguida forcei a marcha até ás cinco e meia da tarde.

Parei até ás 9 da noute para descançar os bôis, fazer observações, e determinar o meu ponto, e sôbre tudo para tratar dos doentes.

Ainda n'essa noute jornadeei das 9 ás 10 horas.

O estado do Pépéca e de Mariana era muito grave. Estavam em delirio, e tinha-se-lhes declarado o typho.

Os causticos, que eu lhes tinha aberto com àgua a

ferver (por não ter outra cousa), eram continuamente pulverizados de sulfato de quinino, e durante a noute dei-lhes três injecções hypodèrmicas com uma gramma de sulfato cada uma.

Moero e Marcolina, a mulhér de Augusto, não apresentavam symptomas de tanta gravidade como os outros dois, mas ainda assim estavam sujeitos ao mesmo tratamento.

Na manhã seguinte o estado dos doentes era o mesmo. Depois de lhes curar os causticos, resolvi partir, e não me appareciam os dois pequenos Böers. Fui em sua busca, e não longe, junto a um extenso paúl, a que elles chamavam a Cornocopia, me pareceu que elles estavam pastando, porque os vi apanharem herva e comel-a com sofreguidão. Aproximei-me para ver o que faziam, e conheci não me enganar. Os rapazes comiam herva. Ao abeiral-os, elles estendêram para mim as mãos cheias de uma gramìnea, espècie de caniço fino e de um verde muito claro. Por curiosidade peguei n'um de aquelles caniços, e provei. A minha admiração foi extraordinaria ao encontrar n'aquella gramìnea o mêsmo gôsto da cana de assucar.

Percebi então porque pastavam os rapazes. Era pura goloseima.

Fiz com que viessem ao vagom e puz-me a caminho.

N'aquella planicie appareciam muitas aranhas parecidas com a tarantula, cuja mordedura (me fizéram comprehender os rapazes) é mortal. Isto creio que deve carecer de demonstração, porque em Àfrica se diz o mesmo dos escorpiões, e eu affirmo não ser verdade.

Depois de cinco horas de bôa jornada, parei, e logo que tratei dos meus doentes, que continuavam mal, fui caçar, afim de arranjar de comer para elles e para mim.

Só voltei ao vagom ás 6 horas, trazendo atravessado no arção um sobêrbo antìlope. Parte do caminho notei que o meu cavallo, sempre fiél, vinha inquieto, e fazendo curvêtas que não eram de uso.

Ao chegar ao campo pude explicar a razão do caso. O antìlope (*Cervicapra bohor*) com o pescôço pendido, veio, com um dos agudos cornos, fazendo uma larga ferida ao meu pobre Fly.

Depois de medicar os enfermos e a mim, e de comer alguma cousa, ainda jornadeei n'essa noute por duas horas.

A 3 de Fevereiro, parti ás 4 da manhã, e parei ás 9.

Logo que acampei, avistei dois vagons de Böers que caminhavam para mim. Tive esperanças de obter d'elles alguns vìveres, porque só tinha para comer os restos do antìlope da vèspera.

Baldada foi a minha esperança. Eram duas familias de emigrantes que caminhavam, só escudados na caça, e com quem tive de repartir a pouca carne que ja tinha.

Disse-me um, que falava Inglez, que eu ia entrar em paiz sem caça, mas que, se força-se as marchas, poderia, seguindo o trilho dos vagons d'elles, alcançar n'essa noute a missão do Piland's Berg.

O paiz continúa, sendo uma planicie enorme, da qual se erguem aqui e àlém ex-abrupto algumas serras.

Assim era o Piland's Berg, que eu marcava ao sul.

Resolvi pois forçar as marchas, para alcançar a missão de que me faláram os Böers; mas, quando dei ordem á partida, apareceu-me Low consternado, dizendo muita cousa que eu não entendia, mas fazendo comprehender, que seu irmão Christophe faltava. A mim é que me não faltava mais nada, senão aturar o endiabrado rapaz.

Montei a cavallo, e larguei-me por matos e charnecas a procurar meninos perdidos. Chamei, dei tiros, corri em todas as direcções, descrevendo cìrculos em tôrno do vagom, mas nenhum resultado tirei d'isso; e depois de seis horas de buscas inuteis, voltei ao carro, extenuado de fadiga, e tendo de balde cançado o meu pobre cavallo.

N'esse dia ja se não jantou, por não haver que comer.

Low chorava e arrepelava os cabellos, dizendo muita cousa em Hollandez, e se ás vêzes imaginava que eu queria partir d'ali vinha deitar-se de joêlhos aos meus pes, pronunciando o nome do irmão.

Eu estava verdadeiramente perplexo, e ora me enfurecia contra os Böers, ora tinha por o estado de Low a maior compaixão.

Os meus doentes não melhoravam, mas medicamentos e dieta não lhes faltava.

Resolvi passar ali a noute, e confesso que não deixava de entrar em furor, ao lembrar-me do tempo precioso que perdia em circunstancias tão graves como aquellas em que estàvamos.

A's 9 da noute, senti grande alarido, e percebi que o Christophe tinha chegado.

Não me entendendo com elles, só dias depois, por um intèrprete, pude ter a explicação do facto.

Christophe, logo que o vagom parou n'aquella manhã, foi para o mato apanhar pàssaros com visco. Entretêve-se por la até que eu o fui procurar.

Vendo-me gritar por elle e dar tiros, têve mêdo de que eu lhe batêsse ou o matasse; escondeu-se no matagal o melhor que pôde, e la se deixou ficar tôdo o dia.

Veio a noute, e o mêdo dos bichos foi superior ao mêdo de mim, e o pequeno voltou ao vagom.

Não me faltava, na minha viagem, senão aturar uma criança.

A's quatro horas da manhã; segui viagem, e parei ás 8, porque o nosso estado não nos permittia grandes esforços.

A leste de mim, corria N.N.O. um systema de montanhas que marginam o Limpôpo.

Descancei até ás 11 horas, seguindo a essa hora, alcancei *Soul's Port*, a missão do *Piland's Berg*, ás 4 da tarde.

Estabeleci-me em umas ruinas, a duzentos metros da casa do missionario, a quem mandei um bilhête de visita.

Pouco tempo depois, entrava nas ruinas uma dama acompanhada de um criado, que trazia uma grande bandeja de pêcegos e figos. Era Madame Gonin, a espôsa do missionario. Seu marido estava ausente, e so chegaria no dia immediato.

Ao passo que escutava Madame Gonin, comia pêcegos e figos com fome de trinta e duas horas! Dei-lhe escusa do que fazia, dizendo-lhe, que tinha fome.

A dama retirou-se, e algum tempo depois, enviàva-me uma òptima ceia.

Dois prêtos vinham carregados de comida para a minha gente.

Fui agradecer-lhe, e voltei ás minhas ruinas.

No dia seguinte, julguei livres de perigo os meus dois doentes mais graves, Mariana e Pépéca.

Logo de manhã, fui a uma fazenda de Böers, a ver se obtinha vìveres.

O paiz em tôrno de Piland's Berg é muito cultivado, e aqui e àlém alvejam no sopé da serra algumas casas de Böers.

Dirigi-me a uma d'ellas.

Fizéram-me entrar n'uma sala, que em tôdas as casas dos habitantes do Transvaal desempenha o duplo fim de casa de mêsa e sala de visitas.

Aquella tinha sufficiente pé direito, era espàçosa e alegre. As parêdes, pintadas a frêsco, representavam cupidos vendados, despedindo traiçoeiras frechas contra corações enormes engrinaldados de rosas, isto sôbre um fundo azul celeste, dado em àguada pouco nìtida.

O pintor não fôra nenhum Rubens ou Van Dyck, mas

preciso declarar, que ainda assim, me sorprendeu o trabalho artìstico d'aquella sala; superior ao de umas certas salas de mêsa, de muitas casas de Lisboa, que figuram no primeiro plano um boneco pequenino, pescando á linha n'um rio, onde ao longe navegam dois namorados enormes tocando bandolim; ao passo que em uma àrvore encarnada e azul, muito distante, pousa uma arara vermêlha, maior ainda do que a àrvore, do que os namorados e do que o pescadôr.

Ao menos, nas pinturas mytològicas da sala Böer havia uma significação, e aquellas rosas engrinaldando os corações feridos, vinham lembrar, que as chagas d'amor, como as rosas, têm perfumes e têm abrolhos.

Eu, se algum dia, depois de longa vivenda em Lisboa, por êsse poder de imitação, que me faz admittir as theorias de Darwin, chegar ao requinte de mandar pintar a minha sala de jantar por artista indìgena, dar-lhe-hei as indicações da escola Transvaaliana.

A sala da casa Böer, àlém das pinturas das parêdes, pouco mais tinha de notavel. Uma grande mêsa, algumas cadeiras, uns vasos com plantas floridas nos vãos das janellas. Cortinas pendentes de guarnições de pao despolido, feitas de caça branca, com um recorte encarnado, e cujas extremidades inferiôres, muito longe do chão, davam ás janellas esse ar desastrado de uma menina de quatorze annos, que, trajando vestido nem curto nem comprido, nos deixa perplexos, sem saber se devemos cortejar uma dama, ou beijar uma criança.

A um canto, sôbre uma pequena mêsa, o livro dos Böers, uma Biblia enorme, com fêchos de prata, sôbre uma encadernação outrora vermêlha e hôje de côr indefinida, pêlo uso das mãos sebentas, de três gèrações de Böers.

Faziam-me as honras da casa duas damas Transvaalianas, vestidas, como tôdas as do paiz, de chita, e trazendo na cabêça toucas brancas. Uns poucos de pequenos, quasi tôdos do mesmo tamanho, agarrávam-se aos vestidos d'ellas e trepávam-lhes aos joêlhos. O modo porque eram recebidos, parecia mostrar-me que eram tôdos filhos de ambas as damas; o que me causava o maior espanto, e me fazia entrever uma cousa nova para mim.

Verissimo servia-me de intèrprete, empregando a lìngua Sezuto. Antes de lhe dizer o que queria, perguntei-lhes ¿de quem eram filhos aquelles meninos? Ambas, ao mesmo tempo, com esse orgulho de tôdas as mães (em quanto os filhos sam pequeninos, e não vēm, pêlo seu tamanho, revelar segrêdos de idades que se devem occultar), respondêram: "Sam nossos."

O caso complicava-se com aquella resposta, e eu cada vez entendia menos.

Entrei em explicações e sube afinal, que os pequenos eram uns de uma, outros de outra; mas, como ellas seguiam o costume Böer, de viverem dois casaes na mesma vida domèstica, tôdos elles eram reputados filhos de cada uma.

O paradoxo physiològico tinha desapparecido, mas erguia-se a meus olhos outro psycholò gico não menos extraordinario.

No Transvaal dois casaes podem viver sôb o mêsmo tecto, e comerem da mesma panella; e dois amigos combinam casar no mesmo dia e irem viver juntos com suas mulheres; e depois com filhos e netos, para sempre. E vivem, e sam felizes, e não ha ali intrigas e desgôstos entre elles! Ainda, entre elles, comprehende-se; mas entre ellas! É admiravel.

A vida patriarchal dos Böers revela-se n'este traço.

Depois de me explicarem estas cousas, eu disse ao que ia. Precisava de provisões. As bôas raparigas offerecêram-me logo dois enormes pães, e dissêram-me, que não podiam vender-me gallinhas ou patos sem estarem presentes os seus maridos, que tinham ido para a labutação dos campos; mas pedíram-me para esperar um pouco, porque elles não tardariam a voltar para o almôço.

Uma desappareceu, e provavelmente foi para a cozinha, em quanto a outra trouxe para a sala uma màchina de costura, e poz-se a trabalhar.

Eu fui dar uma volta no quintal, onde me ficáram os olhos na hortaliça, que ali crescia cuidadosamente tratada.

¡ Que fome eu tinha de alimento vegetal !

Algum tempo depois, chegáram os Böers, que me encontráram em flagrante delicto de colher feijões que comia crus.

Voltei com elles a casa.

Logo que entrámos na sala dos Cupidos, reunio-se a familia tôda, e tôdos se sentáram nas cadeiras junto ás parêdes.

Veio, em seguida, uma prêta com uma pequena banheira, e o mais velho dos homens desçalçou as botas, e lavou os pes; seguio-se o outro, as damas e os pequenos, e a prêta correu á roda da casa com a banheira.

Em seguida, fomos para a mêsa.

Veio então a Bìblia, e o mais velho leu, com profundo recolhimento, alguns versìculos do Livro dos Nùmeros, o quarto Livro de Moisés. Começou o almôço; eu, com o estòmago cheio de couves cruas e feijões colhidos do pe, não podia comer nada, o que contrariava os meus hospedeiros; mas tomei uma chàvena de pèssimo café com òptimo leite. Depois de almôço, os bons dos fazendeiros offerecêram-me seis gallinhas e dois patos, e nada quizéram receber por isso.

Levei de hortaliças quanto pude carregar no meu cavallo.

Logo que cheguei a *Soul's Port*, sube do regresso

do missionario, por um convite para jantar, escrito por elle, que encontrei nas mãos de Augusto.

Fui ver logo os meus doentes, que achei melhores, sôbre tudo o pequeno Moero, que ja se tinha levantado. D'ali segui para a casa do missionario, onde fui cordialmente recebido.

Mr. Gonin, Francez e amigo de Mr. Coillard, exultou com as bôas noticias que lhe dei dos amigos que tinha deixado em *Shoshong*.

Tive um jantar magnìfico, e tanto mais agradavel, que a elle assistiam três damas, Madame Gonin e duas jovens e formosas Inglezas do Cabo, hòspedas da casa.

Depois de jantar voltei ás ruinas onde tinha acampado, para fazer observações, e determinar a minha partida para o dia seguinte. Ao chegar ao vagom, uma má nova me esperava.

Low veio dizer-me, que haviam desapparecido dois bôis, e não tinha sido possivel encontral-os. Os seis bôis que restavam não poderiam arrastar o vagom d'ali a Pretoria.

Decidi ficar ali a procurar os bôis, e dei-as precisas ordens, para que tôda a gente semi-vàlida logo de madrugada se posesse em campo.

Fôram baldados tôdos os esforços, e os bôis não apparecêram.

Communiquei ao missionario Gonin o meu grande embaraço, e fui logo tranquillizado por elle, que poz á minha disposição uma das suas juntas de bôis.

Além d'isso, ordenou a um dos seus criados, um Btjuana chamado Farelan, para me acompanhar até Pretoria; servindo-me ao mesmo tempo de guia e de intèrprete, ja para com o gentio, ja para com os Böers, porque falava bem o Hollandez.

Dispostas assim as cousas, determinei seguir no dia 7, e depois de agradecer a Mr. e Madame Gonin tantos favôres, parti ás 6 horas da manhã, indo parar, ás 10, junto a uma casa de Böers, que me recebêram muito bem, dando-me abundantes provisões.

Ainda n'esse dia fiz duas grandes jornadas. Dos meus doentes, a Mariana e o Pépéca, apresentavam sensiveis melhoras, aindaque promettiam uma demorada convalescença; Moero estava em via de restabelecimento, mas Marcolina, a mulhér de Augusto, dava-me cuidados, porque se achava em um estado adynàmico, com febre constante, que não cedia ao tratamento.

No dia 8, o estado de Marcolina era muito grave.

Parti ás 4 da manhã, e ás 5 encontrava o rio Quetei, pròximo da sua confluencia com o Machucubiani.

A difficuldade da passagem foi grande, por serem muito apicadas as margens e levarem os rios muita àgua.

Depois de três horas de trabalho violento, conseguímos transpol-o, e acampámos na margem opposta.

Marcava meia milha a O.N.O. o Pico Bote, onde foi pelejada a ùltima batalha entre Böers e Matebelles, sendo estes completamente batidos e forçados a recuar para àlém do Limpôpo.

Depois de um descanço de três horas, segui avante e jornadei por oito horas, em duas marchas.

O sitio onde acampei, junto a um riacho que corre ao Limpôpo, era coberto de rochas, massas enormes de granito, o primeiro que encontrava depois do Bihé.

A disposição geològica do terreno mostrava-se-me, tal qual, a parte do planalto da Costa de Oeste entre Quillengues e Bihé.

A flora é que ali é muito differente. No planalto, costa de oeste, apparece uma vegetação arbòrea opulenta; ao passo que, n'esta parte do Transvaal, apenas se vê um ou outro arbusto rachìtico; mas a vegetação herbàcea é rica, e sôbre tudo as gramìneas têm desenvolvimento grande.

No dia 9 de Fevereiro, o estado de Marcolina era tão

grave, que decidi não continuar viagem até ver se ella obtinha melhoras. Baldados fôram os esforços empregados para a salvar, e ao meio-dia expirou.

¡ Pobre mulhér ! ¡ Depois de tão aturadas fadigas, depois de tão àrduos trabalhos, veio perder a vida quando estava pròxima a encontrar o descanço e o confôrto !

Marcolina era a legìtima mulhér de Augusto. Viera com elle de Benguella até ali, e mesmo no tempo das aventuras galantes do marido, nunca o abandonou, apesar dos maos tratos que d'elle recebia.

Augusto chorava como uma criança junto ao cadaver da sua companheira fiél.

Na madrugada seguinte, Camutombo e o Betjuana Farelan, abriam uma profunda cova, onde se enterrava a mesquinha.

Eu, de cabêça descoberta e commovido, vi cahir a terra sôbre o cadaver frio.

Ali, na margem do ribeiro, junto a Betania, deixava eu a ùltima vìctima da expedição Portugueza através d'Africa. D'ali levava uma saudade pungente. ¡ Ainda bem que aquelle devia ser o ùltimo tùmulo !

Voltando ao vagom, perguntava a mim mesmo, se a sciencia tem direito a taes sacrificios ; se o homem, no orgulho de juntar mais um àtomo de saber ao pouco que sabe, pode dispor para isso da vida do seu semelhante, e immolal-o cruamente a um ìdolo tão vão como os outros ?

No meu espìrito não podia formular uma resposta á pergunta que fazia, e hôje digo que isto é uma questão a debater entre o homem e a sua consciencia.

Logo que cheguei ao vagom, dei ordem de partida, e segui adiante, para ir visitar a missão de Betania.

Betania é uma aldeia de quatro mil habitantes de raça Betjuana, formada de casas bem construidas, e muitas de janellas envidraçadas.

Fig. 135.—ÚLTIMO ENTERRO.

O missionario que ali encontrei, Hollandez ou Allemão, chamava-se Mr. Behrens.

Appareceu-me fumando em um enorme cachimbo de louça, e uma das primeiras cousas que me perguntou foi, ¿ se eu lhe tinha trazido umas pas que me emprestara para abrir a cova de Marcolina?

Um quarto de hora depois, eu deixava a casa do missionario, e seguia caminho, indo parar, ás 11 horas, junto de uma aldea de Böers.

Viéram elles logo buscar-me para suas casas, e tive de entrar em casa de tôdos. Em tôdas fui obrigado a tomar alguma cousa, e em tôdas recebi presentes de batatas, frutas, hortaliças e gallinhas. A custo me pude desembaraçar d'aquella bôa gente, e pude partir ás 3 da tarde.

Encontrei outra vez a margem esquêrda do Limpôpo, que subi por três horas, para chegar a um vao conhecido do meu guia Farelan.

Junto ao vao estava grande porção de vagons Böers. O rio trasbordava, e não dava passagem, diziam elles.

Como Farelan conhecia o vao, disse-lhe, que se metêsse á àgua e fôsse até onde podesse. O Betjuana passou o rio com àgua pêlo pescôço. Mandei logo tanger os bôis, e fiz entrar o cavallo na àgua, passando o rio em um momento. Eu e os meus ja sabìamos lidar com um vagom e com os rios da 'Africa.

Os Böers ficáram pasmados, mas pasmados ficáram na outra margem, debaixo de uma chuva torrencial que cahia.

Acampei ali. No dia immediato, os alvôres da manhã viéram mostrar-nos o rio que tinha sahido do seu leito, e que deveria levar mais três a quatro metros de àgua.

Os Böers que receiáram na vèspera arriscar os vagons, tinham que esperar muitos dias para o passarem.

Eu segui viagem, e ás onze horas e meia, passava a

enorme serra que divide o Transvaal no sentido este-oeste, o Magalies-Berg.

Foi difficìlima a passagem da alta serra, e sôbre tudo a descida na vertente do sul perigosa. O vagom, sem travão, precipitàva-se sôbre os bôis e ameaçava despedaçar-se. Tive de pôr os doentes a pe, com receio de um accidente.

Low cahio, e uma roda do vagom esmigalhou-lhe as phalanges da mão esquêrda.

Fiz-lhe um primeiro curativo, e tratei de forçar as marchas, para alcançar Pretoria, onde elle podia ser cuidadosamente tratado. O Betjuana Farelan previne-me de que façamos provisão de lenha em uma mata no sopé da serra; porque d'ali a Pretoria só encontrarìamos planicies desarborizadas. Assim fizémos, continuando a jornadear dia e noite, apenas com o descanço necessario para os bôis.

Finalmente, no dia 12 de Fevereiro, ás 8 da manhã, acampava uma milha a N.N.O. de Pretoria, e deixando ali o vagom e os meus, entrava sòzinho na capital do Transvaal.

Fig. 136. — MAGALIES-BERG.

CAPÌTULO VI.

NO TRANSVAAL.

Ràpido esbôço da historia dos Böers—O que sam os Böers—Suas emigrações e trabalhos—Adriano Pretorius—Pretorius—As minas de diamantes—Brand—Burgers—Juizo errado á cerca dos Böers—O que eu vi e que eu penso.

Estou em Pretoria, a Capital do Transvaal, e antes de continuar a narrativa das minhas aventuras, vou dizer algumas palavras da historia d'este paiz e dos seus habitantes. Não se arreceiem os meus leitores do caso. Ainda que um moderno historiador Francez n'um bello livro escreveu a conceituosa phrase, "L'histoire ne commence et ne finit nulle part," eu prometto-lhes que o ràpido golpe-de-vista que vou lançar sôbre a historia d'este pôvo será tão curto, como curta é ella.

Não sei quando acabará, se é que não findou ja ou está a findar, mas o comêço da vida Böer, desde que essa vida tomou a forma de nacionalidade autonòmica, é dos nossos tempos, é d'este sèculo.

Bartholomeu Dias primeiro, e Vasco da Gama depois, os ousados Portuguezes que afrontáram antes de ninguem as tempestades do Cabo, pensando só na India, como na terra da promissão, pouco ou nenhum caso fizéram da extrema Àfrica do Sul.

Foi só em 1650 que a Hollanda—não o govêrno Hollandez, mas a companhia das Indias—ali fundou uma feitoria, para refrescar os seus galeões em viagem do mar Ìndico, feitoria estabelecida pêlo Doutor Van Riebeck.

Esta feitoria ergueu-se onde hôje assenta a formosa cidade do Cabo.

A companhia das Indias, que pouco se importava com a 'Africa, não pensou em fundar ali uma colonia, e antes pôz tôdos os estôrvos á iniciativa particular, que tendia a cultivar a terra e a commerciar com o indìgena.

Pelejavam-se então na Europa as guerras de religião, e com a revogação do Edicto de Nantes e a perseguição dos Protestantes em França, muitos emigráram, e entre elles alguns fôram para a Hollanda. A companhia das Indias deu-lhes transporte para a 'Africa, e elles aceitando-o pressurosos, fôram deixados no Cabo. Não chegava a duzentos o seu nùmero, e se attentarmos a que, segundo diz a historia, van Riebeck não levou com-sigo mais de cem pessôas; e dando-se mesmo o caso de que essa população tivesse duplicado no tempo decorrido de 1650 á chegada dos emigrantes Francezes, estes equilibravam em nùmero com a população Hollandeza.

Faço notar esta circunstancia, porque, sendo estes dous elementos que déram principio a essa raça hôje chamada os Böers, quero concluir, que n'esse pôvo, a respeito do qual se tem escrito tão pouco e tão errado, o sangue Francez, se não domina, ao menos equilibra com o Hollandez.

O governo Hollandez, desde o estabelecimento dos emigrados Francezes no Cabo, trabalhou para lhes cortar tôdas as relações com a mãe patria, e o primeiro golpe que n'ellas deu, foi a prohibição do uso da lingua natal, ja na celebração do culto divino, ja nas relações especiaes com o govêrno, e nos actos officiaes.

Custa a comprehender como o obtêve, mas é facto que lhe quebrou aquelle laço que nas futuras gèrações os podia prender á França; e de tal modo, que quando o General Clarke, em 1795, chegou ao Cabo com o Almirante Elphinstone, e se apossou da colonia em nome da Inglaterra, nem um so Böer falava ou comprehendia o Francez.

Muito antes da occupação Ingleza, que se não tornou effectiva senão em 1806, èpocha em que a Inglaterra se apossou definitivamente do Cabo pêla fôrça, desprezando as convenções da paz de Amiens, que restituia aquella colonia aos Hollandezes, ja muito antes os colonos fugiam aos vexames do govêrno da Hollanda; e internando-se no continente iam longe estabelecer-se onde encontravam bons terrenos para cultura e bons pastos para os gados; preferindo brigar com o gentio e prover á sua propria defêsa, a estar em relações e sôb a protecção de um govêrno que os tornava verdadeiros escravos.

D'ahi data o nome e a vida errante dos Böers, nome bem pouco em harmonia com tal vida, porque Böer quer dizer fazendeiro ou lavrador, o que dá uma idéa de estabilidade, que elles não tinham nem ainda hôje tẽm; sendo mais pastôres e nòmadas do que lavradôres sam.

O primeiro que nos fala dos Böers na sua vida quasi primitiva, reduzidos como fôram a prover elles mêsmos ás necessidades da vida absoluta, é Levaillant, que visitou o interior da 'Africa do Sul, antes da Revolução Franceza, isto é, 14 ou 15 annos antes da primeira occupação do Cabo por Clarke e Elphinstone. Levaillant diz muito mal d'elles nas suas relações com as tribus indìgenas.

Trata-os de dèspotas e de abuso constante da fôrça. Devemos dar crèdito ao que diz Levaillant, mas devemos tambem examinar sem paixão as circunstancias em que viviam aquelles homens, duas vêzes emigrantes, e errando sem patria n'um paiz hostil. Accusam-n-os n'esse tempo de abusar da fôrça, quando a fraquêza estava do lado d'elles, como sempre estêve.

Tinham armas é verdade, mas os Cafres tinham o nùmero, e eu sei o quanto vale o nùmero sôbre as armas, e sabe-o hôje a Europa, e sôbre tudo a Inglaterra.

Os Zulos, os Cafres, e os Basutos tēm lh'o ensinado.

Não devemos lançar á conta de espìrito de crueldade, represalias filhas da necessidade de impor o respeito pêlo terrôr a tribus indomaveis e ferozes. O que lançam em rôsto aos Böers de roubarem e dividirem entre si os gados e as riquêzas dos povos vencidos, é hôje admittido como direito da guerra, e a nação vencedôra impõe á vencida um tributo que não é mais do que o que faziam os emigrantes Franco-Hollandezes, aos Cafres vencidos; que não era differente proceder do que tivéram os Inglezes n'aquellas mêsmas paragens no fim das guerras de 1834 e 1846.

Apesar de se terem internado no continente, os Böers so em 1825 passáram o rio Orange, inclinàndo-se a N.E. para fugirem da esterilidade do deserto que se estende ao Norte e N.O. da confluencia do Vaal.

Fôram obrigados a isso pêla falta de chuvas que então houve no paiz que elles occupavam.

A abolição da escravatura depois da guerra de 1834 trazia os Böers descontentes, porque perdiam com ella os braços que os ajudavam.

Sem patria, sem historia, e por isso sem amor a nenhuma terra, elles começáram uma nova emigração em massa, e o nùmero dos fugitivos que passáram o Orange foi avaliado em oito mil.

Elegêram então um chefe, e recahio a escôlha em Pieter Retief, cujo primeiro passo foi, expedir uma nota ao govêrno do Cabo, na qual lhe dizia, que eram livres e livres iam escolher um paiz para habitar.

Nessa nota havia exarada a intenção em que estavam de viver em paz com o gentio, de não admittirem a escravatura, e de estabelecerem nìtidamente quaes as relações que deviam existir entre amos e criados.

Receando dos Cafres, os Böers, passado o Orange caminháram ao norte, mas fôram, nos Zulos que occupavam a margem direita do Vaal, encontrar inimigos mais terriveis do que aquelles que evitavam.

O cèlebre Muzilicatezi, que depois se tornou conhecido como rei do Matebeli, tentou sustar a marcha dos emigrantes, e por isso elles tivéram de pelejar uma sangrenta batalha, em que levàram de vencida o valente chefe Zulo.

Então Pieter Retief dirigio a caravana a leste, e tendo noticias de um paiz magnìfico que se estendia para àlém da Cordilheira do Drakensberg até ao mar, guiou para ali a sua horda de aventureiros.

Ao chegar ao paiz desejado, um nôvo obstàculo lhe veio tolher o passo.

Uma tribu poderosa e guerreira procurou destruir aquelle punhado de valentes. Fôram mortìferos os combates travados entre Retief e o chefe Cafre Dingam, e n'um d'elles a victoria dos Böers custou a vida do seu chefe Retief, e a Gert Maritz seu immediato.

Senhores das terras de Natal, os Böers escolhêram uma posição magnìfica para fundar uma cidade, e elegêram um nôvo chefe. A cidade têve o nome de Pietermaritzburg, nome que foi um monumento immorredouro levantado á memoria dos dois primeiros chefes Böers.

O homem escolhido para nôvo chefe foi Adriano Pretorius, que tempo depois devia ser o primeiro presidente da rèpùblica Transvaaliana, e cujo nome devia ser perpetuado como os de Retief e Maritz na futura capital dos Böers.

De 1840 a 1842, os emigrantes vivêram tranquillos, cultivando a terra e apacentando os gados na sua nova patria.

Pensavam mesmo ja em firmarem a sua autonomia,

constituindo-se em rèpùblica sôb o protectorado de uma nação Europea; quando Sir George Napier, por ordem do govêrno da Metropoli, mandou occupar a Natalia por fôrças Inglezas, fazendo saber aos Böers que a Inglaterra não consentia que os seus sùbditos formassem estados independentes sôbre as costas marìtimas.

Pretorius recebeu muito mal o enviado de Sir George Napier, e foi junto a Pietermaritzburg que se trocáram as primeiras ballas entre Böers e Inglezes. Prevenido da resistencia dos Böers, o governador do Cabo reforçou as tropas de Natal e esmagou a insurreição. A pouca sympathia que os Böers votavam aos Inglezes, desde esse dia converteu-se em aversão profunda.

Começou para os emigrantes uma nova èpocha de àrdua peregrinação, e abandonando a terra escolhida, fôram novamente procurar um paiz àlém do Drakensberg, um paiz onde podessem ser livres e senhôres.

Ao passar a elevada cordilheira espalháram-se ao norte e ao sul do Vaal; estabelecendo as suas residencias no terreno comprehendido entre o Vaal e o Orange, e mesmo ao norte sôbre a margem direita do Vaal, onde fundáram a cidade de Potchefstroom, em 1843.

Sabendo que o Govêrno Inglez considerava aquelle paiz como seu, e como seus sùbditos os habitantes, Pretorius persuadio a muitos dos Böers o emigrar de nôvo, e com elles caminhou ao norte. Têve de bater-se com os Zulos, que, vencidos n'uma ùltima batalha no Pico Botes, fôram rechaçados para àlém do Limpôpo, onde o seu chefe Muzilicatezi estabeleceu o reino do Matebeli.

Foi então que fôram fundadas mais duas povoações, Lydenburg e Zoutpansberg.

É preciso notar, que a cada nova emigração, muitos dos Böers se recusavam a seguir o enthusiasmo pêla liberdade que inflammava outros, e conservàvam-se nos paizes abandonados, tendo, por isso, de se sujeitar ao govêrno Inglez.

Foi assim que muitos não deixáram as suas residencias entre o Orange e o Vaal, e cortáram, por assim dizer, relações com aquelles que emigravam sempre. Esse nùcleo que ficou, deu origem aos que hôje formam o Estado livre do Orange, e ali fundáram a cidade de Bloemfontein, sua capital.

Lord Grey, sendo Ministro das Colonias em Inglaterra, em 1852, entendeu que eram bastante grandes e ruinosos os dominios Inglezes na 'Africa, e resolveu de limital-os.

Querendo, ainda assim, fazer as cousas em grande e talhar por largo, deu ordem ao Governador do Cabo para declarar o Vaal como fronteira norte dos dominios Britànicos, e para conceder os direitos de autonomia aos sùbditos Inglezes que se estabelecêssem àlém d'aquelle limite.

É d'esta data o tratado feito com os Böers, pêlo qual a Grã-Bretanha os reconheceu livres e lhes concedeu os direitos de autonomia; é d'esta data que têve um nome o paiz comprehendido entre o Vaal e o Limpôpo; é d'esta data que o govêrno do Transvaal se constituio definitivamente; é n'esta data que Adriano Pretorius foi eleito presidente da nova rèpùblica.

Os Böers insurgentes, os teimosos em fugir ao jugo estranho, acabavam de constituir uma nação, de crear um paiz, e de estabelecer a sua liberdade; ao passo que os Böers fiéis aos Inglezes so em 1854, mais de um anno depois, fôram livres e podéram constituir-se em nação, formando o Estado Livre do Orange.

É verdadeiramente admiravel ver estes grupos, onde não abundavam os recursos de instrucção, porque o Böer so lê e so conhece a Biblia; ver estas gentes ignorantes dos regimens governativos, a que fugiam havia um sèculo, de repente constituìrem-se em nações, formarem um systema governativo, elegerem assembleas nacionaes, e legislarem sensatamente!

Adriano Pretorius foi um homem a todos os respeitos notavel, e que teria feito um nome mêsmo entre povos menos rudes do que os Böers.

Inflammado pêlo ardor da liberdade, sabia incutir o seu enthusiasmo no ànimo dos que o rodeavam, e pertinaz n'uma idéa grandiosa, vio coroados de èxito os seus esforços, dando uma pàtria aos seus, e fixando n'um paiz riquissimo, tôdo um pôvo disperso.

Este grande homem apenas entrevio a sua obra, porque morreu ao concluil-a. O suffragio geral levou ao poder seu filho, do mesmo nome, criado nos mesmos enthusiasmos de seu pai.

O nôvo Pretorius procurou dar melhor organização aos serviços da nação, mas o mesmo desejo de liberdade que animava os Böers a fugirem ao dominio Inglez, fazia que muitos procurassem escapar ao dominio do governo central da Rèpùblica. Contudo, encontràvam-se sempre que era preciso ligar-se contra um inimigo estrangeiro, e as muitas guerras que sustentáram para acalmar os indìgenas, sempre hostís, sam d'isso prova.

Em 1859, os Böers do Estado Livre do Orange acclamáram seu presidente a Pretorius, que, director supremo dos negocios das duas rèpùblicas, pensou logo em levar a effeito uma união vantajosa para os interesses communs.

O govêrno Inglez andou de tal modo n'essa questão, que Pretorius nada pôde alcançar, e abandonando Bloemfontein, voltou ao Transvaal, onde tomou de nôvo a direcção dos negocios pùblicos.

D'ahi até 1867, aquelles dois povos, que apenas contavam um 15 outro 13 annos de existencia autonòmica, não fôram perturbados no seu viver rude e pacìfico, a não ser por pequenas questões com o gentio logo acalmadas; mas, em 1867, os Böers dos dous estados, Transvaal e Orange, fôram sorprendidos por uma noticia que veio perturbar por um momento a sua vida tranquilla. Nas fronteiras oeste dos dous estados, tinham sido descobertas as suas ricas e prodigiosas minas de diamantes, e aquelle pedaço de terreno promettia uma riqueza inexgotavel ao seu possuidor.

Naturalmente Böers do Transvaal e Böers do Orange lançáram para elle as vistas cubiçosas.

A terra que de um momento a outro tomou tão grande importancia, e que, como o Brazil, a California e a Australia, chamou logo a si aventureiros de tôdas as nações, pertencia a uma tribu, os Gricuas, mestiços de origem Böer, que a esse tempo eram governados por um tal Waterboer, que não perdeu tempo em fazer valer os seus direitos ao terreno cubiçado.

Entre os aventureiros que o fulgor dos diamantes atrahia áquella nova Golgonda, abundavam Inglezes, que excediam todos os outros em nùmero.

A vontade de se apossar do terreno diamantìfero so foi manifestada claramente pelos Böers do Orange em 1870, anno em que o presidente Brand convidou Waterboer a uma conferencia, e procurou convencel-o de que era senhor, por direitos adquiridos, do cubiçado thesouro.

Waterboer não se deixou convencer, e retirou para o seu paiz, teimoso em querer continuar a ser senhor d'elle.

O presidente Brand, pêla sua parte, não cedeu tambem, e publicou uma proclamação, em que dizia ser dos estados do Orange a terra dos Gricuas, enviando logo ali um delegado da rèpùblica para se estabelecer como governador.

Os Böers do Transvaal a esse tempo procuravam de traçar nìtidamente as fronteiras do seu paiz, e acabavam de referendar com Portugal o tratado da demarcação da sua fronteira de Este, negociado, em Julho de 1869, entre o proprio Pretorius e o Visçonde de Duprat, commissionado, para isso, pêlo Govêrno Portuguez. O tratado de 1852 definia sufficientemente as suas fronteiras sul e su-este, mas as outras fronteiras eram demarcadas, a Norte pêla môsca zê-zê junto ao Limpôpo, e a oeste, por cousa nenhuma.

Entendeu pois Pretorius, que tanto direito tinha o presidente Brand como elle á posse da terra Gricua, e mandou para ali um delegado official da Rèpùblica, como o Orange mandara o seu.

Havia três annos que a primeira pedra d'esse carvão puro e scintillante, a que a vaidade humana deu um tão extraordinario valor, apparecêra nos perdidos sertões da 'Africa do sul, e ja nos terrenos saibrosos onde as mãos àvidas de centenares de aventureiros escavavam os pequenos seixos, se levantava uma cidade opulenta, onde formigava a vida e a civilização da Europa.

Era Kimberley. Era uma maravilha edificada com diamantes, como S. Francisco da California foi edificada com ouro. Era um d'esses prodigios que brotam da terra, junto á mina que se explora, que crescem ràpidos em grandeza e em civilização, que têm um commercio nôvo e forte, que arroteia terreno virgem, que têm um cèrebro nôvo e inventivo, e que nascido hôje, àmanhã desenvolvido pêlas fôrças novas que o avigoram, effeitúa agora em mêzes e semanas, o que antes demandava sèculos e annos.

A mina é o mais poderoso principio do desenvolvimento de uma terra virgem.

A mina é o mais poderoso incentivo da colonização de uma terra agreste.

Scintille o diamante, fulgure a pepita do ouro, negreje o bloco de hulha, lance a mina do seu seio cavernoso, o cobre, o ferro e o chumbo, e ali no deserto julgado àrido, em tôrno do chumbo, ferro, cobre, hulha, ouro e diamante, nasce a vida, cria-se a civilização, e o progresso caminha rapido como os seus modernos elementos, o vapor e a electricidade.

Hontem as enxadas rudimentares dos indìgenas esgravatavam uma polegada de terra, e hôje as locomòbiles poderosas, lançando aos ares o grito da civilização no sibilar do apito, vam movendo arados que revolvem fundo a terra, virgem desde a sua formação geològica, e vem trazer á superficie em glebas recurvadas o pedaço de solo que nunca cuidou ter outro movimento àlém do que as leis do Creador lhe marcáram no espaço infinito.

Ali, onde hontem um rio caudaloso apresentava barreira insuperavel aos passos do raro caminhante, hôje uma ponte construida de bocados de ferro ligados em harmònica architectura pelas leis sublimes da sciencia, dá facil passagem a uma população condensada, que nem sequér pensa nas àguas revôltas que lhe correm aos pes.

O pàntano que hontem exhalava o miasma pestilento, está hôje convertido em parque ameno, cujas àrvores modificam a atmosphera e o clima.

O ferro que, hontem elementarmente tirado da terra, apenas servia para a imperfeita ponta da azagaia bàrbara, corre hôje nas fôrmas gigantescas, e resfriando em forma de *rails*, vai estender-se n'essas arterias enormes onde pulsa o sangue das nações modernas.

Do trabalho e da creação material nascem novas idéas, o cèrebro reforça-se, as faculdades creadôras do engenho humano desprendem-se mais e mais, e vôam longe, trazendo cada dia novos e poderosos elementos ao progresso e riquêza das nações.

Foi assim que a Amèrica em um sèculo passou àlém da Europa, é assim que a Àfrica um dia irá àlém da Amèrica.

Na terra Gricua, onde, em 1867, apenas cabanas

abrigavam uma população bàrbara; em 1870 elèva-se uma cidade Europea, ainda envôlta no cahos das populações nascentes, mas sentindo em si tôdos os elementos de progresso ràpido. N'estas condições, não podia admittir sequér a dominação de povos tão atrazados como Böers e Gricuas.

Muito occupada de si mesmo para se poder occupar de vizinhos importunos, apellou para a Inglaterra.

O diamante e o ouro tem o poder sobrenatural de fascinar o rei como fascina o proletario, e se Böers e Gricuas estavam offuscados pêlo brilho dos diamantes Africanos, a Inglaterra não deixou de se commover ás scintillações dos seixos preciosos, e decidio logo no seu cèrebro intelligente e cùpido, que a terra Gricua era sua e não podia ser d'outrem.

A' proclamação do presidente Brand seguio-se uma proclamação do Governador do Cabo, em que se dizia, pouco mais ou menos, que a terra pertencia aos Gricuas, e que os Gricuas pertenciam á Inglaterra.

Esta proclamação precedia o proprio Governador, que entendeu dever ir ao logar do litigio.

A recepção que lhe foi feita pêlos mineiros, foi enthusiàstica e esplèndida.

Os Gricuas, que se sentiam fracos em presença dos Böers, uníram-se naturalmente á Inglaterra.

Então o Governador, forte com o apoio de mineiros e Gricuas, entrou abertamente em negociações com os Böers dos dous Estados, e fàcilmente chegou a convencer Pretorius á desistencia dos seus direitos mais do que problemàticos. Não aconteceu porem o mesmo com o presidente Brand, que não so recusou a proposta de ser a questão decidida por uma arbitragem do Governador da Natalia, pedindo que essa arbitragem fôsse de um dos soberanos da Europa, e ainda mais, fazendo reunir uma fôrça consideravel de Böers para empregar as armas como argumento supremo. O Governador procurou e conseguio prudentemente soster esta manifestação guerreira do Estado Livre, que teria sèrias consequencias n'aquelles paizes.

Ao mesmo tempo, o govêrno Inglez annexava ao Cabo o paiz diamantìfero, sem se importar muito com o que ali se passava.

Brand todavia não desistia dos seus direitos, como Pretorius.

Este, Böer, e tendo apenas a educação rudimentar dos Böers, aprendida nas pàginas da Biblia, vivia e sustentava-se mais pêlo nome herdado de seu pai, do que pelas suas qualidades pessoaes. Fôra mais facil á Inglaterra tratar com elle do que com o presidente Brand, filho da Colonia, mas possuindo uma bella intelligencia, uma vasta erudição, e todas as tricas e chicanas de advogado que é.

Brand foi educado na Europa, é doutor pêla Universidade de Leyde, tem carta de jurisconsulto nos tribunaes de Inglaterra, e foi professor na escola do Cabo. Um homem n'estas condições, e dotado de um caracter enèrgico e forte, não se calava em presença das annexações da Inglaterra, e continuou a gritar e a provar que a terra Gricua era sua propriedade.

Em seis annos fez seiscentos protestos, até que um dia Lord Carnarvon, o estadista Inglez, que melhor tem sabido comprehender os interesses coloniaes da Grã-Bretanha, o convidou a ir a Londres tratar directamente com elle a interminavel demanda.

Brand em Londres continuou a pugnar pelos interesses do seu paiz, e cedeu os direitos á terra Gricua mediante uma indemnização pecuniaria de 105 mil libras.

Foi assim que Lord Carnarvon cortou de uma vez para sempre as complicações entre os Böers do Estado Livre e as Colonias Inglezas do Sul d'Africa.

Brand aproveitando a somma recebida em favor do

seu paiz, tratou de lhe dar tôdo o desenvolvimento que uma pequena nação pode ter, com uma pequena quantia como aquella.

Mas deixemos os Böers do Orange, dos quaes falei apenas por se ligar a sua curta historia com a do Transvaal, e voltemos a este paiz.

Como disse, Pretorius transigio logo com o Governador do Cabo na questão da posse da terra Gricua, e isso foi motivo para se desacreditar entre o seu pôvo.

A assemblea nacional (Volksraad) apresentou um voto de censura ao seu presidente, e preciso foi depol-o, e escolher quem o substituisse.

Foi então eleito um Hollandez, Francisco Burgers, o terceiro presidente da rèpùblica Transvaaliana.

Francisco Burgers, homem intelligente e illustrado, ministro protestante da Igreja reformada, pensou, logo que assumio o poder, levantar o Transvaal ao nivel das nações adiantadas da Europa. Tôdas as idéas do ùltimo presidente eram nobres e elevadas, mas não podemos deixar de admittir que elle commetteu erros manifestos de administração. Burgers não era homem pràtico, e não conhecia sufficientemente o elemento que governava, para saber como lhe dar o feitio que elle lhe queria dar.

É sempre melindroso falar de um alto personagem que vive, quando a crìtica tem de analysar os seus actos, e se eu não me posso eximir a falar do D^or. Burgers, porque á sua administração se ligam factos da maior importancia, não quero de modo algum impor a minha opinião a respeito do governo do ùltimo presidente do Transvaal.

Direi abertamente o que penso, e que formem os outros os juizos que quizerem.

Durante a minha estada no Transvaal, não deixei de indagar, por tôdos os modos ao meu alcance, os factos da ùltima administração Böer, e sôbre elles edifiquei a opinião que vou expor.

O presidente Burgers, tomando conta do Govêrno, quiz caminhar mais depressa do que devia n'um terreno tão pouco nivelado. As questões financeiras fôram as que primeiro chamáram a sua attenção, e bem preciso era isso, porque no Transvaal não haviam finanças.

As despezas de administração eram pequenas, é verdade, mas as receitas geraes eram pequenissimas e mui irregularmente cobradas. Havia algum papél moeda e pouco dinheiro Inglez.

Burgers cunhou moeda de ouro extrahido das minas de Lydenburg, e conseguio em pouco tempo restabelecer o crèdito, muito abalado, do seu paiz adoptivo. Para isso têve lutas ingentes e ignoradas, com um pôvo pouco subordinado, e disseminado n'um territorio enorme, onde as communicações eram e sam ainda hôje difficeis, e onde ainda não foi possivel fazer um censo aproximado. Outro assumpto importante que preoccupava o presidente, era a questão da fôrça pùblica. Elle percebia bem que o systema de defêsa empregado até então pelos Böers, a que chamavam o *commando*, isto é uma convocação geral para a guerra, era muito deficiente, e não podia continuar, n'um estado que elle queria elevar á altura dos paizes Europêos.

A questão de regularizar um exèrcito entre os Böers apresentava grandes difficuldades, e encontrou uma sèria opposição.

Um terceiro ponto de não menos importancia a tratar, e do qual se occupou logo o presidente, foi o da viação pùblica.

Burgers instituio os primeiros juizes, e abrio as primeiras escolas pùblicas no Transvaal.

Isto era muito para um pôvo na infancia, e foi feito de repente.

N'isso e só n'isso commetteu um êrro o presidente da rèpùblica.

Uma especie de febre de progresso se apossou do Dor. Burgers, que fez uma viagem á Europa, em 1875, com o duplo fim de arranjar dinheiro e um pôrto de mar ao seu paiz.

Para o dinheiro foi bater á porta dos Banqueiros de Amsterdam, para obter um pôrto foi pedil-o ao govêrno de Lisboa.

Em Amsterdam como em Lisboa foi escutado, e ao passo que obtinha um crèdito na Hollanda, fazia um tratado em Portugal para uma ferrovia que ligasse Pretoria ao soberbo pôrto de Lourenço Marques.

Burgers voltava triumphante ao Transvaal, onde o esperavam as maiores decepções.

Durante a sua ausencia, havia-se renovado uma antiga pendencia com um règulo indìgena, Secúcúni, ao qual era preciso fazer a guerra.

Burgers não hesitou, e fez convocar um *commando* ao qual adheríram uns dois mil Böers e outros tantos indìgenas. Elle mêsmo se poz á frente do pequeno exèrcito e foi atacar o règulo sublevado.

Ou fôsse que Burgers não nascêra para general, ou fôsse por uma d'essas outras causas difficeis de apreciar, que tantos desastres têm causado ás tropas regulares Inglezas em 'Africa, o pequeno exèrcito, depois de uma curta guerra em que poucas vantagens alcançou, têve de retirar.

A êsse tempo chegava ao Natal Sir Theophilus Shepstone, que ia de Londres, onde Lord Carnarvon sempre na idéa de fazer uma confederação dos estados da 'Africa do Sul, tinha feito reunir delegados das diversas provincias para discutir tal projecto.

Parece que Sir Theophilus Shepstone levava instrucções do govêrno Inglez a respeito do Transvaal, porque, logo que chegou a Durban, seguio para Pretoria.

Não quero de modo algum entrar, n'uma obra do caracter d'esta, em apreciações sôbre o facto da annexação ; e por isso limitar-me-hei a narrar os factos com a verdade que até hôje não tem sido dita. Para bem se comprehenderem esses factos, é preciso mostrar o que era o Transvaal á epocha da chegada de Sir Theophilus a Pretoria.

A população Böer, difficil de avaliar, mas que os càlculos mais aproximados faziam montar a vinte-e-uma mil almas, estava espalhada n'um territorio immenso, igual em superficie á Inglaterra e Escocia reunidas.

N'esse grande paiz três cidades apenas eram nùcleos de uma população mais condensada, e algumas aldeas separadas por distancias enormes, augmentadas ainda pêla difficuldade das communicações, reuniam pequenos grupos de habitantes.

As três cidades, Potchefstroom, Pretoria e Lydenburg continham populações, que eram tudo menos Böers. As minas do ouro haviam attrahido a Lydenburg aventureiros de todas as nacionalidades, predominando o elemento Inglez importado da Australia.

Pretoria era uma cidade nascente em que predominava o elemento Hollandez, mas não Böer.*

Potchefstroom era de todas aquella que era habitada por maior nùmero de Böers, mas ainda assim, elles estavam em minoria em presença dos Hollandezes e Inglezes.

As aldeas, das quaes as mais importantes eram Rustenburg, Marico, e Heidelberg, ja tinham a população Böer misturada com Inglezes e Hollandezes. A grande população Böer estava disseminada em casaes, e fugia naturalmente das cidades onde não podia fazer pastar os seus gados.

Se era difficil fazer um recenseamento da população

* Sempre que o autôr fala em Hollandezes, entende por isso os filhos da Hollanda, e não os Böers de qualquer dos Estados.

branca do Transvaal, mais difficil era ainda avaliar a população indìgena. Tenho visto càlculos que a estimam de duzentas a novecentas mil almas.

O paiz estava coberto de missões de três ou quatro differentes sociedades de Inglaterra, de algumas Allemãs, e outras Hollandezas. Estes missionarios exerciam a sua acção sôbre o indìgena, porque Hollandezes tinham os seus pastores nas parochias, e Böers que sabem tanto de Biblia como os pàrochos, até d'elles prescindiam.

A sêde do govêrno estava em Pretoria, a mais pequena das três cidades do Transvaal, mas aquella que melhor se acha collocada.

Os homens que tinham a direcção principal dos negocios pùblicos eram Hollandezes.

Esta era a posição da população heterogènea do Transvaal em principios d'Abril de 1876.

Vejamos agora ràpidamente, qual era a posição moral, verdadeira ou apparente, dos Böers.

Primeiro examinemos qual o juizo que fora d'Africa se fazia dos Franco-Hollandezes da rèpùblica Africana. Era elle de certo pèssimo.

O Böer era um selvagem branco, possuindo todos os maos instinctos do selvagem, àvido de rapina, devastando e incendiando as aldeas do indìgena, pobre martyr da brutalidade e rapacidade de tão extraordinario malvado.

Foi assim que elle nos foi apresentado por alguns missionarios, os ùnicos que na Europa nos davam noticias dos antigos emigrantes do Cabo.

Forte contra o fraco, o Böer era cobarde e fraco em presença do forte.

O que havia de verdade n'este juizo eu o direi ao diante.

Então estavam elles moralmente desconceituados para com aquelles que apenas os conheciam por informações; e tinham perdido um pouco o prestigio entre o gentio pêlo revez soffrido com Secúcúni. Falavam mesmo, e entre elles discutia-se a questão, de depor o presidente Burgers, elegendo para seu chefe um Böer, P. Kruger, que estava dispôsto a tirar a desforra do indìgena Secúcúni.

N'estas circunstancias a annexação era facil, e Sir T. Shepstone soube aproveital-a. As cidades que não tinham nada de Böers, eram por elle, e n'ellas se obtivéram facilmente petições, que, digamos a verdade, eram dirigidas por Inglezes.

Tambem se disse, que os prêtos queriam ser Inglezes; e então Sir T. Shepstone, por uma proclamação, de 12 de Abril de 1876, declarou que o Transvaal era uma provincia Ingleza. Sir Theophilus Shepstone quando fez a proclamação estava escoltado por 25 homens apenas, que estavam acampados em barracas no jardim da casa que elle habitava.

Assim, pois, a annexação do Transvaal foi pacìfica, e não interveio n'ella a fôrça armada, que elle mesmo não tinha, porque o regimento 80 de infanteria, que, debaixo do commando do Major Tyler, depois entrou no Transvaal, estava a esse tempo acampado na fronteira do Natal àlém do Drakensberg. A annexação foi pacìfica, mas os Böers so soubéram d'ella depois de annexados.

Sir Theophilus Shepstone, o homem que melhor conhece e melhor sabe viver com o indìgena d'aquellas paragens, soube o que fez.

Os Böers, espantados de se acharem Inglezes de um dia para outro, tivéram o seu movimento instinctivo e hereditario de emigrarem de nôvo.

Uma parte d'elles tomáram a vanguarda n'esse movimento que se devia effeituar em massa, e ja narrei no capìtulo anterior como fôram, pêla maior parte, destruidos pêla secura do Deserto.

Aquella immensa catàstrophe sustêve os que lhe

deviam seguir os passos, e perfeitamente apertados n'um cìrculo de môsca zê-zê, que lhes era barreira insuperavel, tivéram que curvar a cabêça de nôvo ao jugo da Inglaterra.

¿ Acabará aqui a historia do Transvaal como paiz autonòmico?

¿ Quem o sabe?

É preciso ter vivido entre os Böers para se avaliar quão forte é n'elles o desejo da liberdade, quão profundo o odio que votam aos que chamam seus oppressôres.

Deixemos por aqui este ràpido golpe-de-vista lançado sôbre a curta historia do Transvaal, mas antes de reatar o fio da minha narrativa de viagem, quero ainda dizer duas palavras sôbre os Böers.

Vivi entre elles, perscrutei a sua vida ìntima, desci a exacerbar-lhes as paixões. Vi-os ao trabalho, cavalguei junto d'elles por brenhas e florestas, e apreciei a sua destreza como caçadores, a sua coragem em face do perigo.

Não me preoccupa a paixão; se recebi d'elles as mais affectuosas provas de amizade, ja por mais de uma vez n'este livro tenho patenteado a minha gratidão a favôres maiores recebidos de Inglezes.

Falo, pois, com a consciencia de que as minhas palavras sam a mais rigorosa expressão da verdade, sem que no meu espìrito haja ao dictal-as a menor influencia apaixonada.

Digo isto, porque mais uma vez tenho de falar dos missionarios, falando dos Bõers, e não desejo que nem de leve se pense, que actua no meu ànimo um acinte formado contra tão uteis instituições, que eu sou o primeiro a proteger e a approvar; mas cujas chagas ulcerosas precisam do corte fundo do escalpêllo da crìtica, do cauterio ardente da censura verdadeira, para cicatrizarem de uma vez para sempre.

O Transvaal não é uma nação que se possa avaliar pêlas nações da Europa.

Ali ha uma só classe social—o Pôvo. Não ha distincções e tôdos sam iguaes em absoluto. Sem escolas, tôdos sam ignorantes; trabalhadôres, tôdos sam abastados; religiosos, e bebendo na Biblia, ùnico livro que conhecem, as leis da moral, tôdos sam honestos.

O principio que estabeleceu, na idade media, as distincções na Europa, a coragem pessoal, difficil é ter cabida entre os Böers, porque tôdos sam valorosos. Como entre tôdos os povos que vivem uma vida elementar, só toma ascendente sôbre os outros, aquelle que tem o dom da palavra.

A vida do Böer é regulada pêlos preceitos Bìblicos, e é verdadeiramente patriarchal. Entre os Böers não ha a mentira, o adulterio é desconhecido.

O Böer casa cêdo, e ou fica vivendo na casa de seus paes, ou dos paes de sua mulhér, ou unido a outro vai perto arrotear novos terrenos, e começar uma vida nova. A ùnica distincção entre os Böers é a da idade, e o mais nôvo escuta sempre o mais velho. A mulhér trabalha e ajuda o casal n'um labutar incessante. O Böer tem necessidades muito limitadas, e pode satisfazel-as.

Os emigrantes Francezes da revogação do Edito de Nantes eram, muitos d'elles, artìfices, e transmitíram até á gèração actual a arte de trabalhar a madeira e o ferro. Nas casas do Transvaal é facil ver a um canto um tôrno, e um Böer torneando os pés das suas mobilias singelas.

Fora, n'um alpendre, em atanaría rudimentar, curtem-se os coiros de que elles mesmos fazem o seu calçado.

As outras necessidades da vida sam facilmente satisfeitas por gentes que não têm outra ambição àlém da liberdade, e que ha um sèculo a buscam quasi em vão.

¿ Como, pois, sendo os Böers taes como eu os descrevo, se diz d'elles tanto mal ?

A explicação do facto está em pouco para quem viveu no Transvaal, entre elles, e isento da paixão de raça que pode perturbar o espìrito mais justo e sisudo. Quem tem desacreditado os Böers sam os missionarios. Digo-o e sustento-o. Depois que os Böers, occupando o Transvaal, e pacificando pêla fôrça as aguerridas tribus que lhes disputáram a posse, déram uma certa segurança ao paiz, dezenas de missionarios corréram a estabelecer-se ali.

D'estes uns eram bons, muitos maos. Preciso dizer aqui o que é o bom e o que o mao missionario.

Bons sam aquelles que, intelligentes e illustrados, possuindo as qualidades que se requerem nos ministros de Deos, caminham para o seu fim desassombradamente ; edificando com paciencia, com paciencia soffrendo o revés de hôje na esperança do triumpho de àmanhã ; ensinando a moral com o exemplo e com a palavra ; indo de vagar sem a agitação da paixão que cega, possuidos da responsabilidade da sua missão augusta.

Bons sam aquelles que á intelligencia e illustração reunem aquellas *flôres d'alma* de que falei.

Estes existem, mas infelizmente sam em pequeno nùmero.

Maos sam os missionarios que, pouco intelligentes e quasi ignaros, pensando que a sciencia da vida consiste em saber mal e interpretar peior algumas passagens dos Livros Santos, empregam tôdos os meios, mais ou menos dignos, para alcançar um fim ficticio ; e corroïdos do veneno da vaidade, ou movidos pêlo interesse pessoal, querem apresentar ás sociedades que os enviam, resultados extraordinarios, alcançados por meios que não se avaliam na Europa, e que sam a causa principal da prolongação da luta travada em Àfrica entre a civilização e a barbària.

Para estes, o fim principal é insinuar-se no ànimo do indìgena, e na falta de qualidades que lhe ensinem o caminho a seguir, usam um meio facil para obter o seu fim, meio que lhes dá sempre bom resultado.

É elle o de prègar a revolta.

Para os ouvidos do indìgena é sempre mùsica harmoniosa a frase que o ensina a revoltar-se contra o branco.

Os missionarios que têm pouco saber e pouca intelligencia começam por gritar-lhe, a cada hora, a cada momento, no pùlpito sagrado, que so deve ouvir a linguagem da verdade; que elles sam iguaes ao branco, sam iguaes ao homem civilizado; quando so lhes deveriam dizer o contrario, quando so lhes deveriam dizer: —" Entre ti e o Europêo ha uma differença enorme, e eu venho ensinar-te a vencel-a."

" Regenèra-te, deixa os teus hàbitos de indolencia, e trabalha; deixa o crime, e pratica a virtude que eu te ensinar; aprende e deixa a ignorancia; e então, e so então, poderás alcançar um logar junto ao branco; poderás ser seu igual."

Esta é a verdade que lhe ensinam os missionarios bons, esta é a verdade que lhe não sabem dizer os maos.

Dizer ao selvagem ignaro, que elle é igual ao homem civilizado, é mentir, é commetter um crime, é faltar a tôdos os devêres que lhe impoz aquelle que o mandou á 'Africa, é atraiçoar a sua missão sagrada.

Dizer ao selvagem ignaro, que elle é igual ao homem civilizado, é abrir a jaula á fera diante do pôvo descuidôso que tranquillo está confiado em que a chave está em mão segura.

Não! o indìgena, tal como o missionario o encontra n'Africa, não é igual ao homem civilizado, está muito longe d'isso.

N'elle estam adormecidos os instinctos bons, para so se revelarem os maos.

N'elle ha a indolencia e o horror ao trabalho; n'elle ha a ignorancia absoluta: e bastam estas qualidades más, àlém de outras, para cavarem um abismo entre elle e o branco.

O systema seguido pêlos missionarios maos é o estabelecimento da desordem; é a maior barreira levantada ao progresso da 'Africa Austral.

Os Böers, tendo conquistado um paiz de ha pouco, em breve percebêram que, se alguns missionarios eram auxilio poderoso á sua dominação, outros lhe criavam conflictos e obstàculos.

Começáram, pois, a fazer guerra a estes, que procuráram logo desconceitual-os aos olhos da Europa.

D'ahi nasce o exàgero da ma fama dos Böers. Esta é uma verdade que eu tenho a coragem de dizer n'um livro d'estes, e que ninguem ainda disse antes de mim.

Vivi entre os Böers, ouvi a muitos exaltar as qualidades de tal ou tal missionario, e deprimir os actos de outros e outros. Vivi em Pretoria, e ali, n'um meio muito superior, ouvi a mesma cousa, de Hollandezes e Inglezes. Vivi com missionarios, e encontrei n'elles mesmos as verdades que affirmo.

Não têm d'isso culpa as bem-intencionadas sociedades que os subsidiam; não têm d'isso culpa as autoridades que os apoiam, e que sam d'elles muitas vêzes as primeiras vìctimas.

O missionario deve ser um dos primeiros elementos da futura civilização, e d'elles devemos esperar muito; mas, taes como muitos sam, so dam resultados contraproducentes.

O mao missionario prègou a revolta, e o Böer foi atacado. Houve guerra cruenta, e para a Europa fôram relatados os factos horrosos praticados pêlos Böers, contra os bons, innocentes, e pacìficos indìgenas!!

¡ Não nos ceguemos, nos nossos bem intencionados

sentimentos, a ponto de admitirmos absurdos, de sonharmos chimeras!

¡Eu ja li em alguma parte, que o Böer era muito inferior ao nêgro!!

¡Outra asserção que ja ouvi affirmar tambem, foi, que o Böer era refractario ao progresso!

¡Outro absurdo, outra aleivosia, sahida da mesma fonte!

Não é o missionario o homem que hade levar o adiantamento ao Böer, e a razão d'isso é o meu principal argumento contra a obra de muitas missões, contra o caminho errado que seguem em Africa.

Ja tive occasião de falar em missionarios bem intencionados, mas que erravam na sua missão querendo ensinar as abstracções da theologia aos prêtos. Esta verdade revela-se no nada que elles obtêm junto aos Böers.

O Böer sabe tanta theologia como o missionario, se não sabe mais do que muitos, bebida na Biblia, ùnico livro que elle lê e estuda.

O missionario que julga o seu trabalho ser ensinar a Biblia, nada tem que ensinar ao Böer, e deixa-o no estado em que o encontrou.

¡Depois grita, que o Böer é refractario ao progresso!

Sim! elle não adiantou um passo, porque o não soubéram fazer avançar. A culpa não está no discìpulo, está no mestre.

Outra aleivosia levantada contra os fazendeiros do Transvaal, é o ferrête de cobardes que lhes querem imprimir na fronte altiva.

Eu tive occasião de avaliar a coragem dos Böers; mas, se a não tivesse, bastava-me a historia das guerras vencidas por elles contra Zulos, Cafres e Basutos, para os soppôr bravos.

Deos queira que elles não mostrem ainda o seu valor, de modo a fazer calar os aleivosos.

Hôje que escrêvo estas linhas, chegam á Europa rumôres de uma tentativa de sublevação Böer; será ella uma calamidade á 'Africa Austral, que tôda a Europa deve lastimar; será esmagada, como ninguem o pode duvidar; mas virá trazer um desmentido formal áquelles que chamam cobardes aos Böers.

Fig. 137.—O QUE RESTAVA DA EXPEDIÇÃO.

CAPÌTULO VII.

NO TRANSVAAL (*continuação*).

Mr. Swart—Difficuldades—Dor. Risseck—Eu gastrònomo!—Sir Bartle Frere e o Consul Portuguez Mr. Carvalho—O Secretario Colonial Mr. Osborn—Jantares e saraus—O missionario Rev. Gruneberger—Mr. Fred. Jeppe—O jantar do 80 de infanteria—Major Tyler e Capitão Saunders—Insubordinação—Mr. Selous—Monseigneur Jolivet—O que era Pretoria—Uma photographia de pretas—Episodio burlêsco da guerra tràgica dos Zulos.

Era em Pretoria, ja cidade Ingleza e capital da provincia Transvaaliana, que eu entrava na manhã de 12 de Fevereiro de 1879.

Encontrei logo o thesoureiro do Govêrno, Mr. Swart, que me fez os mais cordiaes offerecimentos, mas que me disse, não me convidar para seu hòspede, porque não tinha na pequena casa que habitava um quarto a offerecer-me.

Fomos aos hoteis. Nem um quarto, nem uma cama!

Voluntarios, que de tôdas as partes corriam a alistar-se nos corpos que se organizavam ali, attrahidos por uma paga de cinco xelins por dia, enchiam tudo, e criavam-me um embaraço enorme. Eu, que até ali tinha tido cama, desde Benguella, comecei, na primeira cidade civilizada que encontrava, a não ter onde me deitar!

Emfim, depois de muitas buscas e de me terem provado que as conveniencias sociaes (eu ja me tinha esquècido das conveniencias sociaes) me não permittiam dormir na praça pùblica, onde eu ficaria optimamente nas minhas pelles de leopardo, pude obter um canto, no Café Europêo, onde me metti, com a promessa de um quarto em poucos dias. Estava arrumado, mas começáram novas difficuldades para acommodar a minha gente.

Mandei chamar o Böer Low, que precisava de tratar a mão esmagada pêlo vagom, mas preveni Verissimo, que se deixasse ficar acampado fora da cidade até nova ordem.

O portador voltou com Low e Verissimo, que me veio dizer, que a minha gente tinha fome, e era preciso dinheiro para lhe dar de comer.

Fiquei espantado ao ouvir aquillo. Eu ja me havia esquècido de que o dinheiro era absolutamente necessario em paiz civilizado, e não tinha nenhum.

Contudo comprehendi que era preciso havel-o, e fui pedil-o ao meu hospedeiro Mr. Turner, que logo m'o prontificou. Mandei Low a um mèdico, e eu dirigi-me a casa de Mr. Swart, que me convidara a jantar.

Mr. Swart tinha feito convites e programma. Eu que sube isso, fiz tambem grande *toilet*. Os meus calções, que da fazenda primitiva ja pouco tinham, e onde os remendos deitados por mim (que nunca tive grande geito para alfaiate) se sobrepunham, fôram cuidadosamente escovados do pó e da lama de vinte differentes paizes. Achei um par de meias, que tinham sido repassadas com grande pericia por Madame Coillard, e que faziam vista. As minhas botas ferradas, essa obra prima de Tissier de Paris, fôram pêla primeira vez engraixadas, e não tinham má apparencia. O casaco dàva-me mais cuidados, porque tinha uns bolços de couro, que haviam sido outrora prêtos, mas que então haviam tomado uma côr exquisita. Lembrei-me do tinteiro de Mr. Turner, e com uma penna de gallinha procedi á pintura d'elles, que tomáram um prêto baço, talvez ainda peior do que a côr que tinham.

Depois de bem penteada a longa barba e os mais

longos cabellos, fui para casa do Thesoureiro do Transvaal.

Ao passar os umbraes da porta do salão, fiquei deslumbrado.

As damas em toilet, os homens de casaca, os leques, as vistosas e brilhantes côres das sêdas, os tapêtes, os espêlhos, tudo aquillo que eu ja tinha esquècido em

Fig. 138.—Eu em Pretoria.

(De uma photographia de Mr. Gross.)

tantos mêzes de vida rude e selvagem, produzíram-me uma impressão que não pode ser avaliada.

Deve sentir cousa semelhante o cego, a quem o bisturi ligeiro do mèdico levantou a cataracta que o tinha sepultado nas trevas, e que depois de muitos mêzes de escuridão vê a luz.

Eu estava perturbado, e sôbre tudo as mãos incommodàvam-me muito.

Não sabia que fazer d'ellas, e buscava de balde em que as occupar.

Faltàva-me o pêso da carabina, que eu procurava instinctivamente, em vão.

Fomos para a mêsa. Eu conduzi pêlo braço a dona da casa, e ao chegar os meus andrajos ás sêdas que a cobriam, comecei a perceber que estava muito mal vestido.

A' mêsa experimentei novas sorprêsas. Os cristaes, as porcelanas, os vinhos rutilando nas jarras lapidadas, confundiam-me, e sôbre tudo o *menu* exquisito, escrito em elegantes cartões, intrigàva-me.

Commetti de certo desatinos, mas não posso bem avaliar tôda a extensão dos meus disparates, tão inconsciente estava.

Terminado o jantar, voltámos á sala, onde continuava a minha confusão, até que uma dama se sentou ao piano.

Os seus dêdos corrêram ligeiros sôbre as teclas, fazendo vibrar n'as cordas em harmonioso concêrto, um dos Nocturnos de Chopin.

A impressão que me causou aquella mùsica, aquelle piano, cujos sons me penetravam na alma como uma sensação nova, acabáram de perturbar o meu espìrito, fraco para poder resistir a tantos abalos. Foi quasi em dilirio que voltei ao Café Europêo, onde n'um canto de uma sala me haviam improvisado um leito, leito que tinha colchões, travesseiros e lençoes.

Ia para me deitar como de costume, quando percebi que me deveria despir para isso.

Passei uma noute de insomnia, produzida pêlas impressões do dia e pêlos lençoes da cama.

Ao amanhecer eu estava a pé e vestido, porque na sala, em que podia ter dormido, começou um labutar de criadagem. Comecei a pensar no modo de accommodar a minha gente, o que não me parecia facil, e vi que sôbre tudo precisava de obter dinheiro.

Estava fazendo os meus planos, quando me chamáram para o almôço.

Fui para a mêsa. Um criado Indio, um d'esses *culis* que ja chegáram até Pretoria, collocou diante de mim um prato de espigas de milho, cuidadosamente assadas, e um pires de manteiga. Ao encarar com o milho assado, lancei ao pobre criado um olhar tão feroz, que elle recuou espavorido.

¡ Milho a mim! ¡ a mim que so matava a fome com milho havia um anno! ¡ Ah! que vontade que tive de empalar aquelle Indio, o cozinheiro e o dono da casa!

Fiz um gesto tão expressivo e enèrgico, que as espigas desapparecêram da mêsa, levadas pêlo veloz criado.

Pouco depois, chegava-se solìcito a mim Mr. Turner, a perguntar-me o que eu queria para almoçar.

¿ O que eu queria para almoçar? Mas eu queria tudo, queria perdizes com trufas, queria *foie gras*, queria gelados, queria vinhos das melhores colheitas de Burgonha, queria, queria... nem eu sei o que queria.

O dono do Café Europêo julgou que lhe havia cahido em casa um d'esses gastrònomos famosos, que pensam sempre em elevar uma estàtua ao cèlebre Brillat-Savarin, e que se ainda a não erigíram foi por não acharem materia prima apropriada ao monumento, que fôsse, á semelhança da columna Vendome construida com os bronzes dos canhões conquistados, uma recordação permanente do homem que ensinou á humanidade que no mundo não se come so para viver. Effectivamente, pêla primeira vez na minha vida, eu era gastrònomo.

Pêla primeira vez na minha vida, comecei a pensar que o paladar era um sentido como os outros, e que se Mozart, Rossini, Meyerbeer, Verdi e Gounod, o chilrear das aves e sussurrar do arroio, fôram creados para nos deliciar o ouvido; se Raphael, Rubens, Van-Dyck, Velasquez e Murillo, as paisagens e as bellezas, nascêram para nos recrear a vista; se Atkinson, Rimmel, Lubin, Piesse, e as flôres existem para nos deleitar o olfato; tambem Brillat-Savarin, Vatel, as trufas e os cogumelos não viéram ao mundo sem uma missão especial.

Comecei a comprehender isto, tendo chegado a Pretoria depois de um anno de milho, massango, e carne assada sem sal. Creio que tôdos os paizes do orbe comprehenderám que eu devêsse ser gastrònomo ao chegar a Pretoria, excepto a Inglaterra, porque essa, infelizmente para ella, nunca comprehendeu nem comprehenderá Brillat-Savarin.

Felizmente para mim, eu estava n'uma terra Ingleza, mas Ingleza de frêsco, onde o *roast beef* e o *plum pudding* não haviam tomado um ascendente notavel sôbre a cozinha dos paizes meridionaes.

Mr. Turner não me deu um almôço como m'o daria o Matta, o Central, o Silva ou o Augusto em Lisboa, o Ledoyen ou o Café Riche em Paris; mas deu-me cousa muito soffrivel. Não quero dizer bôa, porque começava a ser muito difficil em gastronomia.

Depois do almôço, em uma larga conversa que tive com Mr. Turner, fiquei desenganado de que não tinha onde accommodar a minha gente na cidade.

Isto preoccupàva-me, porque não podia reter por muito tempo o vagom que elles habitavam.

Eu estava sendo uma especie de urso que tôdos queriam ver, e a curiosidade dos importunos começava a desgostar-me. Sôbre tudo uma cousa que aborrecia era ver os espantos que se faziam da minha pequena estatura e da minha apparencia debil.

Este facto repetio-se na Europa, e em Lisboa, Paris e Londres, ouvi por vêzes expressar aos que me viam a desillusão que experimentavam, por me julgarem um brutamontes, um Golias de talhe hippopotàmico.

Mas se, nas circunstancias em que eu estava em Pretoria, muitos eram importunos e me torturavam, muitos outros procuravam por tôdos os modos servir-me e obsequiar-me.

No nùmero dos ùltimos, contei n'esse dia quatro, que fôram o Major Tyler,* Capitão Saunders do 80, Mr. Fred. Jeppe e Dor. Risseck; e recebi dois convites, um para jantar, de Mr. Osborn, Secretario Colonial e Governador interino do Transvaal, e outro do Dor. Risseck para a um sarau; mas nada d'isto me adiantava sôbre a maneira de arrumar os meus prêtos.

Pegando na minha carteira para procurar um resto de bilhêtes de visita, encontrei n'ella uma carta de Mr. Coillard dirigida ao missionario Hollandez Mr. Gruneberger. Aproveitei o ensejo que me offerecia aquella carta para fugir aos massadores, e fui entregal-a.

Mandei aparelhar Fly e parti.

A casa de Mr. Gruneberger é em Pretoria, mas um pouco afastada do centro da cidade. Chegado que fui, encontrei o missionario, homem muito nôvo, que me recebeu muito bem. Apresentei-lhe a carta de Mr. Coillard, e logo que elle a leu, offereceu-me o seu prèstimo.

Falei-lhe no embaraço em que estava para accommodar a minha gente, e elle prontificou-se a resolvel-o, offerecendo-me o quintal da sua casa, e a sala da escola, para elles dormirem á noute.

Aceitei pressuroso, e voltei ao Café Europêo, para mandar ordem ao Verissimo de ir com o vagom a casa do missionario.

Aceitando o offerecimento do Rev. Mr. Gruneberger, fiz-lhe instantes recommendações sôbre o modo de

* Hôje Coronel Tyler, que vive no seu palacio de Lynstead, em Sittingbourne (Kent).

tratar os meus prêtos, pedindo-lhe sôbre tudo, que os não trata-se de igual para igual; porque lhe fiz ver que elles eram um pouco selvagens, e isso poderia trazer consequencias graves. Elle rio-se muito das minhas recommendações, e disse-me modestamente, que o seu mistér era tratar com tal gente, e por isso sabia do seu officio.

N'essa noute ja os prêtos dormíram na sala da escola, e o vagom descarregado ficou livre para voltar ao Marico logo que a ferida de Low lhe permittisse pôr-se a caminho.

Fui ao jantar do Secretario Colonial e ao sarau do Dor. Risseck, e se da casa de Mr. Osborn sahi penhoradissimo das suas attenções, e muito contente, por ter resolvido um dos maiores embaraços da occasião, a questão financeira, porque o governador interino do Transvaal, em nome do govêrno Inglez, poz á minha disposição o dinheiro de que eu carecêsse, em casa do distincto mèdico Hollandez não me esperavam momentos menos apreciaveis, porque passei ali uma das melhores noutes que tenho passado em sociedade.

É verdade que o Dor., recebendo em sua casa, apresenta aos convivas uma maravilha, que os thesouros dos nababos e o poder dos autòcratas não podem apresentar. É Mademoiselle Risseck, é sua filha, deliciosa criança, que acabava de deixar os trajes da infancia, e na qual o espìrito e educação esmerada disputam primazias a uma belleza sem igual.

O Dor. Hollandez redobrou de instancias comigo para que fôsse ser seu hòspede, e eu de certo teria aceitado hospitalidade tão franca e cordialmente offerecida, se não tivera uma promessa de Mr. Turner, de ter um quarto para mim no dia immediato.

N'esse dia, 14 de Fevereiro, e terceiro de estada em Pretoria, acabavam de se resolver as minhas difficuldades.

O telègrapho tinha levado longe a noticia da minha chegada áquella cidade, e o telegrapho tinha trazido ordens, de Sir Bartle Frere, de Sir Theophilus Shepstone e do Consul Portuguez no Cabo, Mr. Carvalho, a meu respeito. Tinha a maior assistencia do govêrno Inglez; e o Portuguez, representado pêlo Consul do Cabo, ia àlém do estrangeiro.

A minha gente disse-me estar optimamente em casa do Rev. Gruneberger, e Mr. Turner dàva-me um quarto.

Verdadeiramente não era um quarto, era uma casa tôda e independente, pròximo do Café Europêo.

Comecei a respirar e a achar-me á vontade, mas tinha ainda um ponto nêgro, um pesadêlo que me perseguia sempre, e era não saber o que fazer das mãos.

Andava sempre a procurar a carabina, e tal era a fôrça do hàbito, que mais de uma vez cheguei a sahir á rua com ella, com grande espanto dos transeuntes.

N'esse dia remunerei Low e o endiabrado Christophe, que resolvêram partir no dia immediato, apesar de a mão de Low não apresentar sensiveis melhoras.

Mandei por Low uns pequenos presentes a sua avó, a velha megera do acampamento Böer, e a suas irmãs, as duas bonitas raparigas que cosinhavam cebôlas.

Retribui e despedi tambem o Betjuana Farelan, que tão bons serviços me prestou de Soul's Port a Pretoria, e por elle escrevi a Mr. Gonin, o bom missionario Francez do Piland's Berg.

Fui em seguida ao *Cape Colonial Bank*, onde depositei a somma do meu dèbito a Mr. Taylor de Shoshong, que, continuando as suas delicadezas para comigo, ainda a esse tempo não tinha feito apresentar a lêtra para o aceite.

Em seguida a estes passos, fui para minha casa, d'onde escrevi ao Governador de Moçambique, participando-lhe a minha chegada a Pretoria, e pedindo-lhe para mandar expedir de Aden um telegramma que lhe enviei, dirigido ao Govêrno de Portugal.

Continuavam os favôres que não cessavam de dispensar-me as principaes pessoas de Pretoria, e eu quasi não tinha occasião para comer no Café Europêo, tantos convites recebia.

A 15 de Fevereiro, tive uma larga conversação com Mr. Fred. Jeppe, o sabio geògrapho Transvaaliano, e pêlas informações que elle me deu, combinadas com o que me havia dito o Governador interino e Mr. Swart, vi que a guerra dos Zulos era um embaraço á continuação da minha viagem. Èra-me quasi impossivel ir a Lourenço Marques, como eu queria, e mesmo o caminho da costa Ingleza estava difficil, porque depois da derrota de Isandhlwana, os Zulos estavam apenas contidos por o bravo Coronel E. Wood,* entrincheirado em Utrecht, e tôdas as communicações se faziam pêlo Estado Livre do Orange, por Harrismith, triplicando o caminho e as difficuldades.

Logo que estudei a questão, decidi mandar a minha gente para Natal pêlo caminho de Harrismith com as bagagens, incorporada na primeira caravana que largasse Pretoria, e eu sòzinho e escoteiro ir em linha recta pêlo theatro da guerra. Dispuz pois as coisas n'esse sentido, e fiquei esperando o ensejo desejado.

O dia 16 foi tôdo consagrado a Mr. Fred. Jeppe e em sua casa fiz as observações para determinar as coordenadas de Pretoria. Mr. Turner tinha a meu pedido fabricado um grande bloco de gêlo, com o qual pude verificar os *zeros* dos meus thermòmetros e hypsòmetros.

D'essas observações, so existem as hypsomètricas, porque as astronòmicas perdêram-se não sei como. Sei que as não encontrei registradas em Maritzburg quando

* Hôje General Sir Evelyn Wood, K.C.B.

as quiz calcular, e lembra-me que calculei a latitude mesmo em casa de Mr. Fred. Jeppe, e que encontrei para ella o mesmo nùmero que vem no almanach do mesmo Snr., creio que do anno de 1878, determinada por um official da marinha Ingleza.

Fui n'esse dia procurado por um homem que se devia unir áquelles que na cidade Transvaaliana se execedêram nos favôres que me dispensáram.

Foi elle Mr. Kish, membro da Sociedade Real de Geographia de Londres.

Madame Kish, Madame Imink e a Baroneza Van-Levetzow enchiam-me de favores, e nunca lhes poderei agradecer tudo o que por mim fizéram.

No dia 19 recebi um convite para jantar, dos officiaes do regimento 80.

Não posso deixar de narrar um episòdio d'este jantar, que me commoveu em extremo. Eu continuava a usar os mesmos trajes, e apenas tinha feito uma absoluta reforma de roupa branca. Eu não possuia dinheiro meu, e aquelle que saquei sôbre o govêrno era destinado ás despêsas necessarias da expedição, e não ás minhas necessidades particulares; por isso não comprava roupa por não ter com que a comprar, e só o fiz em Durban quando encontrei quem me emprestasse dinheiro a mim como particular. Por esta razão os meus andrajos continuavam a cobrir-me, e n'aquelle jantar destoavam completamente dos brilhantes e esplendidos uniformes que vestiam os officiaes do 80 e os convidados. O jantar correu alegre como entre officiaes que estam em campanha devia ser.

Eu estava de excellente humor, e ria de uma ou outra anecdota picante, quando umas duzias de estalos vieram mostrar que os criados faziam saltar as rôlhas do espumante champagne. Enchêram-se os copos, esses pires de cristal sustentados por um problemàtico pe perfurado, d'onde sobe sem cessar uma fervura gelada, tão grata á vista como é grato ao paladar o lìquido dourado em que ella se forma.

O Major Tyler, que presidia á mêsa, levantou-se, e tomando o copo, pronunciou essa palavra, que, nos mais ruidosos jantares Inglezes, impõe o mais profundo silencio. Major Tyler disse, com a sua voz forte e sonora:

"Gentlemen!"

"Gentlemen, a Sua Magestade El-Rei de Portugal."

Nós tôdos de pe ìamos corresponder á saúde, quando a mùsica do regimento rompeu o hymno d'El-Rei D. Luiz, que foi escutado de pe no meio do maior silencio.

Não é possivel pintar as sensações que experimentei ao ouvir aquella mùsica, aquelle hymno patriòtico tocado em terra estranha, aquella homenagem prestada ao meu paiz na pessôa do seu soberano.

Se devi muitos favôres e muita amizade ao Major Tyler, agradêço-lhe acima de tudo a sorprêsa que me deu n'aquelle momento.

A affinidade de vida levàva-me tôdos os dias ao acampamento das tropas Inglezas, onde eu, se não jantava, almoçava, prendendo-me verdadeira amizade a muitos dos officiaes, um dos quaes se tornou meu inseparavel.

Era elle o bravo Capitão Allan Saunders. Da mesma idade e encontrando um no outro idènticas inclinações e gôstos, o tempo que eu não passava com Saunders passava-o elle comigo. Tôdas as tardes ás 4 horas nos encontràvamos em casa da Baroneza Van-Levetzow, onde apparecia tambem ás vezes o Major Tyler, e onde se reunia uma distincta sociedade de elegantes e formosas damas.

A Baroneza dàva-nos um òptimo e exquisito café, que era servido por sua filha, uma encantadôra criança loura e azougada.

Sabendo-se da minha ligação com Saunders, ja eu

não recebia convite sem que elle fôsse convidado também, e assim passámos muitas horas deliciosas em casa de Madame Kish e de Madame Imink e outras.

Aquillo era um ceo aberto, e em quanto eu não tinha mais que fazer do que esperar os acontecimentos, so pensava em passar o tempo o mais agradavelmente que podia.

¡ Se eu tinha trabalhado e soffrido tanto ! !

Fui avisado de que um comboio de vagons deveria partir para a cidade de Durban no dia 22, e tratei de contratar com os conductôres o transporte da minha gente e bagagens. Este comboio devia gastar de 35 a 40 dias no caminho, e por isso deixàva-me largas para me demorar ainda em Pretoria algumas semanas, porque eu calculava gastar apenas seis dias para alcançar o mar.

No dia 21, estava eu preparando umas caixas em que deviam ir uns pàssaros, que eu trouxera e que tinham sido cuidadosamente arranjados por M^r. Turner, em que deviam ser acondicionadas as pelles, despojos das minhas caçadas, e uns insectos que pude aproveitar, porque dos muitos que apanhei ao sul do Zambeze, so chegáram a Pretoria pernas, cabêças e corpos separados, sendo impossivel ao mais versado entomològico dizer a que cabeças pertenciam aquelles corpos, a que corpos pertenciam aquellas pernas. Estava eu arranjando aquillo, estupefacto com o prêço que me custava cada bocadinho de tàbua, que é o gènero mais caro que encontrei em Pretoria, onde tudo é caro; quando me viéram chamar a tôda a pressa, dizendo-me, que tudo em casa do Rev. Gruneberger andava n'uma poeira, com a minha gente, que ja havia mortos e feridos e não sei que horrôres mais.

Corri a casa do Missionario.

Houvera e havia um caso grave de insubordinação contra o dono da casa, que eu reprimi n'um momento, mas desgraças creio que apenas os queixos de um criado partidos com um bofetão de Augusto.

Eu tinha sempre tido um presentimento que alguma cousa aconteceria se se desse a confiança que se deu a prêtos d'aquelles.

Mr. Gruneberger mostrou-me que era inconveniente continuarem em sua casa, e muita razão tinha elle n'isso, depois dos disturbios que elles ali fizéram. Como deveriam partir no dia immediato, pouco cuidado me deu este incidente; mas desgostou-me em extremo, pêlo que elles fizéram n'uma casa em que tinham sido tão bem acolhidos.

No dia immediato, sube que os vagons so partiam no dia 26, e por isso accommodei os prêtos o melhor que pude na casa que habitava.

Mr. Swart, o Thesoureiro do Transvaal, continuava a obsequiar-me e eu ia repetidas vêzes a sua casa, onde sentia um prazer immenso em brincar com as suas filhas, duas formosas crianças.

Eu nunca gostei muito de pequenos. Sempre os achei importunos e pouco interessantes; mas depois da minha viagem, comecei a sentir uma verdadeira paixão por crianças louras e bonitas, e em Pretoria eu passava horas com as filhas de Mr. Swart, ou com as de Mr. Kish.

Talvez a lembrança de uma filha de quem eu estava separado produzisse em mim aquelle gôsto de brincar com as innocentes creaturas. Talvez a vida rude e severa que eu tive n'uma tão fadigosa jornada, precisasse de uma antìthese, que eu encontrava nas caricias da pequenada.

Ia assim passando a vida em Pretoria, quando um dia fui procurado por um homem que trazia uma carta para mim.

Recebi o desconhecido, que tinha ares de sertanejo Inglez.

Era um rapaz ainda nôvo, de mediana estatura, sympàthico e de physionomia enèrgica, vestido de uma camisa grosseira, e umas calças prêsas com um forte cinto de couro.

Dirigio-me a palavra em Francez, d'aquelle que se fala no Boulevard dos Italianos, e apresentou-me a carta. Conheci pêla letra do sobrescripto que era de Mr. Coillard.

Abri-a pressuroso, e vi que era carta de apresentação do portador.

Não era preciso a recommendação de Mr. Coillard para eu cortejar com respeito e estender a mão com sympathia áquelle homem. O seu nome, bem conhecido nos sertões da 'Africa do Sul, era recommendação bastante.

Era Mr. Selous, o atrevido viajante e ousado caçador Inglez.

Mr. Selous esteve tres dias em Pretoria, e conversámos muito sôbre a 'Africa. Elle havia entrado ao Norte do Zambeze em uma direcção parallela ao Cafuque, e a leste d'elle, e fez-me d'esse paiz as mais interessantes descripções.

Ali encontrou muitos Portuguezes, entrados por Quilimane, e entre outros citou-me um Joaquim Mendonça, que tinha como seus empregados três antigos soldados do Batalhão da Zambezia, chamados Manuel Diogo, Joaquim da Costa, e Antonio Simões. Pêlo que elle me disse, e combinando as datas, penso que seriam estes os *Muzungos* de que tanto se falava no Barôze durante a minha estada em Lialui.

Mr. Selous deu-me um esbôço grosseiro da sua viagem ao norte do Zambeze, de que eu me não servi na minha carta de 'Africa Tropical Austral, por não me julgar autorizado a isso sem a sua prèvia licença, que me olvidei de pedir.

Eu dei-lhe as indicações que elle desejava para uma nova expedição venatoria nos arredores de Linianti, e fiquei de lhe mandar um esbôço do paiz, que depois lhe enviei para Shoshong.

No dia 23 fui almoçar com Monseigneur Jolivet, o illustrado Bispo de Natal, que então se achava em Pretoria, dirigindo as construcções do importante estabelecimento Cathòlico que ali se ergeu depois da dominação Ingleza; que é de certo a mais importante escola de educação do Transvaal, e onde muitos Protestantes, Mr. Swart por exemplo, e outros, enviam as suas filhas. Monseigneur Jolivet, homem sabio e de respeitabilissimo caracter, conversou muito comigo, e percebi que não era muito affecto aos Portuguezes.

Pensa elle, que nós não somos muito bons Cathòlicos. Procurei demonstrar-lhe o contrario, mas creio que o fiz de balde, porque Monseigneur vinha sempre com a historia de um padre, o Rev. Bompart, que tendo ido a Lourenço Marques, não lhe foi permittido ali celebrar, apesar de todas as instancias que fez.

Não o pude convencer de que, se o Rev. Bompart se apresentou sem auctorização legal, era natural não lhe deixarem exercer o seu mister; assim como não o pude convencer, de que quem governava na Igreja do Oriente era o Arcebispo Primaz das Indias. O honesto Bispo, tinha tão profundamente arraigadas no espìrito opiniões e malquerenças contra nós, que ficou na sua, dizendo-me sempre que nós somos os peiores dos pedreiros livres do mundo. Uma tia velha que eu tive, tambem dizia o mesmo depois da exstincção das corporações religiosas.

Ora o facto verdadeiro é que Portugal é um dos paizes mais religiosos que eu conheço, que é muito bom Catholico, mas entende que religião e alta politica sam duas cousas differentes, aprendeu esta heresia com o Marquez de Pombal, e desde então se os padres misturam religião com politica, zanga-se com elles.

Monseigneur Jolivet que me perdôe, se ainda continúo a insistir em que somos dos melhores Cathòlicos do mundo, e que ainda o seriamos se nos levantassemos forte e energicamente contra os ministros da nossa religião, que traindo os deveres sacrosantos da sua missão nobre e sagrada, fossem fazer propaganda polìtica em deterimento nosso e em favor de estrangeiros na terra da Patria, que terra da Patria é tôda a terra onde se hastea a bandeira de Ourique, seja qual fôr o ponto do glôbo em que ella tremule.

É tempo de dizer duas palavras de Pretoria, tal como eu a vi em Fevereiro e Março de 1879. Começarei por descrever a cidade pêlo seu lado material.

Pretoria era uma cidade nascente, á qual a dominação Ingleza não tinha imprimido ainda o seu cunho nacional.

As ruas largas e espaçosas dão accesso ás casas, pêla maior parte terreas, mas bem construidas e elegantes. Abundam ali os jardins, e em algumas ruas as casas elevam-se no meio d'elles.

A cidade assenta sobre um plano inclinado que na parte mais elevada tem abundantes nascentes de àgua que a banham. Esta àgua, ao tempo que ali vivi, corria nas ruas em valêtas lateraes profundas e descobertas, que a escuridão da noute convertia em verdadeiros precipicios. Recòrdo-me de mais de uma vez ter cahido n'ellas, chegando a casa completamente molhado.

Em alguns quintaes e jardins ha àrvores muito grandes e frondosas.

As ruas estavam por calçar, e com as chuvas eram incòmmodos atoleiros.

Tem alguns templos decentes, uma modesta casa de tribunal, e muitos estabelecimentos commerciaes onde é facil encontrar tôdo o necessario, e mesmo o supèrfluo, que ja ali ha luxo.

Na parte elevada estàvam-se construindo os vastos quartéis para as tropas, que então estavam em grande parte acampadas em barracas, em tôrno de três casernas ainda mal acabadas.

O caminho da cidade para os quartéis era medonho, e perigôso de noute, porque as chuvas cavavam rêgos profundos, e produziam atoleiros enormes, onde nos enterràvamos, e onde por vêzes arrisquei quebrar as pernas.

Ha na cidade alguns pontos muito bonitos, como é o chamado as *fontes*, e uma das sahidas coberta por chorões enormes, e onde uma azenha dá um cunho pintorêsco á paizagem.

Os arredores sam despidos de arvorêdo, e um pouco monòtonos, havendo apenas aqui e àlém uma ou outra fazenda de Böers a quebrar a monotonia natural.

Pretoria deve ser um dia uma das mais bellas cidades da 'Africa do Sul, e tal como eu a vi ja apresentava um aspecto geral agradavel e buliçôso.

Como em todas as terras, de nôvo occupadas pêla Inglaterra, Pretoria estava cheia de gente nova, que vinha procurar fortuna, e que não a encontrando facil, se alistava nos regimentos de voluntarios, onde como soldados tinham uma paga de cinco xelins diarios.

O meu amigo Allan Saunders era o chefe da secretaria dos corpos voluntarios, e não lhe sobejava o tempo para fazer alistamentos.

Os negociantes sam Hollandezes ou Inglezes, e como a cidade em si mesma ja tem necessidades, não é so o tràfico com o interior, e com o indìgena que ali representa uma parte importante no movimento commercial.

Disse-me o D^or. Risseck, que o clima é bom, ainda que em certas èpochas do anno não é isento de febres de caracter benigno. Sendo os arredores de Pretoria abundantes em forragens, é facil ter ali cavallos, e quasi tôdos os moradores tẽm um *dog-cart* ou uma *victoria*, em que passeiam ou vam tratar os seus negocios.

Fig. 139.—BETJUANAS. (DE UMA PHOTOGRAPHIA DE MR. GROSS.)

Tal era Pretoria quando la passei algumas semanas em 1879.

Um facto que me produzio uma certa impressão foi ver que muitas mulheres gentias dos arredores vinham á cidade vender os seus gèneros, cobertas com os trajes gentìlicos, isto é quasi nuas, assim como as representa a gravura junta a esta pàgina; gravura cuja historia vou contar, porque ella representa uma lição áquelles que na Europa se afiguram ser facil realizar em 'Africa cousas facìlimas no velho mundo.

Ha em Pretoria um magnìfico photògrapho Suisso, Mr. Gross.

Eu travei conhecimento e tinha em breve relações de amizade com elle.

Um dia, vendo um grupo de mulheres que vinham vender capata, chamei-as e propuz-lhes comprar toda a capata que ellas traziam se se deixassem photographar. As mulheres hesitáram, e eu comecei a fazer-lhes as mais bellas offertas.

Tentadas pelas minhas promessas, seguíram-me a casa de Mr. Gross.

Deixei-as á porta e entrei.

Logo que expuz ao photògrapho o meu intento, elle fechou as mãos na cabêça e disse-me que, não fazìamos nada, porque muitas vêzes tentara em vão a mesma cousa. Insisti, e Mr. Gross para condescender comigo, pôz mãos á obra.

Introduzi as mulheres no *atelier*, não sem gastar n'isso bôa meia hora, porque, chegado o momento de entrarem em casa do photògrapho, augmentou a sua hesitação.

Ahi estam ellas no *atelier*, mas recrescem as difficuldades ao collocal-as em posição defronte da màchina. Estam em foco, e quando o photògrapho vai introduzir na corrediça a chapa sensibilizada, duas ou tres fogem espavoridas e outras deitam-se de cara no chão. Nôvo trabalho de paciencia e outra meia hora perdida e uma chapa inutilizada. A mesma scena ainda se repete, até que em fim se pôde obter um negativo, em que tôdas mexêram tanto, que nos deixa em dùvida se sam macacos ou bonzos as imagens reveladas. Outras tentativas têm o mesmo resultado, e perdido o dia e gasta a paciencia, ellas vam-se.

Eu, apesar d'isso, sempre teimoso em querer a photographia das prêtas, cumpri o contrato indo àlém das promessas feitas. Ellas tambem me promettêram voltarem, e d'ahi a dois dias estavam á minha porta.

La vamos para casa de Mr. Gross, que ja tremia de me ver com as prêtas. Eu lembrei-me de me pôr ao lado da màchina e de lhes dizer que olhasem para mim, ellas assim fizéram, e eu encarei-as tão fito, com um olhar tão pertinaz, que ellas perturbáram-se, tivéram esse momento de fascinação que produz a immobilidade, Mr. Gross descubrio a objectiva, e o grupo estava apanhado.

Quizémos ainda tirar outro, mas o encanto tinha-se quebrado, e não foi possivel obter mais nada d'ellas.

Assim essa photographia custou-nos dois dias de trabalho, uma avultada quantia, e uma incalculavel paciencia.

No grupo, as mulheres que têm uma franja por tanga sam solteiras; aquellas que têm uma pelle, casadas.

No dia 25 de Fevereiro, vèspera do dia em que deviam partir os meus prêtos e as minhas bagagens, para Durban, seriam 4 horas da tarde, quando eu me dirigi a casa da Baronesa Van-Levetzow, a pedir-lhe uma chàvena d'esse òptimo café que ella tão delicadamente offerecia aos seus amigos; quando em caminho me sorprendeu um movimento desusado na cidade. Perguntei a um transeunte, o que havia de nôvo? e elle respondeu-me, que os Zulos estavam ás portas de Pretoria, e que dentro em pouco a cidade seria saqueada.

Corri ás informações, e para ir a bôa fonte, fui á casa do govêrno.

Ali soube que, de facto, os Zulos não estavam ainda em Pretoria, mas muito perto, e a cidade seria atacada dentro de poucas horas. As informações eram officiaes e certas. Indaguei em que ponto elles estavam e voltei a casa. Mandei logo Verissimo, Augusto e Camutombo á descoberta. Fiquei a pensar no caso, e, com o meu conhecimento de 'Africa e de prêtos, concluí que tudo aquillo era um absurdo disparate.

Sahi a visitar vàrias pessôas, e se algumas encontrei possuidas do pànico geral, outras estavam descançadas e não acreditavam como eu no ataque dos Zulos. Algumas damas tinham-se ido refugiar no acampamento das tropas.

Eu fui prevenir Monseigneur Jolivet do caso, dizendo-lhe o que havia, que não acreditava, mas que ás vêzes as cousas mais absurdas aconteciam, e por isso era bom estar prevenido para pôr a salvo as Irmãs de Caridade.

Voltei a casa, e ao cahir da noute chegavam, com pequenos intervallos os meus três enviados, afiançando-me, que no logar designado não havia um so Zulo, nem d'elles havia noticia no Transvaal. Eu, que me fiava mais nas informações de Verissimo, Augusto e Camutombo do que em tôdos os relatorios officiaes, deixei os prêtos em casa, e fui ver o que faziam os meus amigos Major Tyler e Capitão Saunders.

Ao chegar ao acampamento, um terrivel e desusado "Quem vem la?" de uma sentinella, provou-me que ali estavam em pe de guerra. Respondi, "Amigo," e pude entrar. No campo havia grande reboliço. Fortificavam-se e entrincheiravam-se com os vagons.

Não me foi difficil encontrar o commandante militar de Pretoria, o Major Tyler. Vestido com o esmero e luxo que sempre usa, as mãos calçadas em apuradas luvas brancas sem a menor sombra, o pé mettido em elegante botina, tal em fim como entra nas salas em que é tão querido, o bravo commandante do regimento 80 estava com tôda a placidez e socêgo, dando acertadas ordens, e pondo o campo em estado de defêsa formidavel. Cheguei-me a elle e disse-lhe que o ataque esperado era uma verdadeira comèdia. Elle respondeu-me, que sempre assim o havia pensado; mas que, tendo recebido communicações officiaes, não podia deixar de fazer o que estava fazendo; e que àlém d'isso, não desgostava d'aquelle rebate, para avaliar o que eram os seus homens, e saber com o que poderia contar n'um caso sèrio.

Dei razão ao elegante official, e fui-me em busca do seu immediato, o meu amigo Saunders. Andava elle de outro lado dirigindo as manobras, rindo sempre, sempre contente. Saunders pareceu-me acreditar nos Zulos, o que lhe não tirava nada do seu bom humor habitual. Foi-me logo mostrar duas metralhadôras, para as quaes estava a olhar pasmado um alferes qualquér a quem as haviam entregado. Depois d'isto disse-me elle, que estavam muitas damas recolhidas no campo, e convidou-me a ir vel-as.

Fomos passar uma minuciosa revista, e vimos que o Major Tyler, como melhor relacionado com o bello sexo, tinha cedido o seu quarto pêlo menos a duzia e meia. O quarto de Saunders tambem não estava vazio, mas deve dizer-se, em abono da verdade, que aquelles eram os dois ùnicos quartos do quartel, vivendo o resto dos officiaes em barracas.

Saunders lembrou, que em tempo de guerra era bom beber qualquer cousa, e fomos á sala dos officiaes.

Na sala estava so um homem. Fardado, e armado, estava sentado n'uma poltrona com tôda a commodidade, tendo diante de si um copo de *brandy* e soda.

Era o tenente Cameron do regimento, que disse a Saunders: "Meu capitão, eu cá estou á espera dos Zulos, e em quanto elles não vêm, vou bebendo."

Era realmente admiravel ver esses bravos officiaes Inglezes, que morriam rindo e descuidosos n'uma guerra ingloriosa, tão tranquillos e socegados em frente de um perigo qualquer, como se os esperasse um baile ou uma festa.

Nós dissémos ao tenente Cameron que não havia Zulos, e elle recebeu a noticia com certa tristeza.

¿Quem sabe se elle, com a confiança da mocidade, não tinha sonhado n'esse momento com os gallões de um posto superior?

Pouco depois reunio-se a nós o Major Tyler, e disse-nos, que ia ver o que faziam os voluntarios na cidade.

Eu e Saunders acompanhàmol-o. Era meia noute e havia escuridão profunda, a chuva cahia a torrentes, e eu apenas pude apanhar metade do impermeavel de Saunders, que levou só o cabeção, dando-me o resto.

Tropeçando aqui e cahindo àlém, chegámos á praça, onde na igreja parochial deviam estar os voluntarios.

Entrámos no templo, que estava cheio de soldados, e logo que o Major Tyler deu as suas ordens, fomos tôdos três para minha casa.

Estàvamos muito molhados, e o meu primeiro cuidado foi abrir uma garrafa de vinho velho.

Bebendo e conversando passámos ali uma parte da noute, rindo eu e Saunders a bom rir, da seriedade do Major Tyler, que estava indignado por ter o seu quarto cheio, não de damas, que elle é muito galante para se queixar d'isso, ¡mas de meninos!—de meninos que choravam!

Pêla madrugada, o Major Tyler e o Capitão Saunders retiráram, e eu fui-me metter na cama.

Eis como acabou um dos episodios còmicos, da tràgica guerra dos Zulos, episòdio que ficaria no esquècimento se eu o não trouxesse a pùblico.

No dia immediato têve logar um acontecimento importante para mim.

A minha gente e as minhas bagens seguíram para Durban, pêlo caminho seguro de Harrismith.

CAPÌTULO VIII.

O FIM DA VIAGEM.

A chegada do Coronel Lanyon—Parto de Pretoria—Heidelberg—Um *dog-cart* —O Tenente Barker—Dupuis—Peripecias de uma viagem no Transvaal —Newcastle—A diligencia—Episodios burlescos—Pietermaritzburg—Durban—Volto a Maritzburg—Didi Saunders—Episodios em Durban—O Consul Portuguez Mr. Snell—O *Danubio*—O Commandante Draper—Regresso á Europa.

ANDAVA tudo em reboliço. Nunca em Pretoria se tinham feito tantos gastos de *toilettes*, nunca os lojistas vendêram tantas fitas e tantas rendas!

Os homens escovavam e preparavam os uniformes, porque tôdos mais ou menos tinham uniformes, e os que os não tinham inventàvam-n-os. Se tudo estava em guerra!

Cavallos e carruagens soffriam tratos de limpezas desusadas. Tudo luzia e brilhava. O enthusiasmo era geral e chegava mesmo aos Hollandezes.

As damas trabalhavam com afan, e davam tratos ao miôlo, contido nas cabecinhas louras e encantadoras, para melhór pregarem um lacinho, para melhór fazerem realçar a belleza delicada.

Os homens, *elles*, diziam "É *C.B.** e tem a *Victoria Cross*,† é o heroe da guerra dos Ashantis, é um homem de grande energia, é um dos mais notaveis officiaes do exèrcito Inglez."

* *C. B.* Cavalheiro do Banho.

† A *Victoria Cross* é a mais nobre condecoração da Inglaterra, e so é dada por uma acção de extremado valor em campo de batalha.

Ellas, ellas diziam: "Tem 36 annos o coronel, e dizem que é alto, nobre e bonito!"

Que enthusiasmo! Eu nunca vi coisa assim! O meu cavallo ja estava emprestado a uma dama, que queria mostrar tôda a sua elegancia de amazona. Outras mais infelizes procuravam debalde um meio de transporte.

So eu, creio, que estava frio no meio daquella effervescencia de delirio.

Eu ca, não ia esperar o nôvo governador, e contentar-me-hia de o ir visitar á sua chegada.

¿Mas quem pode dispor dos seus sentimentos, e contar com o seu espìrito no meio da effervescencia geral?

No dia 2 de Março, comecei a sentir que a febre do nôvo governador se apossava de mim, e sahindo enthusiasmado de casa, fui comprar um chapéo nôvo! Era uma reforma importante no meu traje.

Aquelle homem por quem se faziam tantos trabalhos de recepção aguçàva-me a curiosidade. Os homens pareciam temel-o, as mulheres pareciam adoral-o; e ser temido dos homens e adorado das mulheres é ter attingido a meta da felicidade para qualquer creatura màscula.

No dia 3 devia elle chegar, e o ponto da entrevista era a nove milhas da cidade.

Levantei-me sem mêsmo pensar em la ir, até porque, se quizesse ir, não tinha em quê, tendo emprestado o meu cavallo.

A's nove horas sahi de casa, mas não encontrei ninguem. Fui almoçar, e não encontrei ninguem. Fui a casa de alguns amigos, e não encontrei ninguem em casa. Comecei a dar ao diabo o nôvo governador. Eu ja começava a perder o hàbito de viver sòzinho, e queria companhia.

Voltei ao Café Europêo e deparei com Mr. Turner.

Dirigi-me logo a elle e sem mais preàmbulos pedi-lhe um cavallo. Mr. Turner julgou que eu não estava bom de cabêça. Pedir um cavallo n'aquelle dia e áquella hora so um inconsciente o faria.

Eu insisti em querer um cavallo, e a difficuldade que se levantava era apenas incentivo para exacerbar o meu desejo.

Depois de muito pensar, Mr. Turner têve uma lembrança.

.Elle tinha um pôtro, ainda não montado, bravio, diabòlico.

Se eu quizesse o pôtro, elle emprestàva-m'-o. Fomos logo á cavallariça.

Para apparelhar foi uma campanha, para montar outra.

Depois de varias teimas, em que tivéram razão umas esporas enormes que me tinha dado Mr. Cark em Shoshong, consegui endireitar no caminho do acampamento. Por uma questão de hàbito eu queria ver o Major Tyler e o Capitão Saunders, antes de ir esperar o governador. Foi uma infeliz lembrança.

O regimento 80 estava formado em revista, e acabada ella pude falar aos meus amigos, mas de repente a mùsica começou a tocar, e o cavallo, espantado com o zabumba, começou a fazer taes e taes desconcêrtos que tive de largar d'ali a tôda a pressa, atropellando as barracas de lona do campo e fazendo até fugir de uma d'ellas alguem que la estava. Pude ver-me a final em campo livre, e o pôtro pagou caro os seus atrevimentos de momentos antes.

A's duas horas eu alcançava as cavalgadas e estava entre os meus amigos, mas estava em lastimoso estado de fadiga e cansaço.

Pouco depois, uma carruagem escoltada por alguns voluntarios de cavallaria, chegava em sentido opposto, e apeava-se d'ella o nôvo governador do Transvaal.

O Coronel Sir William Owen Lanyon, K.C.B., correspondia á espectativa geral.

Era nôvo e bello, e do peito da sobrecasaca pendia-lhe a *Victoria Cross.*

Tôdos estavam contentes, e os frenèticos hurrahs! que lhe levantáram, eram d'isso prova. Seguímos para a cidade. O meu cavallo, no meio dos vivas e dos outros cavallos, estava insopportavel e custàva-me a conter.

De repente espantou-se com uma carruagem, deu um enorme salto e partio. O meu chapéo nôvo, o chapéo comprado na vèspera, cahio por terra, em quanto eu era levado com uma velocidade enorme, n'um correr desenfreado.

Passei e em breve perdi de vista carruagens e cavalleiros.

O terreno era bom e eu deixava correr o endiabrado, que a final havia de parar em alguma parte.

Apesar de muito distanciado da comitiva do governador, pareceu-me que sentia um outro correr de cavallo, perto de mim, e voltando-me na sella percebi que era seguido e ia ser alcançado em poucos momentos.

Uma gentil amazona, muito melhor montada do que eu, porque montava o meu Fly, ria a bandeiras despregadas das minhas tribulações, e em breve emparelhando comigo estendia-me o pobre chapéo que eu tinha perdido, e que ella, com essa pericia de tôdas as damas das colonias do sul d'Africa, que sam as primeiras cavalleiras do mundo, tinha apanhado do chão e me vinha trazer, mofando de um cavalleiro que perdia o chapéo e o deixava apanhar por uma dama.

Eu estava envergonhado, e sem me lembrar de que era impossivel fugir ás pernas vigorosas e ligeiras de Fly, tentei instigar o meu cavallo a uma fuga, a que elle ja se recusava, apresentando uma fadiga bem motivada.

Entrei em Pretoria sempre perseguido pêlos chascos

da amazona azougada, e depois de ir entregar o pôtro a seu dono, fui a pé para o Palacio, onde esperei a chegada da festival comitiva.

Chegáram elles, sempre dando mostras do mais enthusiàstico contentamento.

O Coronel Lanyon estava installado, e depois de um bem servido *lunch*, retirràmo-nos.

O valente e sympàthico coronel tinha càptado tôdas as sympathias, e desde a sua chegada, esquèceu o episòdio do ataque dos Zulos, narrado no anterior capìtulo, para so se falar d'elle Governador.

Nos dias seguintes houvéram recepções, saraus, e *matinées* dançantes, a que eu não assisti, preoccupado ja com a minha sahida para Durban.

No dia 5, fui eu a uma lègua de Pretoria ver uma curiosidade em que Inglezes e Hollandezes me falavam muito.

Era o *Wanderboom*, a àrvore sagrada. Effectivamente, é digno de ver-se esse gigante vegetal, que os Böers mostram com admiração, e que, deitando dos altos troncos novas raizes que viéram procurar a terra e se convertêram ellas mesmas em caules, forma por si so uma espêssa mata.

Finalmente, depois das mais cordiaes despedidas aos muitos amigos que tanto me obsequiáram em Pretoria, parti, no dia 8, para Heidelberg, onde cheguei por noute fora.

Decidi demorar-me alguns dias n'aquella bonita villa, para fazer as minhas ùltimas observações e fechar os meus trabalhos.

N'um jantar em Pretoria, em casa de Madame Kish, fiz eu conhecimento com um sujeito chamado Goodliffe, que sabia não ser de Pretoria, mas que não pensava tambem ir encontrar em Heidelberg.

Mr. Goodliffe convidou-me para sua casa e fêz-me os maiores favôres.

No dia immediato ao da minha chegada, depois de fazer as observações da manhã, fui dar sòzinho um passeio nos arredores, e comecei a trepar montanhas e montanhas, até que, d'um pico muito elevado, consegui dominar a paizagem. Pareceu-me que devia estar a uma grande altitude, porque dominava tôdas as cumiadas do Zuikerbosch-Rang.

Olhei para o meu baròmetro aneroide de algibeira, e vi que elle marcava dois mil metros!

Decidi logo voltar la no dia immediato a fazer observações mais seguras, e effectivamente assim o fiz.

Era na verdade aquella a maior altura a que eu tinha estado na minha viagem, e não deixei de fazer especial menção d'ella.

No dia 11 de Março, depois de ter concluido tôdas as observações e fechado os meus trabalhos, parti de Heidelberg, ás 8 horas da manhã, em um *dog-cart*, que precisa de uma breve descripção pêla sua originalidade.

Era um d'êsses carros de fàbrica Americana, ligeiros e fortes, montado sôbre duas rodas altissimas, e que, em logar de varaes, têm uma forte lança, onde se atrella uma parêlha em troncos, e d'onde partem os tirantes para umas sotas sôltas.

Tem dois assentos costas com costas, que podem admittir quatro pessôas. Bagagens nenhumas pode conduzir, e apenas uns pequenos volumes na exigua caixa.

O meu cocheiro era um mulato, creio que Gricua, chamado Joaquim Eliazar.

Os meus companheiros eram o Tenente Barker, do 5° Regimento de West York, e o seu impedido Dupuis.

Logo á sahida de Heidelberg, tivémos de atravessar o ribeiro que corre ali, cujas margens quasi a pique dam difficil passagem a um carro.

A primeira foi passada sem difficuldade, mas na

segunda o dog-cart tombou-se, e o Tenente Barker cahio sôbre Dupuis e eu sôbre Barker.

Levantàmo-nos sem a menor contusão e rindo do caso. Dupuis, que tinha um nome Francez, mas cuja nacionalidade eu nunca pude entender bem, porque elle falava indifferentemente tôdas as lìnguas, e servia indifferentemente tôdos os paizes, começou logo a contar varios casos de quedas e carros tombados, que lhe haviam succedido em França, na Russia, na Amèrica e na China.

Dupuis era homem de 55 a 60 annos, baixo, espadaüdo e robusto. Tinha servido no exèrcito Francez na Crimea, e contava com enthusiasmo a carga de Balaklava.

Tinha servido no exèrcito Inglez na guerra da China; na Amèrica servio os Federaes, bateu-se depois na França pêla Allemanha, em 1870. Conheceu na India o Major Cavagnari, e vinha de la bater-se contra os Zulos.

O seu desideratum era ser soldado enfermeiro nas ambulancias do exèrcito Inglez; mas, em quanto o não conseguia, ia sendo camarada do Tenente Barker.

Barker era um d'esses jovens Inglezes, loiro, olhos azues, tal em fim como os vemos, encontramos e conhecemos em tôda a parte do mundo.

Ia cheio de enthusiasmo encontrar a columna de Sir Evelyn Wood, e bater-se contra os nêgros de Catjuaio.

Trabalhámos tôdos quatro rudemente para pôr o carro em estado de seguir, e uma hora depois voàvamos por sôbre a planicie, puxados por quatro ligeiros e robustos cavallos do paiz.

Choveu bastante durante o dia, e ás 2 horas encontràvamos o rio Waterfalls a transbordar. Era um embaraço.

Alguns vagons de Böers estavam parados junto d'elle sem se atreverem a transpol-o.

A profundidade màxima era de dois metros. Um dos vagons de Böers estava carregado de lenha, e apresentava do tope da carga ao chão uma altura de mais de três metros.

Offereci ao Böer seu dono cinco xelins se elle quizesse transpor o rio, e me deixasse ir com os meus papéis encarapitado no alto da carga.

O homem aceitou, e eu, Barker, Dupuis e os nossos pequenos havêres, armas e cartuxos, acommodàmo-nos sôbre a lenha.

Oito juntas de possantes bôis fôram jungidos ao vagom, que, poucos momentos depois, estava na margem opposta.

Joaquim Eliazar em pe sobre os assentos do dog-cart, com àgua pêla cintura, e segurando as guias com destreza de um cocheiro consummado, tambem transpoz o rio sem accidente.

Pouco depois, tomàvamos pêla quarta vez cavallos frêscos da posta, e continuàvamos essa carreira vertiginosa em direcção ao vao de Standerton, onde devìamos passar o Vaal.

A's 8 da noute, ja com uma fome desabrida, entràvamos em uma modesta estalagem de Standerton, onde tìnhamos uma pèssima ceia, e não melhor cama.

De Heidelberg a Standerton o paiz é planicie enorme, a perder de vista, onde não cresce uma so àrvore, e onde uma herva não muito alta serve de pasto a milhares de antìlopes, pêla maior parte bodes saltadôres (Springboks).

Sôbre tudo nas margens do rio Waterfalls vi innùmeros, mas muito esquivos.

No dia immediato deixámos Standerton, ás 7 da manhã, depois de um almôço, que nos fez lembrar, que poderiamos ter almoçado se tivèssemos quê.

Pêla tarde d'esse dia ja começàvamos a encontrar falta de cavallos nas casas de posta, saqueadas ou abandonadas por causa da guerra. Ao mesmo tempo recresciam as difficuldades do caminho, porque nos embrenhàvanos nos desfiladeiros do Drakensberg.

Não se pode fazer muito idéa do que seja viajar por montes e valles, sem caminho nem carreiro, em um dog-cart puxado a quatro sôltas.

Ao entrar-mos nos desvios da serra, uma temerosa tempestade cahio sôbre nós, e uma chuva copiosa alagou a terra e o carro.

Veio a noute, e uma noute medonha. Os relàmpagos alumiavam as trevas para as tornar mais nêgras e densas.

So a muita pràtica do cocheiro podia guiar o carro por aquelles alcantis n'um correr desenfreado.

De vez em quando, uma cova, uma rocha, um precipicio, era nas trevas mais adivinhado do que visto, e um sonoro *All fast* (tôdos firmes) pronunciado por Joaquim Eliazar pùnha-nos de prevenção.

E a chuva a cahir, o trovão e o relàmpago a espantar os cavallos, e aquelle carro sempre a correr nas vertentes este da alta cordilheira. Tinha alguma cousa de fantàstico o quadro, e se tivesse sido visto por outros que não nós deveria causar-lhes impressão profunda.

Dupuis tinha sempre uma historia a contar a cada solavanco do ligeiro vehìculo. Umas vêzes era na China, outras na Amèrica, outras na Russia, que o caso se tinha passado.

Depois Dupuis cantava, e era, ja uma canção Americana, Franceza, Chineza, ou Hùngara, que vinha perder-se no estrepitôso rodar do carro, ou no cem vêzes repetido echo dos trovões.

Seriam 8 da noute, quando um clarão fixo e distante me chamou a attenção. Endireitámos para elle.

O caso não era muito seguro, mas continuar o caminho assim era peior do que encontrar os Zulos.

Parámos a distancia da fogueira, e eu dirige-me a ella. Ao aproximar-me, vi que entre uns vagons, debaixo de um alpendre improvisado com pannos de lona, estavam sentados três officiaes Inglezes. Entrei ràpidamente na zona de luz, para ser logo reconhecido e não levar algum tiro. Os três sujeitos olháram para mim sem o menor espanto, e disséram-me polidamente: *Good evening, sir.*

Estavam tomando chá, e eu sentei-me sem ceremonia ao lado d'elles.

"¿Toma uma chàvena de chá? me perguntou um d'elles."

"Aceito reconhecido, e até aceitava de comer, porque tenho fome."

"De comer! mas nós tambem não temos nada que comer, e so chá e um pouco de assucar possuimos."

Tomei uma grande tijela de chá, e tôdo molhado deitei-me junto á fogueira, onde dormi tôda a noute.

No dia immediato, parti logo de madrugada e so á noute pude matar a fome em casa de um Böer, que me leu três pàginas da Biblia, mas que em seguida me deu bôa ceia.

Passou sem incidentes o resto da viagem até perto de Newcastle.

Ali encontrámos o rio Newcastle a transbordar, e tivémos um verdadeiro trabalho para o transpor, sendo preciso nadar, e molhando-se tudo o que traziamos.

Chegado á povoação de Newcastle, o meu primeiro cuidado foi almoçar, com uma fome de 24 horas.

Eu em Pretoria ja tinha desaprendido a ter fome, e começava a impacientar-me quando a sentia.

Installei-me em um hotel, onde não se estava bem nem mal, e tratei logo de enxugar os meus papéis, e de tomar um logar na diligencia que fazia o serviço d'aquelle ponto a Pietermaritzburg.

Separei-me ali do meu tenente Inglez, que se dirigia

com o seu camarada ao theatro da guerra; e eu, um dia depois, tomava logar na diligencia, e partia para o meu destino.

Èramos nove no carro, oito homens e uma dama, e haviam ali so dois logares supportaveis ao lado do cocheiro.

Um foi cedido á dama e eu quiz o outro. Èra-me elle disputado por um tenente de voluntarios, que trazia umas esporas enormes e um uniforme esplandecente. Cada um de nós apresentava os seus respectivos direitos ao logar, ante o cocheiro, àrbitro supremo n'aquelle litigio.

Uma meia-libra subtilmente escorregada na mão do mulato, prevaleceu sôbre uns poucos xelins dados pêlo tenente, dizendo o cocheiro bem alto, que elle não era homem que se vendêsse, e por isso entregava ao tenente uns três xelins que elle tinha feito a offensa de lhe querer dar, e dizendo-me, que tomasse o logar cubiçado, em quanto o voluntario mavorte subia para o interior, furioso e iracundo, o honrado cocheiro punha as rédias em ordem e fazia estalar o chicote.

Se o tenente estava furioso, não o estava menos a dama, que podendo ter a seu lado um elegante official, tinha por companheiro um maltrapilho como eu.

Achegou a si o vestido para não roçar pêlos meus esfarrapados calções, e apesar de irritada contra o cocheiro, preferio encostar-se a elle para evitar o menor contacto comigo.

Na primeira muda, eu quiz ver se derretia aquelle gêlo, se quebrava aquella malquerença que me affligia, e tendo encontrado uns frascos de amendoas cobertas, comprei pressuroso um, pensando, na minha inexperiencia em assumptos feminis, que uma dama joven e formosa devia gostar de dôce, e ser vencida com bôlos.

Ao dirigir-me ao carro, eu ja via aquella ruga formada entre os sobrolhos desfazer-se, ja via aquelles labios pregados em gesto irado entreabirem-se em sorriso benevolente, ja via um principio de conversação; e foi com a maior confiança que lhe estendi o meu talisman, o frasco dos confeitos. A joven dama, sem mesmo me dar a confiança de olhar para mim, disse-me sêcamente, "Não tenho a honra de o conhecer." N'um ataque repentino de despeito, atirei com o frasco fora, e elle foi partir-se sôbre uma rocha, entornando as espheras coloridas que roláram em tôdas as direcções.

Estavam abertas as hostilidades entre nós.

A' hora de jantar parámos em Sunday's River, onde me déram um magnìfico serviço por dois xelins e meio.

A dama e o tenente de cavallos ligeiros, á mêsa, muito unidos lançavam-me olhares furiosos, e de certo me rogavam tantas pragas quantas as que cahíram sôbre o Egypto com a sua obra de destruição.

Ao subir para o carro, ignorando quem eu era, e avaliando-me so pêlos meus andrajos e pêla minha barba desgrenhada, a joven Ingleza disse ao filho de marte, "que a gente ordinaria ja se dava uns taes ares que irritavam." Isto encheu-me as medidas, e eu prometti vingar-me logo que a occasião se apresentasse.

Não tardou ella em apparecer.

N'essa noute chegámos, ás 7 horas, a Ladysmith, onde devìamos pernoitar.

A villa estava cheia de gente, e transportávam-se ali os feridos e os doentes.

Não havia uma cama, não havia um canto onde nos mettermos.

Em uma hospedaria encontrámos quasi vazia a sala de visitas, e digo quasi vazia, porque so la estava estabelecido um cabo de esquadra, que, deitado no sofá, não fez muito caso do tenente de voluntarios.

A dama sentou-se em uma cadeira e o tenente sahio.

Eu travei conversa com o cabo de esquadra, e offereci-lhe de beber. A perspectiva de uma bôa garrafa de vinho fez mais effeito no marcial guerreiro do que os confeitos tinham feito na loura Ingleza, e o meu homem sentou-se e travou logo conhecimento comigo.

Eu sentei-me ao lado d'elle no sofá, promettendo a mim mesmo ja não sahir d'ali. Depois propuz ao soldado ir elle buscar a garrafa de vinho, para o que lhe dei meia-libra.

O homem sahio, e eu deitei-me no appetecido movel.

Pouco tempo depois voltava elle com a garrafa, dois copos e cinco xelins de trôco. Estendeu-me o trôco, que eu, com um gesto de soberano desdem, não aceitei e que elle fez desapparecer na profunda algibeira.

Eu bebi um copo, elle bebeu sete, quando me ia a levantar, fingindo que lhe queria offerecer a sua conquistada propriedade, elle recusou-se terminantemente a isso, e eu estendi-me commodamente, envolvendo os meus pes n'um pelludo cobertor e preparando-me para dormir.

O cabo, meio embriagado, sahio da sala, e não sei o que foi feito d'elle, porque não mais o vi.

Pouco depois, entrou o tenente, que disse á dama, não ter podido encontrar melhor logar que aquelle para passarem a noute.

Olhou para mim e eu olhei para elle. O seu olhar parecia dizer-me, "Tenha dó d'esta dama, cêda-lhe o sofá."

O meu respondia-lhe: "Sou homem muito ordinario para ter d'essas delicadezas."

Resignados, chegáram as cadeiras uma para junto da outra e poséram-se a conversar. Eu que pouco me importava de ouvir arrulhos de pombos, fechei os olhos e dormi como um justo até as 3 horas, hora a que me viéram chamar para partir.

A's 6 chegàvamos a Colenso, onde passàvamos o rio Tuguela em um magnìfico fluctuador, e ás 3 da tarde paràvamos na bonita aldea de Howick, onde uma demora de duas horas me permittio ir ver a formosa cataracta que a torna cèlebre.

Effectivamente, é uma das mais bellas paizagens que tenho contemplado, aquella.

Partímos, e pouco depois eu fazia parar a diligencia, para falar á minha gente, que encontrei nos vagons em que tinham sahido de Pretoria, e que rodavam pesadamente no caminho de Durban.

Informado de que estavam tôdos bons e que sobejavam os vìveres, segui, dando-lhe um ponto de reunião em Maritzburg.

Eram dez da noute quando chegava á capital da Natalia e me ia estabelecer no *Royal Hotel*, o melhor da terra, em um soffrivel quarto.

No dia seguinte, passáram os vagons com as minhas bagagens e os meus prêtos, com quem falei e a quem prometti esperar em Durban.

Depois d'isto, fui procurar Madame Saunders, a espôsa do meu amigo Capitão Saunders, para quem era portadôr de cartas de seu marido.

Em casa d'ella fiquei encantado com uma criança, a filha de Saunders, em que elle muitas vêzes me tinha falado e que era encantadôra.

Quando sahi de casa d'ella ja èramos amigos, e eu promettia á pequena Didi de voltar a Maritzburg, se não encontrasse logo um transporte para a Europa em Durban.

No dia 19 de Março, depois de ter feito uma jornada de 23 milhas em um ligeiro dog-cart, tomava a ferrovia, e corria sôbre os rails puidos em direcção a Durban.

¡ Que impressão profunda me não causou o ouvir o sibilar da locomotiva !

Os postes telegràphicos, armados de pára-raios, como o sam ali casas e construcções quaesquer, faziam-me outra vez lembrar da civilização da Europa, do progresso do nosso sèculo, da grande evolução da humanidade, e mil idéas confusas se me baralhavam no cèrebro, quando ás 6 horas chegava a Durban.

Corri sem parar até onde podesse ver o mar, e foi com làgrimas a marejar nos olhos, que fiquei extàtico diante d'essa mole immensa de àguas azuladas que se confundiam ao longe, para este, com o azul dos ceos.

N'êsse momento não pude deixar de dizer a mim mesmo, com certo orgulho: "Atravessei a 'Africa, este é o mar Ìndico."

Voltei á realidade depois de alguns minutos de abstracção, e percebi que devia ir procurar um hotel.

Eu ja sabia, que em tôdas as cidades da 'Africa Ingleza ha sempre um *Royal Hotel*, e pedi que m'o indicassem.

Depois de vàrias consultas entre o estalejadeiro e sua espôsa, foi decidido que me dariam um quarto no fundo de um pàteo. Tomei posse d'elle, e quando estava a fazer o meu *toilette* para o jantar, viéram dizer-me, que me procurava o General.

Eu ja por vêzes tinha ouvido falar no general, quando o meu hospedeiro combinava com a mulhér sôbre que quarto me daria, e percebi então, que o general occupava uma grande parte do Hotel, e que era preciso não o incommodar.

Recebi o general, que era um homem ainda nôvo e sympàthico, e me disse, que tendo sabido da minha chegada, me vinha convidar a jantar.

Era elle o General Strickland, commissario em chefe do exèrcito Inglez.

Fui jantar á sua sala particular, onde conheci á mêsa um exèrcito de *reporters*, enviados por os jornaes Inglezes, Francezes e Americanos, para darem noticias da guerra. Foi ali que conheci alguns d'esses homens, que, simples correspondentes de jornaes, têm sabido fazer conhecer o seu nome no mundo inteiro; foi ali que conheci os Snrs. Forbes, Francis-Francis e outros, que se têm immortalizado como o seu collega Stanley, que, antes de ser o primeiro dos exploradores Africanos, foi o primeiro dos *reporters* Americanos.

O general Strickland dispensou-me as maiores attenções e finezas, e fui seu conviva em quanto estive em Durban.

No dia seguinte, fui procurar o Consul Portuguez, Mr. Snell, que têve para comigo muitas attenções, arranjando-me logo local, em sua propria casa, onde eu podesse accommodar os meus prêtos e as minhas bagagens.

Contudo, de casa do Consul Portuguez sahi muito triste, por uma noticia que elle me deu.

O paquête para a Europa tinha partido n'esse dia!

Era um mez! era um mez que eu tinha de esperar n'aquella terra, onde nada me prendia; era um mez que eu tinha a esperar mais para poder abraçar os meus, para poder ver o meu Portugal.

Resignei-me, e no dia immediato pude assistir á chegada dos meus prêtos, das minhas bagagens, do meu papagaio e da minha cabrinha.

Installei-os em casa do Consul Portuguez, Mr. Snell, que continuou a dispensar-me os maiores favôres.

Depois d'isto comecei a esperar que passasse um mez!

Os meus trabalhos, sempre em dia, não me deixavam ao menos o recurso de trabalhar.

Nos primeiros dias encontrei em que passar as manhãs sem sahir de casa.

A casa de banho do Royal Hotel era do outro lado da rua, e os hòspedes tinham de fazer uma caminhada para irem a ella. O Hotel estava cheio de officiaes, que chegavam tôdos os dias de Inglaterra. Logo de manhã começava uma procissão, entre a casa de banho e o hotel, de homens de tôdas as idades e feitios, em trages muito ligeiros, levando cada um uma toalha e uma esponja enorme. Divertio-me aquella scena burlêsca por dois dias, mas aquillo durava apenas uma hora de manhã, e eu não sabia que fazer no resto do dia.

Comecei a aborrecer-me muito, e acirrado pêla contrariedade que me causava a demora, comecei a soffrer. Sentia em mim um vazio enorme. Habituado a um trabalho de ferro, a uma vida tão activa, a uma tensão de espìrito constante, á idéa de alcançar um fim, tinha chegado á meta, e sentia uma falta que não podia superar.

Adoeci, e pêla primeira vez na minha vida tive mêdo de morrer.

A guerra preoccupava tôdos os espìritos, e no meio d'aquelle mundo em que vivia não tinha uma so affeição.

Um dia, no leito onde me tinha prostrado a doença, e onde nem uma amizade me vinha trazer uma palavra de confôrto, tinha so na idéa a saudade de uma espôsa adorada e de uma filha estremecida, quando me veio á lembrança essa criança que eu tinha visto em Maritzburg e que tanta impressão me tinha feito—a filha do Capitão Allan Saunders.

Em miseravel estado de saude, sahi de casa, tomei o caminho de ferro, e segui para a capital da Natalia.

Logo que me estabeleci no Royal Hotel, parti para casa de Madame Saunders.

Fui recebido com a maior affabilidade por aquella dama, e com muitos beijos pêla pequena Didi, que eu levei a jantar comigo ao hotel.

Eu ja tinha dinheiro meu, que me tinha sido emprestado sôbre a minha assignatura particular, e ja comprara um vestuario decente.

Uma boneca e uma caixa de amèndoas fizéram de

Didi minha amiga ìntima, e sôbre tudo uma tartaruga enorme que me déram no hotel e que eu lhe dei, tornara aquella amizade em verdadeira paixão.

Outro motivo não era de certo estranho ao amor d'aquella criança.

Madama Saunders, para me ser agradavel, deixàva-me a sua filha ja em sua casa, ja na minha, e Didi encontrava n'esta liberdade o meio de nunca ir á mestra. Esta consideração devia pesar tanto como a tartaruga e a boneca, na sua affeição por mim.

Ao mesmo tempo, Mr. e Madama Furze, o Coronel Mitchell, o Coronel Baker, o Capitão Whalley e outros, faziam-me encontrar n'elles verdadeiros amigos, que me enchiam de favôres; mas Didi, aquella linda criança de nove annos, preenchia um vàcuo na minha existencia de então, com as suas meiguices, e ás vêzes com os seus amuos e perrices.

Sem esta criança, eu teria talvez succumbido ao tèdio que me ganhou e que me prostou ao comêço em perigosa doença.

Pietermaritzburg é uma bonita cidade, tem magnìficas casas e sobêrbos templos, em um dos quaes ouvi por vêzes a palavra eloquente, arrebatada e cheia de fôgo, do sabio Bispo Colenso.

Ha ali formosos jardins e mimosissimas flôres, sendo as damas de Natal muito dadas á floricultura, e concorrendo muitas vêzes a certames nas exposições locaes. Tem um magnìfico parque, onde á tarde circulam muitas e brilhantes equipagens.

No tempo que ali passei, apresentava a cidade um aspecto desusado e um movimento consideravel, consequencias da guerra dos Zulos. Os hotéis estavam cheios de militares, os quartéis regorgitavam de soldados, e muitos acampavam fora d'elles. No *Royal Hotel*, que diziam ser o melhor, o serviço era mao, devido isso talvez ao excesso de hòspedes que ali havia. Havia tambem, em geral, um grande abuso nos prêços de tudo, e isso era consequencia de o govêrno pagar sem regatear.

O estabelecimento Cathòlico de Maritzburg é muito importante, e tido com a maior ordem, goza de grande crèdito na colonia.

O Consul Portuguez, Mr. Snell, escreveu-me, que tinha chegado o paquête 'Danubio,' da *Union Steamship Company*, que devia seguir para Moçambique e Zanzibar no dia 19 de Abril.

Parti, por isso, de Pietermaritzburg a 14, depois de ter feito saudosas despedidas aos amigos que ali deixava.

Dirigi-me ao *Royal Hotel*, e não pude obter um quarto. Então Mr. Snell tratou de me arranjar alojamento, e pôde obter um quarto de banho no Club de Durban, onde me fizéram uma cama no chão.

Os officiaes que chegavam cada dia, não tendo onde se metter, armavam barracas de campanha nos pàteos e nas ruas em volta dos hotéis e do Club.

Por o mesmo paquête em que eu devia partir para o Norte tinha chegado o infeliz prìncipe Napoleão, que tão caro devia pagar a sua ousadia e coragem. Conheci-o, e não pude deixar de me afeiçoar, no curto convìvio que tivémos, a esse joven sympàthico, intelligente e illustrado, a quem uma morte ingloria e estùpida cortou tão prematuramente uma existencia brilhante.

Quantas vêzes eu lhe repeti o meu principio fundamental da vida Africana, "de desconfiar em Africa de tôdos e de tudo, até que provas irrefutaveis não nos fizessem confiar em alguem ou em alguma cousa."

A sua natureza ardente, a inexperiencia dos seus poucos annos, a sua coragem leonina, e esse descuido peculiar á juventude cheia de illusões e crenças, causáram a sua perda. So quem o não conheceu o não lastimará;

que n'elle havia o germem de um grande homem, havia uma attracção indefinivel para captar tôdos os corações.

Estranho á polìtica da França, n'estas poucas linhas lavro um testemunho de saudade ao mancêbo desterrado que foi meu amigo, e não ao prìncipe que representava um principio, e faço-o tanto mais desassombradamente, que vi os seus proprios adversarios lastimarem aquella grande catàstrophe.

Nas vèsperas da partida, travei relações com Mr. e Madame Du Val, e recebi d'elles muitos favôres, e finalmente, a 19 de Abril, embarcava com os meus prêtos e as minhas bagagens n'um pequeno vapor que me devia conduzir ao *Danubio*, ancorado fora, porque em Durban ha apenas uma pequena enseada, fundeando os grandes vapôres na costa limpa.

O mar estava um pouco picado e custou a atracar ao *Danubio.*

Mr. e Madame Du Val iam comigo, porque Mr. Du Val, chefe da Companhia Hollandeza em Àfrica Oriental, ia passar em revista as feitorias de Moçambique.

A passagem das bagagens do pequeno vapor para o *Danubio* foi difficil, pêlo mao estado do mar, e uma das minhas caixas cahio, sendo esmagada e desfeita entre os dois vapôres.

Caixa e conteúdo fôram ao mar, mas o Commandante Draper fez arrear logo um escalér, e pôde conseguir salvar algumas das cousas que ella continha e que fluctuavam, outras afundáram e estavam irremediavelmente perdidas.

Deixámos Durban, e não foi sem uma sensação de infinito prazer que eu senti o espadanar das àguas em tôrno do èlice poderoso, que a cada rotação me impellia no caminho da Patria.

Em Lourenço Marques foi pouco o tempo para receber favôres, e a maior parte d'elle foi passada com o meu velho amigo Augusto de Castilho, e com os meus amigos Machado, Maia e Fonceca.

A bordo, o Commandante Draper não cessava de me obsequiar.

Cheguei finalmente a Moçambique, onde fui encontrar tôdas as autoridades na cama. O Governador Cunha, o seu secretario e os seus ajudantes, estavam abrasados em febre.

Fui logo visitar o Governador, ao seu quarto de cama, e apesar do seu melindroso estado de saude e do cuidado que lhe dava o estado de sua espôsa, prostrada pêla febre tambem, Sua Excellencia deu as mais terminantes ordens para facilitar o meu regresso á Patria com a gente que me acompanhava, fazendo-me os mais subidos favôres.

Fui d'ali procurar um velho amigo da guerra da Zambezia, o Coronel Torrezão, em cuja casa me hospedei, com os meus amigos Du Val.

Dois dias depois, partia para Zanzibar, onde esperava encontrar Stanley, mas com o qual me desencontrei, tendo partido na vèspera da minha chegada.

O D^or. Kirk, Consul Inglez em Zanzibar, deu-me um jantar, e subidos fôram os favôres que recebi d'elle e de sua espôsa.

Tôdos os Europêos porfiavam em me obsequiar, distinguindo-se os officiaes da guarnição do *London.*

O Commandante Draper, logo que soube que o vapor de Aden só partiria dentro de oito dias, não consentio que eu fôsse para terra, dizendo-me (com razão) que as hospedarias ali eram pèssimas, e por isso fiquei vivendo a bôrdo, sempre com um escalér ás minhas ordens.

Travei ali relações com um joven Suisso, T. Widmar, que devia ser meu companheiro de viagem para a Europa.

Depois de uma semana de demora, em que cada dia foi assignalado por novos favôres de M^r. Du Val e do

Commandante Draper, deixei Zanzibar n'um pequeno vapôr, do *British India*, onde recebi muitos favôres do seu Commandante Allen.

Em Aden, como a carreira do *British India* tivesse uma demora de oito dias, eu e Widmar tomámos passagem a bôrdo de um vapor da Lloyd Austriaca que nos conduzio a Suez, seguindo d'ali no primeiro trem para o Cairo.

Eu tinha adoecido gravemente, e foi Widmar o meu enfermeiro, tendo por mim cuidados de um velho amigo.

Ainda convalescente, fui ás piràmides com elle. Eu tinha visto o Zaire e o Zambeze; não queria voltar á Europa, sem saudar a velho Nilo; e do alto do sarcòphago do rei Cheops, d'esse monstruoso monumento levantado ha quatro mil annos pêlo orgulho dos Pharaós, eu vi-o correr plàcido e sereno, banhando as ruinas da outrora sobêrba Memphis.

Pouco depois, deixava o Cairo, sobêrba e ardente, cidade de ouro e de miseria, e ia em Alexandria fazer novos amigos e receber novos favôres.

O Conde e a Condêssa de Caprara acima de tôdos, fizéram-me taes obsèquios, que mais pareciam amigos de annos do que conhecidos de dias.

O Consul geral de Portugal, o Conde de Zogueb, tambem me fez offerecimentos na vèspera da minha partida, quando soube que o *Crédit Lyonnais* de Paris me tinha aberto um crèdito no Egypto, com dinheiro meu, mandado de Lisboa pêlo meu amigo Luciano Cordeiro.

Esquècia-me dizer, que por um mal-entendido das ordens do govêrno de Portugal, eu estive no Egypto sem dinheiro, gastando da bôlça de Widmar e da do Conde de Caprara, e podendo gastar de outras muitas estranhas que se me offereciam, e que não pensavam que eu fôsse um cavalheiro de industria; porque não ignoravam que Portugal tivesse enviado á 'Africa a expedição de 1877, e que d'essa expedição o Major Serpa Pinto voltava á Europa pêlo mar 'Indico.

Segui de Alexandria para Nàpoles, e d'ali por terra para Bordeos, onde fui altamente obsequiado pêlo nosso Consul, o Barão de Mendonça.

A 5 de Junho, deixava Pauillac, e a 9, em Lisboa, pisava a terra de Portugal, no meio dos amigos mais dilectos que eu tantas vêzes pensei não mais ver.

Na vèspera haviam chegado os meus prêtos, e o meu papagaio.

Estavam pois a salvo os trabalhos, e os restos de um dos ramos *da expedição Portugueza ao interior da 'Africa Austral, em* 1877.

CONCLUSÃO.

Vou concluir o meu trabalho apresentando as minhas ùltimas observações astronòmicas e meteorològicas, e ajuntando a ellas um vocabulario de lìnguas Africanas, limitarme-hei a dizer poucas palavras mais.

O resultado das observações astronòmicas, calculadas por mim em Àfrica durante a viagem, fôram recalculadas em Londres por Mr. S. S. Sugden, e apresentando, como apresento, as observações iniciaes, podem ser ainda reverificadas.

Em tôdos os pontos onde me demorei mais de um dia, tive o cuidado de estudar as marchas dos chronòmetros, que, àlém d'isso, me eram reveladas pelas comparações diàrias, e pelas observações dos eclipses e dos reaparecimentos do primeiro satèlite de Jùpiter.

N'esta parte de minha viagem, tive uma sorprêsa que me tirou algumas noutes de sono. Foi ella a da grande differença que encontrei na posição de Shoshong (*Xoxom*) em longitude, e mesmo em latitude.

Homens distinctos e sôbre todos Ed. Mohr, passáram ali e determináram aquella posição. Fiquei pois sorprendido, vendo que a minha determinação importava uma differença de mais de 60 milhas!

Durante a minha estada em Shoshong, estudei cuidadosamente as marchas dos chronòmetros, e conheci que se conservavam sem a menor alteração. Continuando a viagem, o meu ùnico cuidado era chegar a ponto onde podesse reverificar os chronòmetros por uma longitude conhecida.

Assim fiz, e as segundas observações que apresento no quadro fôram calculadas dos estados dos chronòmetros, encontrados em Soul's Port e Heidelberg.

O ùltimo reapparecimento que observei do 1° satèlite de Jùpiter, na noute de 13 de Decembro, e a verificação feita em Heidelberg, não me deixam dùvida de que a minha posição deve ser muito pròxima da verdadeira, em quanto á longitude; e em quanto á latitude, não tenho a menor dùvida em a garantir a 30″ de approximação.

Aqui, como ja fiz antecedentemente, apresento as observações iniciaes hypsomètricas para a determinação do relêvo do meu caminho.

Empreguei no càlculo d'ellas a temperatura constante de 23 graos para o nivel do mar, por ser ella a mèdia das temperaturas sôb a pressão de 760 milimetros n'aquellas latitudes.

É minha opinião, que ali, não havendo occasião de fazèrem-se observações simultàneas, deve ser aquella a temperatura empregada nos càlculos.

A fòrmula que empreguei para calcular as altitudes foi a seguinte, que é perfeitamente empìrica:

$$A = (100 - H)\left(284{\cdot}95 + 3{\cdot}1\,\frac{A}{1000}\right).$$

Esta fòrmula não é mais do que a antiga fòrmula de Laplace, em que se não leva em conta a constante $18{,}382 = 18{,}336\ (1 + \frac{1}{400})$ que diz respeito á diminuição do mercurio na vertical produzida pêlo pêso, uma vez que nos hypsòmetros se não dá essa circunstancia.

Assim, pois, as tabuas que empreguei, sam construidas da formula:

$$A = 18{,}382 \log \frac{760}{B} + \frac{1}{6{,}366{,}200}\left(18{,}382 \log \frac{760}{B}\right)^2,$$

e cujos nùmeros obtidos sam reduzidos de $\frac{1}{400}$, e da tàbua das tenções do vapor construida por Mr. Regnault.

Quem dér uma certa attenção ás observações meteorològicas que publico, verá que as alterações atmosphèricas n'esta parte de Africa, influem pouco ou nada na pressão, que se conserva a mesma no meio das mudanças e variações mais sùbitas.

Assim, pois, os resultados das observações hypsomètricas apresentam uma certa garantia de approximação.

As localidades a que se referem as observações meteorològicas não estam designadas, mas facil é encontral-as, porque, pêlo diario e pêlo quadro das observações astronòmicas, sàbe-se onde eu estava nos dias designados.

Quiz juntar a este trabalho uma collecção de têrmos das lìnguas Hambundo e Ganguela, faladas de Benguella ao Zambeze, e fui á obra de Gamito buscar os termos correspondentes em uma outra lìngua falada nas mesmas latitudes na costa de Este, para que se podesse fazer uma comparação entre ellas, e effectivamente encontramos ali muitos termos communs.

Esta parte da minha viagem do Zambeze ao Transvaal, não apresenta aos geògraphos o mêsmo interesse da parte de Benguella ao Zambeze, porque àlém do caminho de Deica a Shoshong, é ella mais ou menos conhecida. Assim, pois, não me deterei aqui a acrescentar ao que ja disse nada mais, àlém de duas palavras a respeito d'êsse traço de Deica a Shoshong, e sôbre tudo da região dos lagos salgados; e isto porque ja vi a asserção de um explorador eminente, de que o Grande Macaricari derivava àguas para a costa de Este pêlo Xua (*Shua*) e Nata.

Não posso, nem dêvo, admittir tal hypòthese.

A poucas milhas de distancia, o Xua e Nata apresentam um desnivelamento de 24 metros, e bastava que a àgua subisse no Macaricari metade d'esta altura para alagar o deserto tôdo.

Além d'isso, verifiquei, que o terreno se eleva muito

encontrado muitas povoações abandonadas, aqui mesmo ha vestigios de ter sido o paiz muito povoado.

Ha dois dias que luctamos com grande falta de mantimentos, das povoações raras que temos encontrado nada vem e caça não apparece. Na povoação de Bembe nada me quizerão vender e em toda a comitiva não ha um só rancho que tenha que comer para amanhã. Eu mesmo hoje deito-me com fome.

Reuni os Bailundos e mostrei-lhes a necessidade de alongarmos a marcha de amanhã até ás primeiras povoações que devem ficar longe, elles conviráo apesar de virem muito carregados. Não soffri uma recriminação por os ter tirado do caminho conhecido, apesar de elles terem previsto o que nos está acontecendo, mas elles sabem que se tem fome em a terra tambem. Não arredarei um só passo do caminho que tracei e amanhã seguirei a S.S.E seja o que Deus quizer.

2 de Julho - Rio Bembe - Bar - 642,5 - therm 5°.8 [illegible] ther. maximo + 2.6. Adoece-me um carregador que não pode seguir com a carga. Isto causa-me um grande transtorno por que não posso ficar aqui e tenho de abandonar a carga, mas o cunhado Chacaconde offerece para pegar n'ella e tudo fica remediado.

Quando estava para partir appareceram uns portadores do soba de Bembe a pedir-me da parte d'elle que lhe mandasse alguma cousa. Mandei-os por fora do acampamento, um tratante que prohibia que me vendessem mantimentos ainda se atreve a mandar-me pedir alguma cousa. Segui as 6.40 a S.S.E. foi difficil a passagem do paul da margem esquerda do Bembe. Terminou a passagem as 9.45 e segui no meu rumo. Logo que deixei o paul comecei subir uma montanha levemente inclinada e coberta de vegetação, o caminhar por ali foi difficil mas conservei o meu rumo até as 10.30. A essa hora o terreno começou a descer e vi diante de mim a uns 50 metros de differença de nivel, uma vasta planicie coberta de espessa floresta. Desci no mesmo rumo até as 10.40 hora a que tinha atingido a orla da floresta, mas tive logo de o alterar, por que a floresta era impassavel. Aproveitei um difficil trilho que me levava

Livro da viagem da expedição portugueza á Africa central e meridional (Lei de 12 de Abril de 1877)
Volume contendo folhas, Rubricado pelos exploradores
Anno de / Mez de / Dia do mez / Dia da semana / Dia de viagem / Pagina / trimestre

a L. ora a N.E e depois a S.E até que o terreno faltou de repente. No meio da floresta esse rio escavou o seu leito a 100 metros de fundo e as margens são quasi a prumo. O panorama é surprehendente. A difficuldade do caminho o peso das cargas e a fraqueza dos meus famintos carregadores tendo me impedido de ir mais avante, acampo aqui. Já se faz sentir a fome com todos os seus horrores. Acampo aqui mas não tenho nada, nada que mandar cosinhar. Ao meio dia tomei altura do sol para a latitude. Matou-se no acampamento uma cobra que, diz o cirurgião Chacaiombe ser muito venenosa, mas saber o contraveneno para a sua mordedura. Tinha 1m de comprido e era cor de telha por cima tendo o ventre um pouco mais claro. Olhos verdes muito brilhantes e lingua bipartida. Os dentes muito finos e dispostos como as presas de um cão, e tinha a lingua bipartida. Logo que fiz as observações do costume, fui caçar e mandei o meu Augusto para um lado e o Miguel para outro. Encontrei perto do meu campo um grande rasto fresco de bufalos e segui-o.

Não se faz idéa na Europa do que seja caçar para comer. É um prazer horrivel. Ao passo que o caçador por prazer segue uma pista descuidoso pensando nas commoções que sente ao saltar-lhe a caça, que caminha desassombradamente, sabendo que no rendezvous ajustado um cosinheiro prepara optimo jantar, que pára aqui e alem para contemplar uma flor mimosa, uma paisagem agradavel, o caçador por necessidade só pensa na caça e saborea de ante mão uma parte do animal mal cosida nas brazas. ao passo que um caminha curvado para chegar ao alcance de tiro sem ser pressentido o outro deita-se de rastos, não sente os espinhos que lhe rasgão as carnes, e por umas palhas que faz tremer treme tambem de não dar um alarme, a caminha devagar devagar reduzindo reduzindo a distancia para que o tiro não falhe, não com o coração a palpitar mas co

Livro de viagem da expedição portugueza á Africa central e meridional (Lei de 12 de abril de 1877) — trimestre — pag. —

Dia 19 de setembro de 1878

1 milha a NO de Catongo (Alto Zambese)

Calculo de Longitude pelo reapparecimento do 1º Satelite de Jupiter

Hora do Chronometro $\mathfrak{P}$	$3^h.04^m.09^s$
Estado para o lugar	5.31.36
Hora do lugar	8.35.45
Hora de Greenwich	7.02.45
Longitude =	1.33.00
	46.30
Longitude =	23°.15'

Esta longitude muito pouco differe da verdade, e qualquer differença que tenha é para menos, por que observando o reapparecimento podia vel-o algum segundo mais tarde e nunca mais cedo. Assim pois estando eu 14' a leste do Liambai elle corre n'este parallelo por 23° de longitude e nada mais a leste

Dia 20 de Setembro de 1878 (horarios)

$\odot$ = 91°.53'.50" — $9^h.06^m.15^s$
$\odot$ = 91.37.10 — 9.06.50
$\odot$ = 91.16.10 — 9.07.36
- 50 | 3.58.42
91.15.20 | 1.06.18
45.37.40
+15.58
45.53.38
- 49
45.52.49
91.01.41 — 0.000070
15.17.00 — 0.015637
152.11.30
76.05.45 — 9.380752
30.12.56 — 9.701585
202
2.45.54 = 9.098246
6.38. | 789
2.39.16 | 35
9.07.36
5.31.40
5.31.30

91.37.10
50
91.36.20
45.48.10
15.58
46.04.08
49
46.03.19
91.01.41 — 0.000070
15.17.00 — 0.015637
152.22.00
76.11.00 9.378063
30.07.41 9.700498
2.45.48.30 9.094268
6.38 | 148
2.38.30 — 9.094416
9.06.50 | 412
5.31.40 | 29

5.31.40
- 4
5.31.36

6.37.17
5.58.18
21.01 = 0576
1.3388
58' = 1.3964
(lept = $6^m.38^s.15^t$)

41 / 2|05

0.000070

381134 / 312 / 380752
362 / 56 / 2172 / 1812 / 262

45 / 850 / 2250 / 360 / 382

363 / 41 / 363 / 1452 / 118

Vae em 48 = 10^s: 30,6 = 6^s

305|48
019.6

FACCIMILE DE UMA DOS CARTAS FEITAS EM CAMINHO

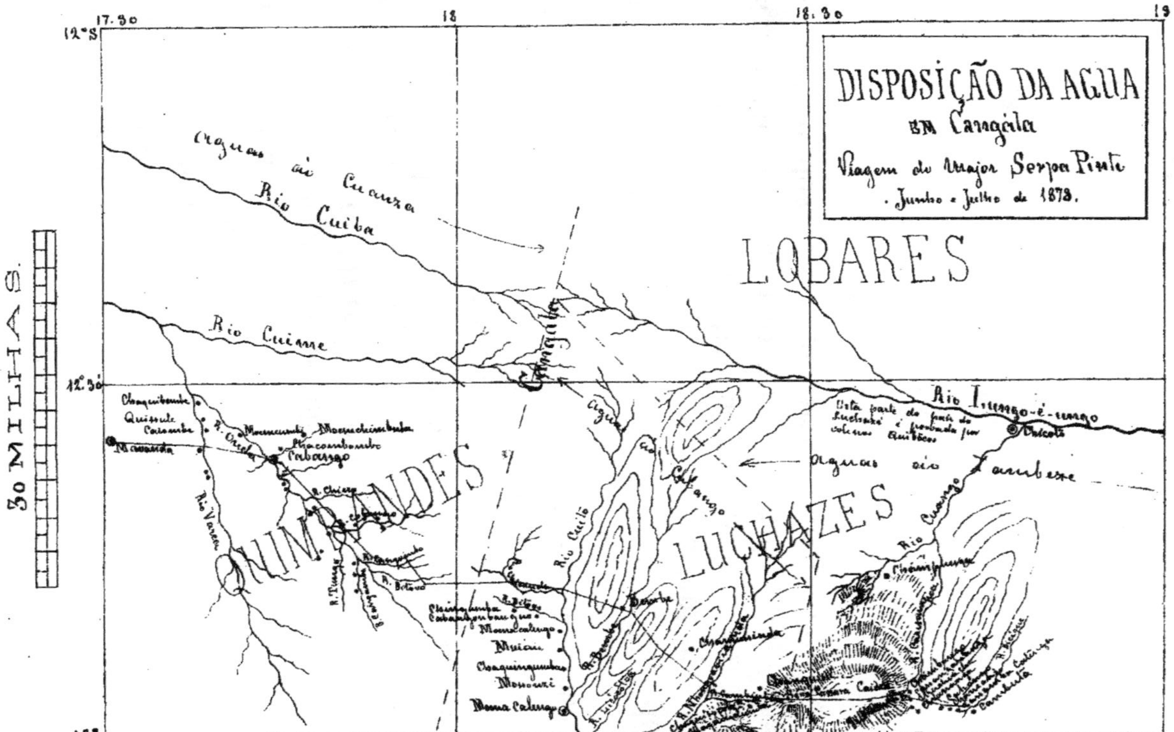

para leste do Macaricari, e que tôdos os rios que descem ao lago apresentam desnivelamento grande.

A primeira àgua que encontrei correndo a este foi a que nasce na altura de Linocanin, cujas vertentes oeste deitam àgua a oeste no Deserto.

Assim, pois, instrumentos na mão, e càlculos á vista, rejeito a idéa de que, do Grande Macaricari transbordem àguas para o mar 'Indico; e que me perdôe o meu illustre colega se o contradigo, e se não posso deixar de sustentar a minha opinião estribada em observações e càlculos que não falham. Perdoe-me, e se ha n'isto a menor teimosia, é ella da matemàtica, que tem ás vêzes as suas brutalidades.

Lembrei-me de juntar ao livro três facsìmiles, de pàginas do meu diario, dos meus livros de càlculos, e do meu albo de cartas, para mostrar os originaes dos meus trabalhos Africanos, e com isto concluo a relação d'êsses trabalhos, que eu devia ao meu paiz e ao pùblico em geral.

OBSERVAÇÕES ASTRONÒMICAS FEITAS DA CONFLUENCIA DO RIO CUANDO AO TRANSVAAL.

Anno de 1878.	Logares onde observei.	Hora dos Chronòmetros.	Estado para Greenwich.	Natureza da Observação.	Dupla altura do astro.	Latitude Sul.	Longitude em tempo.	Erro do instrumento.	Nº. de Obs.	Resultados.
		H. M. S.	H. M. S.		° ′ ″	° ′ ″	H. M. S.	′ ″		° ′
Outubro 22	Embarira . . .	0 7 0	+4 3 49	Amplitude Mag. 2° 5′ . . .	..	17 49 0	..	..	..	Variação 20 39 O.
” ”	” . . .	3 16 36	+4 3 49	Chron. ☉	99 45 10	17 49 0	..	−0 50	1	Long. . 25 23 E.
” ”	” . .	..	..	Alt. Mer. * Markal (α do Pegaso)	115 17 0	..	..	−1 0	1	Lat. . 17 49 S.
” 25	Lechuma . . .	9 2 36	+4 4 19	Chron. ☉	89 54 40	17 56 0	..	−0 30	3	Long. . 25 25 E.
” 28	” . . .	9 27 26	+4 4 50	”	78 13 30	17 56 0	..	”	3	” . 25 25 E.
” ”	” . . .	5 37 18	..	Reap. do 1° satèlite de Jùpiter .	..	..	..	..	..	Estado 4h. 4m. 50s.
Novem. 5	” . . .	..	..	Alt. Mer. ☽	140 22 0	..	1 45 0	−1 0	1	Lat. . 17° 56′ S.
” ”	” . . .	9 34 40	+4 6 11	Chron. ☉	75 7 23	17 56 0	..	−0 40	3	Long. . 25 24 E.
” 7	” . . .	..	..	Alt. Mer. ☉	118 55 0	..	1 45 0	+1 0	1	Lat. . 17 57 S.
Dezem. 6	Tamafupa . . .	9 25 0	−1 45 0	”	101 0 2	..	1 45 0	+6 0	1	” . 19 19 S.
” 13	No Deserto . . .	6 5 50	..	Reap. do 1° sat. de Jùp. . .	..	..	..	..	..	Estado 4h. 9m. 40s.
” 14	Margem do rio Nata .	4 0 34	+4 9 46	Chron. ☉	125 7 10	20 10 0	..	+1 30	3	Long. . 27° 0′ E.
” 15	” ”	17 8 0	−1 48 0	Alt. Mer. ☽	..	..	..	+2 30	1	Lat. . 20 10 S.
” 16	” ”	6 28 0	−1 48 0	Amplitude Mag. 3° 45′ . . .	..	20 10 0	..	..	1	Variação 21 14 O.
1879.										
Janeiro 1	Shoshong . . .	6 30 0	−1 48 0	Alt. Mer. ☽	105 55 30	..	..	−0 45	1	Lat. . 23 1 S.
” 2	” . (1*)	3 54 37	+4 13 0	Chron. ☉	121 2 53	23 1 0	..	”	3	Long. . 27 24 E.
” ”	” .	3 54 44	+4 13 0	”	121 33 40	23 1 0	..	”	3	” . 27 20 E.
” ”	” . . .	7 16 0	−1 48 0	Alt. Mer. ☽	96 49 30	..	..	”	1	Lat. . 23 1 S.
” 7	” . (2*)	3 48 45	+4 12 18	Chron. ☉	117 31 26	..	..	”	3	Long. . 27 19 E.
” ”	” .	3 50 10	+4 12 18	”	118 30 33	..	..	”	3	” . 27 20 E.
” 23	Confluencia do Ntuani	9 10 58	+4 16 15	”	91 33 33	23 42 6	..	−0 30	3	” . 27 39 E.
” ”	” ” .	9 15 35	+4 16 15	”	90 58 13	23 42 0	..	”	3	” . 27 39 E.
” ”	” ” .	9 14 25	+4 16 15	”	91 30 40	23 42 0	..	”	1	” . 27 39 E.
” ”	” ” .	..	..	Alt. Mer. * Canopus (α do Argus)	122 10 0	..	1 50 0	”	1	Lat. . 23 42 S.
” 26	Limpopo (Adicul) noite dos leões	..	..	Alt. Mer. * Canopus . . .	122 59 40	..	1 50 0	−0 50	1	” . 24 6 S.
” ”	” ”	4 7 59	+4 16 41	* Aldebaran (α do Touro) . .	77 42 10	24 6 0	..	”	1	Long. . 27 32 E.
” ”	” ”	4 11 19	+4 16 41	* Aldebaran	76 40 50	24 6 0	..	”	1	” . 27 32 E.
Fevereiro 1	Cornocopia . . .	0 25 46	+4 17 37	Chron. ☽	74 22 40	24 38 0	..	”	1	” . 27 38 E.
” ”	” . . .	0 22 32	+4 17 37	”	73 57 33	24 38 0	..	”	3	” . 27 37 E.
” 4	Soul's Port . . .	..	..	Alt. Mer. ☽	80 4 10	..	1 51 0	−0 40	1	Lat. . 25 10 S.
” 5	” . . .	9 1 32	..	Chron. ☉	95 6 10	..	1 51 12	”	3	Estado 4h. 18m. 14s.
” ”	” . . .	9 2 17	..	”	94 45 17	..	1 51 12	”	3	” 4 18 14
Março 10	Heidelberg . . .	..	..	Alt. Mer. ☉	134 47 30	..	1 56 0	+1 65	1	Lat. . 26° 29′ S.
” ”	” . . .	3 57 49	..	Chron. ☉	109 13 20	..	1 56 0	+2 30	3	Estado 4h. 23m. 16s.

(1*) O estado para esta longitude foi calculado pelas marchas anteriores, e é referido á observação do reapparecimento do 1° satèlite de Jùpiter a 13 de Dezembro.
(2*) O estado para esta longitude foi calculado pelas marchas posteriores, e é referido á longitude de Heidelberg.

QUADRO DAS OBSERVAÇÕES HYPSOMÈTRICAS FEITAS DE LEXÙMA A HEIDELBERG, PARA DETERMINAR O RELÊVO DO CAMINHO SEGUIDO PELO MAJOR SERPA PINTO.

Nome dos Logares.	Baròmetro.	Thermòmetro.	Temperatura ao nivel do mar.	Hypsòmetro.	Altitude em metros.
Lexuma	674·6	32·2	23	96·70	1,053
Deica	..	27·0	„	96·55	1,092
Nata (ponto determinado) .	684·3	31·0	„	97·08	929
Xua (curso inferior do Nata)	685·5	28·0	„	97·14	905
Linocanin	674·5	22·0	„	96·70	1,034
Morrolana	678·5	27·0	„	96·86	993
Luale	664·5	25·0	„	96·29	1,171
Cane	664·4	25·5	„	96·29	1,171
Shoshong	669·7	24·7	„	96·50	1,107
Confluencia do Ntuani . .	691·0	26·2	„	97·38	837
Cornocopia	678·5	27·0	„	96·86	993
Soul's Port	671·5	26·8	„	96·57	1,092
Alto do Piland's berg . . .	Differença de pressão para Soul's Port 26 milimetros ou 285 metros.				1,378
Pretoria	654·5	26·0	„	95·87	1,310
Heidelberg	639·0	18·6	„	95·22	1,495
Jeanette Peak (Zuikerbosch) .	608·0	16·0	„	93·89	1,911

QUADRO DAS OBSERVAÇÕES METEOROLÒGICAS FEITAS A 0h. 43m. DE GREENWICH, DO ZAMBEZE AO TRANSVAAL. Annos de 1878, 1879.

Mez.	Dia.	Barò-metro.	Thermòmetro centìgrado. Sêco.	Thermòmetro centìgrado. Molhado.	Direcção do Vento.	Estado da Atmosphera.
Out. 1878	24	663·4	38·5	27·4	E.S.E. . .	Nublado.
„	25	663·0	39·1	27·6	„ . .	„ (cumulus).
„	26	664·1	33·4	28·3	E. forte .	„
„	27	664·4	34·0	28·1	Calma . .	„
„	28	662·3	39·4	27·3	E.S.E. forte	„
Novembro	2	664·4	31·1	22·7	E. fraco .	„
„	3	664·9	33·2	24·3	Calma . .	„
„	4	665·1	30·5	24·1	E. fraco .	„
„	5	664·9	30·1	24·7	E.S.E. . .	„
„	6	666·2	27·0	20·7	„ . .	Algumas nuvens.
„	7	663·5	35·4	21·4	„ . .	„ „
„	8	664·0	34·6	21·3	„ . .	„ „
„	9	663·8	30·1	25·2	E. forte .	Nimbus, chuva e trovoada.
„	10	663·7	30·4	27·3	„ .	„ „ „
„	11	664·1	31·5	26·7	E. fraco .	Nublado.
„	12	664·3	33·1	25·4	E. forte .	„
„	13	663·8	31·7	26·3	„ .	Chuva moderada.
„	20	681·1	27·5	27·0	E.N.E. .	„ forte.
„	21	682·0	27·0	25·3	E. forte .	Nublado.
„	28	666·3	30·4	23·7	E.N.E. .	Chuva moderada.
„	29	664·5	29·7	24·6	E. forte .	„ „
„	30	664·9	29·5	24·7	„ .	„ „
Dezembro	1	663·5	29·8	24·3	E. fraco .	Nublado.
„	2	663·2	31·4	26·2	Calma . .	„
„	3	663·7	31·1	22·3	E. fraco .	Ceo limpo.
„	4	664·8	33·2	23·7	„ .	„
„	5	667·9	27·9	21·4	E.S.E. . .	Alguns nuvens.
„	6	667·1	31·4	22·7	Calma . .	„ „
„	7	668·9	33·5	24·2	E. fraco .	„ „
„	8	669·3	32·4	25·7	„ .	„ „
„	10	670·4	31·9	27·4	E. forte .	Ceo limpo.
„	11	670·2	33·7	27·3	„ .	„
„	12	672·7	31·4	26·7	„ .	Algumas nuvens.
„	13	677·1	30·7	26·4	„ .	„ „ (cumulus).
„	14	677·3	30·4	24·3	„ .	„ „
„	15	677·4	30·7	23·5	„ .	„ „
„	16	677·0	33·9	26·4	„ .	„ „
„	17	677·2	31·1	27·2	„ .	„ „
„	18	677·0	30·4	22·3	„ .	„ „
„	19	675·7	27·9	23·2	„ .	„ „ [trovoada.
„	20	676·5	24·3	21·1	„ .	Chuva torrencial e grande
„	21	..	..	..	..	Chuva torrencial.
„	22	665·5	22·0	22·0	E. fraco .	„ „
„	23	664·3	21·0	20·7	„ .	„ „
„	24	664·1	20·4	20·4	E. forte .	„ „
„	25	670·4	30·5	28·3	„ .	Nublado.
„	26	658·0	27·8	24·3	„ .	Ceo limpo.
„	27	657·3	28·5	24·9	E. fraco .	Nublado.
„	28	657·2	28·8	25·3	Calma . .	„
„	29	656·9	29·3	26·5	E.S.E. . .	„
„	30	657·1	27·4	24·3	„ .	„
Jan. 1879	1	657·3	26·7	24·3	N.E. . .	„
„	2	658·7	25·4	23·1	N.E. forte .	„
„	6	664·5	24·8	22·7	„ .	„
„	7	663·0	26·0	19·8	„ .	„ (cirrus).
„	8	659·0	28·5	20·6	Calma . .	„ (cumulus).
„	9	660·8	22·3	19·0	S.S.E. forte	Chuva torrencial.

ESTUDO DAS OSCILAÇÕES DIURNAS DO BAROMETRO, E DO ESTADO HYGROMÈTRICO DA ATMOSPHÉRA, FEITO DE 3 EN 3 HORAS, EM LEXHUMA (ALTO ZAMBEZE) NO MEZ DE NOVEMBRO DE 1878.

Dias.	6 horas.			9 horas.			Meio dia.			3 horas.			6 horas.			Estado da Atmosphéra.
	Baròmetro.	Thermòmetro.		Baròmetro.	Thermòmetro.		Baròmetro.	Thermòmetro.		Baròmetro.	Thermòmetro.		Baròmetro.	Thermòmetro.		
		Sêco.	Molhado.		Sêco.	Molhado.		Sêco.	Molhado.		Sêco.	Molhado.		Sêco.	Molhado.	
6	666·0	24·2	22·9	670·0	24·1	21·7	668·0	28·0	20·3	666·6	27·0	19·7	666·3	24·2	19·1	Vente E.S.E. nublado.
7	666·5	20·6	19·4	668·0	24·7	21·4	666·2	32·1	21·7	663·0	37·8	23·1	665·0	27·0	22·0	" "
8	667·0	20·4	17·4	667·5	27·6	19·6	666·0	31·7	21·6	664·2	36·9	24·2	666·1	26·3	22·2	

ESTUDO DAS OSCILAÇÕES DIURNAS DO BAROMETRO E DO ESTADO HYGROMÈTRICO DA ATMOSPHÉRA, FEITO DE 3 EM 3 HORAS EM SHOSHONG (CALAARI) NO MEZ DE JANEIRO DE 1879.

Dias.	6 horas.			9 horas.			Meio dia.			3 horas.			6 horas.			Estado do Atmosphéra.
	Baròmetro.	Thermòmetro.		Baròmetro.	Thermòmetro.		Baròmetro.	Thermòmetro.		Baròmetro.	Thermòmetro.		Baròmetro.	Thermòmetro.		
		Sêco.	Molhado.		Sêco.	Molhado.		Sêco.	Molhado.		Sêco.	Molhado.		Sêco.	Molhado.	
7	665·0	20·0	18·6	665·0	22·1	18·9	664·0	24·7	20·3	662·0	27·6	19·8	660·0	25·4	19·2	Nublado (cirrus), N.E. forte.
8	662·0	19·7	17·3	662·0	25·0	19·8	660·5	27·6	20·8	658·5	28·7	20·1	659·0	27·1	24·0	Nublado (cumulus), calma.
9	662·0	20·1	19·3	663·0	19·0	17·6	662·0	23·8	21·7	660·0	23·0	19·3	661·3	23·0	19·8	Vento S.S.E.; chuva torrencial.

Boletim Meteorològico feito as 6 horas da manhã (hora media do logar), Annos de 1878 e 1879.

Mez.	Dia.	Baròmetro.	Thermòmetro.
Outubro .	19	676·0	21·7
,,	20	676·0	19·7
,,	21	675·0	24·3
,,	23	673·0	18·8
,,	24	665·5	20·8
,,	25	666·0	23·1
,,	26	666·8	22·5
,,	27	667·0	16·5
,,	28	665·3	21·7
Novembro	2	670·0	17·9
,,	4	668·4	21·8
,,	5	668·0	22·7
,,	6	666·0	24·2
,,	7	666·5	20·6
,,	8	667·0	20·4
,,	9	667·0	22·1
,,	10	666·0	20·2
,,	11	668·0	19·9
,,	12	670·0	19·8
,,	13	671·5	20·8
,,	14	668·0	23·1
,,	15	664·0	21·4
,,	16	667·2	21·9
,,	17	667·0	20·0
,,	18	667·5	19·4
,,	19	676·5	21·1
,,	20	684·0	19·4
,,	21	682·0	22·2
,,	22	680·8	22·8
,,	23	674·5	20·8
,,	24	668·5	21·3
,,	25	666·6	19·1
,,	26	668·8	22·8
,,	27	668·0	21·2
,,	28	669·0	18·2
,,	29	667·0	21·8
,,	30	666·5	20·1
Dezembro	1	666·5	20·1
,,	2	666·5	20·0
,,	5	667·7	21·7
,,	6	671·3	18·6
,,	7	673·0	20·8
,,	8	672·0	21·4
,,	9	672·5	21·7
,,	10	672·0	21·6
,,	11	673·0	21·8
,,	12	672·0	21·9
,,	13	675·0	20·5
,,	14	679·6	18·9
,,	15	680·0	17·0
,,	16	678·0	14·3
,,	17	679·0	18·5
,,	18	679·0	12·6
,,	19	676·6	21·7
,,	20	676·0	23·1
,,	21	679·8	21·8
,,	22	668·3	19·9
,,	23	667·0	22·2
,,	24	664·8	18·5
Dezembro	25	672·0	17·4
,,	26	658·0	18·4
,,	27	658·0	18·6
,,	28	657·5	21·1
,,	29	658·0	21·8
,,	30	658·0	18·3
,,	31	658·0	21·8
Janeiro .	1	659·0	24·0
,,	2	661·5	20·8
,,	3	660·0	20·6
,,	6	667·0	19·8
,,	7	665·0	20·0
,,	8	662·0	19·7
,,	9	662·0	20·1
,,	10	661·2	19·1
,,	11	661·5	18·6
,,	12	661·5	20·4
,,	13	662·0	20·2
,,	14	664·0	20·7
,,	15	668·0	18·9
,,	16	667·0	21·1
,,	17	680·1	20·4
,,	18	680·0	21·2
,,	19	681·6	20·7
,,	20	684·0	22·2
,,	21	687·0	17·2
,,	22	688·0	14·2
,,	23	688·0	15·2
,,	24	686·0	18·9
,,	25	685·7	19·2
,,	26	683·0	17·7
,,	27	683·0	18·6
,,	28	682·0	18·4
,,	29	682·0	17·7
,,	30	679·0	18·4
,,	31	679·0	19·1
Fevereiro	1	676·0	19·4
,,	2	672·0	19·5
,,	3	664·0	16·7
,,	4	673·5	18·0
,,	5	665·0	17·8
,,	6	665·0	17·6
,,	7	662·0	18·4
,,	8	672·0	20·7
,,	9	672·0	19·3
,,	10	671·0	22·1
,,	11	666·0	17·2
,,	12	652·7	16·0
,,	13	648·5	18·6
,,	14	649·0	20·5
,,	15	648·0	18·0
,,	16	645·0	17·8
,,	17	647·0	17·8
,,	18	648·0	16·1
,,	19	647·0	16·4
,,	20	647·0	18·4
,,	21	646·0	20·0
,,	22	645·0	19·2
,,	23	645·0	20·3

BREVE VOCABULARIO

DAS QUATRO PRINCIPAES LINGUAS FALADAS ENTRE OS PARALLELOS 12 E 18 AUSTRAES, DE COSTA A COSTA, COM EQUIVALENTES INGLEZES.

A Cafrial de Téte fôra extrahida da obra de Monteiro e Gamito.

Portuguez.	Hambundo.	Ganguela.	Cafrial de Téte.	Inglez.
A				
Abelha	Olonhi	Vapúca	Arume	Bee
Abobora	Omútu	Quinpútu	Matanga	Gourd
Abrir	Ocu-icúla	Quezuvula	Fungura	To open
Acabar	Ocu-apûa	Cu-náo	Da-pêra	To finish
Accender	Ocu-chana	Cu-ecca	Gaça	To kindle
Achar	Ocu-sanga	Cu-anna	Uónéca	To find
Adevinhar	Ocu-siacata	Cu-tangja	Ombéza	To divine
Adevinhador	Quacotangja	Moquachimpa	Ganga	Diviner
Agua	Obaba	Mema	Mazi	Water
Ahi	Pápa	Han-a	Icôco	There
Almadia	Oáto	Uáto	Garáua	Canoe
Alizar			Curanga	To smoothe
Amanhã	Hêra	Mene	Manguana	To-morrow
Amarrar	Ocu-cuta	Cu-zitica	Manga	To moor
Amigo	Cambariangue	Mussamba	Chicovera, ou Chaumar	Friend (male)
Amiga	Choparanga	Pangara		Friend (female)
Anojar	Ocu-lepica	Cu-era	Nóca	To annoy
Andar	Ocu-enda	Cu-enda	Famba	To go
Andar de vagar	Eudavando	Dicúia-vando		To go slowly
Andar de pressa	Endáco lombiri	Tuntâ có		To go fast
Andar coxo	Tenguena	Cu-venduira		To go lame
Andar tolo	Uenduveque	Quieve		To be off
Animal	Oquinha ma	I'nchito	Chirombo	Animal
Anno (tem 6 luas)	Unhâmo, ou Ulima	Muaca	Gulóri	Year (6 moons)
Ante-hontem	Érênha	Zaûa lize	Zaua	Day before yesterday
Apagar	Ocúi ma	Cu-zima	Túna	To extinguish
Apalpar	Ocu-papata	Cu-papata	Pata	To feel
Apanhar (cousa q. foje)	Ocu-ata	Cu-ata	Lucóta	To catch, to overtake
Apanhar do chão	Nora, ou uhagura	Tentúra		To pick up
Arco de frecha	Onge	Uta ualúcussa		Bow
Arco (curva)	Quiapenga	Quiaenga	Uta	Arch
Arrancar	Ocu-túcúna	Cu-tucuna	Zuría	To root up
Arroz	Oloósso		Umpunga	Rice
Assentar-se	Ocu-tomár	Cu-tubamma	Cara	To sit down
Assim mesmo	Doto môere, ou Omô moere	Mómovene	Dimômo	In like manner
Assoprar	Ocu-pepêrêra	Cu-ozerera		To blow
Atirar	Ocu-imba	Cu-iassa	Ponha	To shoot
Atirar tiros	Ocu-roia	Cu-roza		„ with a gun

Portuguez.	Hambundo.	Ganguela.	Cafrial de Téte.	Inglez.
Atirar frechas	Ocu-iassa	Cu-iassa		To shoot with a bow
Atraz	Conhima	Coui ma	Cumbáió	Backwards
Adiante	Covássa	Corntúe		Before
Áves	Orogira, ou Órougira	Tuzirá	Baráme	Birds
Avô ou avó	Cúco, ou maicuro	Cúco	Táta	Grandfather
Azagaia	Ongeria, or Unga	Licunga	Tungo, ou Dipa	Assagai
B				
Bala	Olussolo	Lússolo	Chipólo-pólo	Bullet
Barba	Olongêre	Muezi	Devo	Beard
Barriga	I'mo	Zim mo	Mimba	Belly
Bater (em alguma cousa)	Tutúra	Tuta	Menha, ou Quapúra	To beat (anything)
Bater (em pessôa)	Ôcu-véta, ou Ôcufina	Cu-véta		To beat (a person)
Bebado	Ôó lua	Culaque úa	Darêzêra	Drunkard
Beber	Ôcu-nûa	Cu-nûa	U-anma	To drink
Bem	Qui ú ûa	Bia unpáo	Abuhino	Well, good
Boca	Oméra	Camia	Murômo	Mouth
Bocado	Naito, ou Calito	Candende	Chipande	Mouthful
Bofes	Apôvi	Vicaúla	Maçápi	Lungs
Boi	Ôngômbe	Gombe	Gombi	Ox
Bom	Quiapussôca	Via viuca	Adído	Good
Bonito	Qui ûa	Via unpáo	Uâma	Nice
Braços	Ôbócô	Mavoco	Zarya	Arms
Branco	I'era	Utira	Mozungo	White
Brincar	Ocu-pa-pára, ou Ocu-mangara	Cu-e-a	Urunga, ou Sinzéca	To sport, to play
Bùfalo	Ónhani	Pacassa	Nhátim	Buffalo
C				
Cabêça	Ú tué	Mutué	Mussôro	Head
Cabello	Ôquissame, ou quigonha	Zincambo	Cici	Hair
Cabra	Óhômbo	Pembe	Buzi	Goat
Cahir	Ócú-a, ou Uacupúca	Unao	Agua	To fall
Calabouço	Óqui emba	Não cousta	Caboco	Dungeon
Calar	Ocu-unáco	Ó lá	Iuhamála	To pull down
Calcanhar	Oquissendé maí	Sinçino	Chicocuenho	The heel
Calor	Oúia	Tui ma	Calúma	Heat
Caminho	Mongira	Mouzira	Gira	The road
Cançar	Ocu-dacava, ou da-puiza	Cu-dina catara	Anêta	To tire
Cantar	Ócu-imba	Cu-imba	Imba	To sing
Cão	Ombua	Catari	Imbua	Dog
Caracol	Eó tio	Chicore	Cono	Snail
Carne	Ochito	I'u cito	Nhama	Meat
Carneiro	Onque, ou Omeme	Panga	Bira	Mutton
Casa	Onjo	Zunvo	Nhumba	House, room
Casar	Ocu-cuera, cussocana	Ocuambata	Revorar	To marry

Portuguez.	Hambundo.	Ganguela.	Cafrial de Téte.	Inglez.
Cavallo-marinho	Óngueve	Gunvo	Vúo	Sea-horse
Cavar	Ocu-fena	Cu-inda	Cumba	To dig
Cedo	Oculimerêa, cut-ungula	Cume-ue-ca	Machibési	Soon, early
Cimiterio	Cócálundo, cocár-unga	Cubi ilo	Tengi	Cemetery
Chamar	Ocu-cavenga	Cu-sana	Uchaméra	To call, name
Chave	Óssapi	Sapi	Funguro	Keg
Chegar	Ocu-pitira, ou ocu-sica	Cu-eta	Cáfica	To arrive, reach
Cheio	Ocui úca	Quináçulo	Azára	Full
Cheirar	Ocu-quinéa	Cu-nica	Unca	To smell
Chorar	Ócú-rira	Cu-rira	Vhira	To cry
Chover	Ocu-lóca	Cu-noca	Vumba-Vula	To rain
Chupar	Ocu-sipa	Cu-sipa	Uaama	To suck
Chuva	Ombera	Mema	Vura, ou Vula	Rain
Cobra	Ónhóa	Lunocá	Nhóca	Cobra
Cobre	Ouguíra	Unengo	Safure	Copper
Coçar	Ocu-cáia, ou Ocu-súia	Cu-licura	Cacózi	To cook
Comer	Ocú-ria	Cú-ria	Adia	To eat
Como se chama?	Éri ú?	Sobe eia?	Zina-ráco?	What is the [name?
Comprar	Ocu-randa	Cú-landa	Ugúra	To buy
Comprido	Ussôuvi, ou Oar-épa	Ua la há	Utarimpa	Long
Comprimentar	Óararipó, ou tua pásoula	Nainducá	Dáo, dan Chicó-vera	To compliment
Conhecer	Ócu-cúrina		Uneziva, ou De-zindequira	To know
Contar (nùmeros)	Ocú-tenda	Cu-barurá	Verenga	To count
Coração	Utima	Meutimá	Metima	Heart
Corda	Ucóro	Múcóro	Cambála	Rope
Corpo	È timba	Muvilá	Mamingo	Body
Correr	Ocu-iooróca, ocú-rúpúca	Cú-tunta	Ihuvíno	To run
Cortar	Téta, ou Ocu-téta	Cu-teta	Tima, ou Guáta	To cut
Coser	Ocu-tunga	Cu-tunga	Sóua	To sew
Cosinhar	Ocu-teréca	Cu-teréca	Pica	To cook
Costas	Ouhima, ou oud-unda	Conimmá	Buió	Ribs
Cotovello	Óvicotocóto	Manenga	Cunondo	The elbow
Cousa	Onbandoa	Chicanda		Thing
Creança	Omaren, ou ómóra	Canique	Muana	Child
Crocodilo	Ogando	Gando	Tuhacôco	Crocodile
Cunhado	Nána	Nhari	Murâmo	Brother-in law
Curto	Umbumburo	Muiki	Urrecama	Short
Cuspo	Ocussiá	Cuzecura	Echenhe	Spittle
Custar (a fazer qualquer cousa)	Ocu-sipondóra	Quiassere		To cost (time, trouble)
Custar (preço)	Ocu-chingame	Vingahi	Anénéssa	To cost (money)
D				
Dar	Ocu-angja ou Ocu-ava	Cu-avana	Uanina, ou Di-pacé	To give
Dar pancadas	Ocu-veta	Cu-veta	Quâpura	To thrash
Dar tiros	Ocu-loia	Cu-loia	Eriza-futi	To shoot

Portuguez.	Hambundo.	Ganguela.	Cafrial de Téte.	Inglez.
Debaixo	Mombuêro, ou memi	Cuvanda	Pansi	Under
Dedos	Omuine	Minhé	Minne	Fingers
Deixar	Ocu-êcha	Hecha	Dacia	To leave
Deixe-ver	Nenan di varyé	Nea cuno ditare	Tiuôna	Let us see
Dentes	Ovaio	Mazo	Manu	Teeth
Depois de manhã	Hêra inha	Mene auze	Mecucha	After to-morrow
Depressa	Lombiré	Tambuca	Flumira, ou Culumiza	Quickly
Desamarrar	Octurura, ou Cutrura	Cu-situra	Sizúra	To unmoor
Descançar	Ocúpúrúi úca	Cu-nhoca	Tipuma	To help, rest
Descer	Ocu-túlúca	Cu-sicunca	Sica	To descend
Desmanchar	Ócu-sangununa	Cu-tongouona	Gúrúra	To undo
Despejar	Ocu-piçêra	Cu-tira	Cutura	To depart
Destapar	Ocu-tuvúra	Cu-úenra	Guanura	To open
Deos	Súcu	Calunga	Mumugo	God
Devagar	Linganeto	Ringa udende	Famba Abúhino	Slowly
Dever (verbo)	Ocu-levára	Cu-vára	Mangáva	To owe, ought
Dia	É teque	Mene	Uachena	Day
Doente	Ocuvêra	Cuvera	Anduálla	Sick, ill
Dormir	Ócupequêra	Cucossa	Dagama	To sleep
Duro	Quitine	Chicars	Uma	Hard
Direito	Chassungama	Chinabiuca		Right
E				
Elephante	Ójamba	Jamba	Zou	Elephant
Embigo	Óopa	Timbi	Chombo	The navel
Em-cima	Qui-iro	Cuiro	Pazuro	Above
Emprestar	Ocundica	Cu-undira	Buéréca	To lend
Encarnado	Quicussuca	Litira	Cafuhira	Red
Enchada	Etemo	Litemo	Páza	Mattock, hoe
Encher	Ocu-ioquiça	Cuçulissa	Zuza	To fill
Encontrar	Ocu-noaneda, Ocu-toquéca	Tu-nalinana	Sangana	To meet, to find
Enganar	Ocu-quemba, Ocu-rianga	Cu-uanzi	Anamiza	To deceive
Ensinar	Ocu-longuissa	Cu-leca	Neruzi	To teach
Entrar	Ocu-inguina	Cu-cobera	Pita	To enter
Escolher	Ocu-mora, Ocu-soló bóra	Cu-nona	Sancura	To choose
Esconder	Ocu-so rama, Ocu-vunda	Cu-vanda	Ubíssa	To hide, conceal
Escravo	Upica	Dungo	Muzacázi	Slave
Escrever	Ocu-so négjá	Cu-soneca	Nemba	To write
Escuro	Ocu-técanva	Culava	Medimna	Dark
Esfolar	Ocui-inva, ou Ocu-tuia	Cu-va	Cafende	To flay, to skin
Esfregar	Ocu-çíequeta	Cu-cuita	Pecussa	To rub
Espelho	Olomuê-no	Lumiro	Chiringueriro	Mirror
Esperar	Ocu-que-vera	Cu-mané	Vetéra, ou Chévé	To hope, expect
Esperto	Ocumunguca	Curunguca	Uáchengéra	Expert
Espingarda	Uta	Uta	Futi	Gun
Espinho	Ossongo, ou equite	Cauzantua	Minga	Thorn, quill

Portuguez.	Hambundo.	Ganguela.	Cafrial de Téte.	Inglez.
Esquecer	Ocuivára, ocurimba	Cu-suva	Óduára	To forget
Esquerdo	Epini	Epini	Mazere	Left
Estar acordado	Ovanja, ou otara	Ali mó messo	Adapeuca	To be agreed
Esteira	Essissa	Quiaro	Lupássa	Mat
Estender	Ocuiára	Cu-ára	Pambura, ou Eanique	To spread
Espalhar	Ocu-sandura	Cu-sandora	" " "	To scatter
Estrella	Ombun gururo	Ton gonossi	Nheze	Star
F				
Faca	Ómôco	Pôco	Cisso	Knife
Falar	Ocu-pópia	Cu-andeca	Réva	To speak
Farinha	Farinha	Farinha	Ufa	Flour
Fazer	Ócu-ringa	Cu-ringa	Chita	To do
Fechadura	Fechadura	Sapi	Funguro	A lock
Fechar	Ocui-ica	Soca	Funga	To fasten, shut
Feder	Qui-nea	Cu-nica	Nunca	To stink
Fejão	Óqui-poque	Vipoque	Nhemba	Bean
Feio (pessôa)	Uuvin	Mu pi	Uaípa	Ugly (person)
Feio (bicho)	Quinve	Qui pi		Ugly (animal)
Ferir	Oavarucua, quiatua	Cu-ritúva	Lássa	To wound
Ferro	Oquiquite, quivera	Butare	Utári	Iron
Figado	Ómuma	Suri	Chirôpa	The liver
Filho	Ómóra	Muana	Muana	Son
Fio	Erinha	Erinha	Ussálo	Thread, wire
Fôgo	Óndaro	Tucha	Môto	Fire
Fome	Ónjára	Zanza	Jára	Scythe
Formiga	Ólunginge	Vazinzi	Nherẽze	Ant
Frecha	Ussongo	Mucuri	Misséve	Arrow
Frio	Ombambi, ou cutarára	Massicá	Acuzizira, ou Pepo	Cold
Fugir	Ócu-tirar, ou ocusutuca	Cu-teûa	Tána	To fly, flee
Fumo	Óusssi	Ussi	Ussi	Smoke
Furtar	Ócuinhana, ou ocuiba	Cuiba	Cuba, ou Uába	To rob, steal
G				
Gallinha	Ossanje	Quiari	Cuco	Fowl, hen
Gallo	Écondombóro	Demba	Zongue	Cock
Gamela	Gamella		Diro	Wooden bowl
Garganta	Enguri	Mirivo	Cóci	Throat
Gordo	Ocunéta	Cumina	Uanénépa	Fat
Gordura	Ócépo, ou ovirenga	Mazi	Futa	Fatness
Grande	Qui-nê-ne	Chacama	Mucuro, Puro	Large, great
Gritar	Ocu-rúra, ou ocucua	Gunda	Cúa	To cry out
Grosso	Chine-ne	Chaca ma	Uacúra	Big
Guardar	Ocu-soréca	Cu-sueca	Vica	To keep
Guerra	Ovita	Zintá	Condo	War

Portuguez.	Hambundo.	Ganguela.	Cafrial de Téte.	Inglez.
H				
Hôje	Hê-tare, ou lêro	Lêro	Ihêro	To-day
Hombros	Oqui tem, ou oqui pépe	Quincinze	Mapè-ua	Shoulders
Homem	Ólune	Iala	Mamuna	Man
Homem branco	Óchindére qui era	Óchindere-chivenga	Mozungo	White man
Hontem	Hê-ra	Izao	Zuró	Yesterday
I				
Ilha	Óchicolo, ou Oqui fúca	Quicolo	Sua	Island
Inveja	Óqui-púrúro, qui penhe	Sanda	Véja	Envy
Inverno	Oudombo	Luinza	Mainza	Winter
Ir	Ocu-ende	Ámaie	Uaeuda	To go
Irmão	Manjangue	Muana eto	Bare	Brother
J				
Joelho	Ongóro	Libure	Mabôudo	The knee
Jogo	Óchi era	Chiera	Juga	Game (sport)
L				
Ladrão	Oqui-múno	Muizi	Báva	Thief
Lamber	Ócu-lessa	Cu-liassa	Anguta	To lick
Largar	Ócu-echa	Cu-ana	Ihéca	To let go
Leão	Oochi, ongue-ama	Dumba	Pondóro	Lion
Lebre	Ondimba	Calumba	Suro	Hare
Leite	Ávére ou assengere	Mavere	Mocáca	Milk
Leito	Úra	Muera	Catadó (palavra indiatica)	Bed, bedstead
Lembrar	Ócuivaruca, Ocu-sócórora	Cuezuoura	Dinála, ou Cumbuca	To remember
Levar	T'uara	Tuara	Tacúra	To carry
Leve	Quirera	Chirero	Darúra	Light (not heavy)
Limpar	Ocu-comba	Cu-comba	Pecuta	To cleanse
Lingua	Eráca, ou erímo	Rimi	Lelime	Tongue
Livre	Omá máre	Muana abara	Furro	Free
Longe	Cúpana	Culagjaco	Patávi	Far
Lua	Ossain	Gonde	Mueze	Moon
M				
Macaco	É-pundo	Pundo acima	Coro	Monkey
Machado	Ondiavite	Gimbo	Bázo	Axe
Madrugada	Qui-te-que teque	Qui me ne me ne	Círachéna	Dawn
Mãe	Maé	Nana	Mama	Mother

Portuguez.	Hambundo.	Ganguela.	Cafrial de Téte.	Inglez.
Magro	Uácopa	Naocama	Uonda	Lean, thin
Maior	Qui-nê-ne	Qui ne ne	Mucuro. Puro.	Greater
Mais	Chiarua, ou ópo	Vingui	Temiza	More
Mal	Chin-in, cachi-uáco	Cátimoco	Uadaipa	Bad, ill
Mama	E vêre	Vere	Mabeli	Dug, teat
Mandar	Ocu-tuma	Cu-tuma	Uatinna	To order
Mão	Ocuóco	Livoco	Manja	Hand
Marfim	Ómbinga	Binga	Minhanga	Ivory
Massa	Etéte		Sima	Dough
Matar	Ocu-ipa	Cu-tigja	Cupa, ou Báia	To kill
Mato	Dipa	Dicu tigja	Metungo	Wood
Meán	Ua-tema	Uacassa	Udaīpa	Water-fowl
Medir	Ocu-ionga	Cu-ceté ca	Pima	To measure
Medo	Óssumba	Uoma	Gópa	Fear
Meia noute	Mecondombóro	Mocatican tiqui	Pacatepar ussizo	Midnight
Meio dia	Mocati quiro	Mocati quiero		Noon
Mel	Quiqui	Úqui	Uxe	Honey
Menor	Ómbuti	Canique	Pangono	Less
Menos	Chitito	Chidende	Pangura	Least
Mentira	Óaquemba	Sanda	Cúnama	Lie
Mentiroso	Óembi	Uanzi	Magunca, ou Bóza	Lying
Meter	I'nhissa	Cu-cobera	Paquira	To put
Meu	Chiangue	Viangue	Ango	My
Milho	Épungo	Li pungo	Mapira	Maize
Misturar	Ocu-tenga	Cu-singa	Sequetiza	To mix
Moer	Ocu-para	Cu-ara	Póia	To grind
Mole	Quiáren-nhera, ou Oui are freteca	Chi bo ba	Feva	A huge thing
Molhar	Qui aríra, ou chai ura	Cu-zura	Tota	To wet
Morrer	Uá fa	Nazir	Uáfa	To die
Mosca	Orunhi	Zinzi	Chenge	Fly
Mosquito	Órua ume	Tu gue ne gue ne	Buibidue	Mosquito
Mostrar	Ócu-requissa vanja	Gilequesse	Lenga	To show
Muito	Chárua	Vingui	Bseninge	Very
Mulhér	Ucai	Puebo	Mucázi	Woman
„ amigada	Ucai ocussocana	Cussomboca	Rancáia	Concubine
„ branca	Ucai-Uiera	Obuca	Doua	White woman
„ mulata	Ucai-Uomoraóssi	Utira	Senhára	Mulatto
N				
Não	Datti	Oue	Ahi-ahi	No
Não conhecer	Sichí	Cangibizi	Senaziva	Not to know
„ poder	Cachitaba	Cabite	Daúmariza-nai	„ to be able
„ querer	Catui iongóra	Cabite	Daçana, ou Di-nhônho	„ to wish
„ saber	Catuchi	Cangibize	Senaziva	„ to be aware
„ ter	Chicûete-cachirípo	Biagji	Apâna	„ to have
Nariz	Êuhúro	Zuro	Puno	Nose
Nascer	Ócu-chita	Cu-sema	Uaméra	To be born
„ do sol	Ocumbi riatunda	Pangua riloboca	Choca-Zua	To rise (the sun)
Negar	Uaricara	Naribiana	Aconda	To deny

Portuguez.	Hambundo.	Ganguela.	Cafrial de Téte.	Inglez.
Noite	Uteque	Butzqui	Ussico	Night
„ clara	Cúúmbura	Guezi	Cuchena	„ (clear)
„ escura	Uere ma	Mirima		„ (dark)
Nosso	Chieto	Chieto		Our
Nôvo	Chacarie	Biarero		New
Nuvem	Êrende	Sé rua		Cloud
O				
Offender		Cu-banca	Daparamura	To offend
P				
Pelle	Óchipa	Quilambo	Pârâme	Skin
Pendurar	Ócu-turica	Cu-turica	Manica	To hang, slope
Penna	Ênha	Zigon ná	Manteuga	Feather
Pequeno	Catito	Cadende	Pangouo	Little
Perçovejo	Ólóisso	Vançanha	Sequize	Bug
Perder	Ocu-danherissa	Cu-zimbiessa	Utáia	To lose
Perdiz	Ouguári	Coucúé	Chicuáre	Partridge
Perguntar	Ócu-pura	Cu-úla	Vunza	To ask, inquire
Pernas	Ó bólu	Mahindi	Múendo	Legs
Perto	Ochipepi	Mochechi	Fupi	Near
Pés	Ó lomain	Bilhato	Minhendo	Feet
Pescôço	Óssingo	Singo	Cóssi	Neck
Pisar	Ocu-sura	Cútua		To tread
Pilão	Ochine	Chini	Banda	A mortar
Pintar	Pintar	Cu-coronga	Nunba, ou Namavára	To draw, paint
Piolho	Óloua	I'na	Savává	A louse
Polvora	Tundanga	Fúndanga	Ungá	Powder
Pombe (bebida)	Chibombo	Ualua	Bádua	Pombe (drink)
Pombos	Ólopomba	Pomba	Gangaiva	Doves
Pôr	Capa	Haca	Tira	To put
Pôr ao sol	Ongorossi	Guezi		To expose to the sun
Porco	Ongúro	Gúro	Incumba	Pig
Porta	Epito	Pito	Messua	Door
Pouco	Catito	Chidende	Pangôno	Little
Povoação	Óambo	Limbo	Muzi	A village
Prenhe	Oe mina	Ué mita	Adacùta, ou Anamimba	Pregnant
Prêto (cor)	Otecamea	Ulava	Ocupeipa	Black
Principiar	Ocu-fetica	Cubareca	Atôma	To begin
Pulga	Pulga	Puruqua	Uvavani	Flea
Q				
Quebrar	Ocu-nepa	Cu-ana tigji	Tiora	To break
Queimar	Ocu-atemia	Cu-ê meca	Dápsa	To burn
Queixar	Ocu-cassapure	Cu-cánburure	Quaquira	To complain
Quente	Chassanha	Tui ma	Datenta	Hot
Querer	Ocu-diongola	Cu-ginachangue	Funa	To wish
Quizumba (fera)	Qui malanca	Lissumbo	Tica	Quizumba (beast)

Portuguez.	Hambundo.	Ganguela.	Cafrial de Téte.	Inglez.
R				
Raiz	Óbi		Mizi	Root
Rapaz	Umarem	Muqueze	Bixo	Boy
Rapar	Ocu-puta	Cu-teura		To shave
Rapariga	Ucain	Púebo		Girl
Rasgar	Ocu-tóra	Cu-taora	Parúra	To tear
Rato	Ómuco	Tumbi	Macóso	Rat
Rebentar	Ocu-tocóra	Cu-baturá	Dapuquira	To split
Receber	Pambula	Uá	Tambira	To receive
Rede	Ôuanda	Uanda	Uconde	Net
Remar	Ocu-tapura	Cu-cassa	Chápa	To row, paddle
Remos	Ôbipando	Zingassi	Gombo	Oars, paddles
Repartir	Teta pocati	Baturá acati	Pambura,ou Gáva	To divide
Responder	Ocu-datáva	Cu-ginatava	Tavira	To answer
Rijo	Chacoura	Chinacóro	Uauma	Strong
Rir	Ocu-iora	Cu-zora	Séca	To laugh
Rôla	Onende	Catere	Giva	Turtle-dove
Rosto	Ochipara	Lugjlo	Cópe	Face
Rio	Olui	Donga		River
S				
Saber	Dachicurigja	Nangue Gichizi	Daziva	To know
Sacudir	Ocu-ritu tu mura	Licucú múna	Coucumura	To shake
Sahir	Ocu-tunda	Loboca	Chóca	To go forth, out
Sal	Omungua	Mengua	Munho	Salt
Sangue	Sonde	Mau ninga	Murôpa	Blood
Sanguesuga	Aturi	Maçumzu	Sungunu	Leech
Saúde	Omuenho	Cangunca	Móio	Health
Sede	Ênhoua	Puila	Nhóta	Thirst
Segurar	Ocu-ata	Cu-ata	Sunga	To secure, assure
Semear	Ocu-cu na	Cu-cuna	Cábzára	To sow
Serviço	Upangu	Bicaracara	Bássa	Service
Seu	Iro	Iove	Anum	His, her
Sim	Sim	Calungá	Iude	Yes
Só	America	I'angue rica	Eca	Alone, only
Sogra	Datembo	Netomoeno	Mábzála	Mother-in-law
Sogro	Datembo	Tero-moeno	Tátábzála	Father-in-law
Sol	Utanha	Mutanha	Zua	Sun
Somno	Ótulo	Tuló	Turo	Sleep
Sonho	Onjôi	Zouzi	Vhóta	Dream
Subir	Ocu-londa	Cu-londa	Quira	To climb
Suspender	Ocu-turica	Cu-turia	Sangica	To suspend
T				
Tabaco	Acáe	Macanha	Fódea	Tobacco
Tapar	Ocu-chitica	Cu-chitica	Guanira	To stop (a gap)
Ter	Diquete	Giuri nabio	Eripó	To have
Terra	Póssi	Ma vo	Mataca	Earth, land
Testa	Opolo	Luólo	Cúma	Forehead
Teta	Olussoca	Zinçoca	Sombreiro	Teat, breast
Tigre	Ongíré	I'ugúé	Nharngué	Tiger
Tirar	Inhaura	Tentura	Chóssa	To draw, pull

Portuguez.	Hambundo.	Ganguela.	Cafrial de Téte.	Inglez.
Tocar (mùsica)	Ocu-chica	Cu-chica	Reiza	To play (music)
Tolo	Ua tópa	Ua-topa	Uapussa	Foolish
Tomar	Pambula	Tambula	Tambira	To take
Torcer	Ocu-passira	Cu-ossa	Riza	To twist
Tossir	Ocu-cossora	Cu-coola	Chifúa	To cough
Travesseiro	Opeto	Sátero	Samiro	A bolster
Trazer	Uena	Néa	Zana-aú	To fetch
Tripas	Óvanra	Mira	Buió	Intestines
Trocar	Ocu-procar	Cu-landancana	Linta	To barter
Trovão	Quiremiro	Muchato	Murungo	Thunder
U				
Unha	Ólonjanra	Viala	Chára	Nail, claw
V				
Vae	Cuende	Ámaie	Limuca	He goes
Varrer	Ocu-comba	Cu-comba	Chipsaira	To sweep
Vasar	Ocu-peçera	Cu-zucura	Cutura	To empty
Veio ?	Ueia	Neza ?	Bueré ?	Is he coming ?
Velho (homem)	Econgo	Naculo, ou quibenzi	Caramba	Old (man)
Velho (cousa)	Iacuca	Chinaculo		Old (thing)
Vender	Ocu-landa	Cu-landa	Ugurissa	To sell
Venha	Euju	Tuáia	Buéra	Come
Verão	Ombambi	Massicá	Cherimo	Summer
Verde			Massambadimo	Green
Vergonha	Ossoin	Soui	Manhazo	Shame
Vestir	Ocu-rica	Cu-zara	Válla	To dress
Vida	Omoenho	Muóno	Penia	Life
Voar	Ocu-panranra	Nacatucá	Bruca	To fly
Voltar	Tinca	I'luca	Buhéréra	To turn
Z				
Zebra	Oingólo	Góló	Bize	Zebra
PRONOMES.				PRONOUNS.
Eu	Ámo	Iangue	Iné	I
Tu	Obe	I'obe	Iué	Thou
Elle	Ió	Gue iobe	Ié	He
Nós	Ét u	Ié tu	Ifé	We
Vós	Vóbo	Tá vovo	Imué	You
Elles	Vobana	Tavavazé	Ii	They
Meu	Changue	Changue		My
Teu	Chóbe	Chobe		Thy
Delle	Chan-e	Cho-ú		His
Nosso	Chêtu	Cheto		Our
Vosso	Chobo	Chabo		Your
Delles	Chabobo	Chavazé		Their

Portuguez.	Hambundo.	Ganguela.	Cafrial de Téte.	Inglez.
NÙMEROS.				NUMBERS.
1	Moche	Cossi	Posse	1
2	Vari	Cari	Pire	2
3	Táto	Cáto	Tato	3
4	Quana	Uá na	Nái	4
5	Tano	Tano	Cháno	5
6	Epando	Sambano	Tantáto	6
7	„ vari	Sambari	Chinómue	7
8	Echena	Naque	Sére	8
9	Echerana	I'ua	Femba	9
10	Ecuin	Licumi	Cume	10
11	„ na mochi		„ na moze	11
12	„ na vari		„ na zivire	12
13	„ na táto		„ na táto	13
14	„ na quana		„ zináî	14
15	„ na tano		„ zicháno	15
20	Acuin avari	Ma cumi avari	Macume a vire	20
21	„ „ la mochi		„ „ na moze	21
22	„ „ la vari		„ „ na zivire	22
23	„ „ la táto		„ „ na zitáto	23
24	„ „ la quana		„ „ na zináî	24
25	„ „ la tano		„ „ na zichano	25
30	Acuin atáto	Macu mi atáto	Macume a táto	30
40	Acuim aquana	„ aúana	„ a nái	40
50	„ tano	„ atano	„ a cháno	50
60	„ epando	„ assambano	„ a tantáto	60
70	„ epando vari	„ assambari	„ a nómue	70
80	„ echena	„ naque	„ a sére	80
90	„ echerana	„ iua	„ a femba	90
100	Ochita	Chita	Zana	100
1000	Ocan rucáe	„ iua	„ ma cume	1000

INDICE.

FIM.

LONDRES: NA TYPOGRAPHIA DE GUILHERME CLOWES E FILHOS (COMPANHIA LIMITADA), STAMFORD STREET E CHARING CROSS.

www.ingramcontent.com/pod-product-compliance
Lightning Source LLC
Chambersburg PA
CBHW050302170426
43202CB00011B/1794